── 전면 개정판 ──

도서관 사서를 위한

저 작 권 법

| 전면 개정판 |

도서관 사서를 위한

저작권법

Copyright for Librarians

정경희·이호신 지음

차례

2017년 3월에 이 책을 처음 출판한 이후 6년이 지났습니다. 그동안 저작권법도 여러 차례 개정되었습니다. 교과용 도서에 게재된 저작물을 공중송신의 방식으로 이용할 수 있는 근거가 마련되었고, 문화시설이 권리자불명 저작물을 이용할 수 있는 규정이 추가되는 등 크고 작은 개정이 이루어졌습니다. 개정된 내용 대부분은 온라인에서 저작물이나 그 복제물을 이용하는 것과 관련이 있습니다. 특히 국가나 지방자치단체가 운영하는 문화시설이 권리자불명 저작물을 복제 및 전송할 수 있도록 마련된 규정은 디지털도서관의 운영과 서비스에 적지 않은 변화를 불러올 수 있는 것으로 주목할 필요가 있습니다. 그동안 도서관 울타리 안에 갇혀 있던 도서관이 디지털화한 자료를 온라인 세상으로 내보낼 수 있도록 법적 토대가 마련되어 도서관의 정보서비스에 새로운 전기(轉機)가 될 수 있으리라 기대합니다. 그렇지만 이 조항을 적용할 수 있는 시설의 범위가 국립중앙도서관 등 일부 도서관과 문화시설로 지극히 제한되어 있고, 기록관리기관은 아예 그 범위에서 배제되었다는 점에서 많은 한계와 어려움이 남아 있습니다. 이런 문제점이 개선될 수 있도록 계속 노력할 필요는 여전합니다.

크고 작은 저작권법 개정 내용을 모두 반영하여 초판을 전체적으로 수정했고, 3개의 장을 추가했습니다. 초판에서는 저작권법 제31조를 설명하면서 부분적으로 도서관과 저작권의 관계를 설명했는데 이번 전면 개정판에서는 제6장을 따로 마련하여 지식공유와 저작권의 관계, 도서관 업무와 저작권의 관계를 구체적으로 설명하면서 최근 도서관계가 맞닥트린 저작권 이슈인 전자책 대출과 관련한 소송과 공공대출(보상)권 문제도 함께 다루었습니다.

신설된 제9장은 2019년에 새로 도입된 저작권법 제35조의4 '문화시설에 의한 복제등'을 상세하게 설명했습니다. 이 규정은 그동안 도서관보상금제도에 갇혀 있던 도서관이 디지털화한 자료를 도서관 외부로 전송할 수 있는 근거 규정입니다. 이 규정의 적용을 받는 도서관의 범위, 권리자를 찾기 위한 상당한 조사의 방법을 자세히 설명하고 유사한 규정인 도서관보상금제도와 법정허락 규정과 비교했습니다.

제13장 기록관리와 저작권도 새로 도입했습니다. 기록관리기관은 도서관, 박물관, 미술관과 더불어 대표적인 문화유산기관의 하나입니다. 최근 기록을 수집하고 관리하고 서비스하는 일은 공공영역뿐만 아니라 민간에서도 활발히 이루어지고 있습니다. 이 장에서는 공공기록을 주로 관리하는 공공기록물관리기관과 관련하여 공공저작물의 자유이용 규정(법 제24조의2)과 공공저작물 자유이용 허락표시인 공공누리를 설명했고, 신설된 '문화시설에 의한 복제등'이 기록관리기관에 적용되지 않는 문제점을 짚었습니다.

3개 장을 새롭게 집필하고 기존의 장에서 저작권법 개정 내용을 모두 반영하여 수정하면서 각 장에 포함된 토의문제도 삭제 및 추가하거나 수정했습니다. 새로 추가한 내용은 주로 저자들이 지난 6년간 연구하고 논문으로 발표한 내용을 기초로 했습니다. 그 연구와 이 책의 집필에 큰 도움이 되었던 앞선 연구자들에게 감사드립니다. 앞으로도 도서관과 기록관을 포함한 문화유산기관의 정보서비스와 관련한 저작권법 개정 추이를 자세히 살피고

연구하면서 이 책을 계속 보완해 나가겠습니다.

　새롭게 추가한 3개 장과 초판 원고를 다시 꼼꼼하게 편집해준 한울엠플러스(주) 배소영 편집자에게 고마운 마음을 전합니다.

2023년 8월 낙산 아래 연구실에서

정경희·이호신

한국 저작권법이 제정된 지 꼭 60년이 되었습니다. 저작권법의 도서관 예외 규정이 마련되어 시행된 것은 그로부터 30년이 지난 1987년이었습니다. 그때로부터 또 30년이 지났습니다. 그 30년간 도서관 예외 규정은 두 차례 큰 변화를 겪었습니다. 모두 '디지털' 때문이었습니다. 디지털로 인해 세상에 변하지 않은 것은 하나도 없는 것 같습니다. 도서관은 그 변화의 바람 한 가운데에 있었고 지금도, 또 앞으로도 계속 그런 길을 갈 것 같습니다. 흔히 도서관을 지식과 정보의 보고라고 합니다. 그 보고에 가득 차 있는 것이 거의 모두 저작권법이 보호하는 저작물입니다. 사람들은 디지털시대가 되면서 이 지식과 정보도 디지털로 만나고 싶어 합니다. 도서관 예외 규정의 두 차례 큰 변화는 이러한 사람들의 요구를 반영하기 위한 것이었습니다. 디지털은 계속 진화하고 있고 사람들이 지식과 정보를 생산하고 이용하는 방식도 계속 변화하고 있습니다. 도서관 예외 규정도 지금 모습에 멈추어 있지 않고 계속 변화해나갈 것입니다.

두 번의 큰 개정이 이루어지는 동안 도서관 예외 규정은 저작권법에서 가장 길고 가장 이해하기 어려운 조항이 되었고 도서관의 사서들은 그 조항의 복잡함만큼이나 저작권에 대한 긴장감이 높아졌습니다. 심지어 도서관 자료를 대출하는 것 혹은 자료를 폐기하는 것마저 저작권법과 관련된 것이 아닌가라고 고민할 정도입니다.

이 책은 도서관에서 저작권 문제로 고민하는 사서들을 위해 집필한 것입니다. 또한 앞으로 그 길을 갈 문헌정보학도들을 위한 것이기도 합니다. 따라서 도서관과 관련한 저작권법의 규정들 예컨대 제31조 도서관 예외 규정, 제29조 비영리 목적의 공연과 방송, 제25조 교육목적을 위한 복제, 제35조와 제35조의2 시각장애인 및 청각장애인을 위한 복제 등에 대해서는 현미경을 들여대듯이 꼼꼼히 설명하려고 했습니다.

저자들은 도서관 현장과 강단에서 도서관의 저작권 문제를 사서들과 함께 고민하고 해결책을 찾기 위해 오랫동안 연구와 활동을 함께 또 각자 해왔습니다. 현재의 도서관 예외 규정에도 해결해야 할 많은 문제들이 있습니다. 저자들은 지난한 창작의 고통의 결실을 낳은 저작자의 권리를 존중하면서도 도서관의 지식과 정보가 보고에 갇히지 않고 넓은 세상에서 자유롭게 이용될 수 있는 방법을 이 책을 읽는 독자들과 모색하려고 합니다.

이 책은 그간의 저자들의 연구를 기초로 집필했습니다. 그러나 이 책에 담긴 모든 것이 저자들 것이라고만 할 수는 없습니다. 앞선 연구자들의 성과에 빚지지 않은 연구는 없기 때문입니다. 그렇더라도 이 책에 어떤 오류가 있다면 그것은 전적으로 저자들의 책임입니다. 독자들의 날카로운 지적을 받아 앞으로 계속 보완해나갈 예정입니다.

복잡한 초고를 가다듬어 체계를 갖추게 된 것은 모두 한울엠플러스 김경희 선생님 덕분입니다. 감사함을 전합니다.

2017년 3월 낙산 아래 연구실에서
정경희·이호신

┃ 일러두기

- 법령, 논문, 시, 노래는 「 」, 단행본은 『 』, 학술지나 신문, 잡지는 ≪ ≫로 표기했다.
- 본문에 자주 나오는 저작권법에는 「 」를 적용하지 않았고, 저작권법을 제외한 다른 법은 「 」를 적용했다(예: 저작권법, 저작권법 시행령, 「고등교육법」, 「컴퓨터프로그램보호법」).
- 법 조항을 설명할 때 법령 명칭을 언급하지 않은 경우는 저작권법의 조항을 설명하는 것이다.
- 본문의 용어는 저작권법의 표기를 따랐다.(예: 도서관등, 도서등, 저작물등, 법인등)

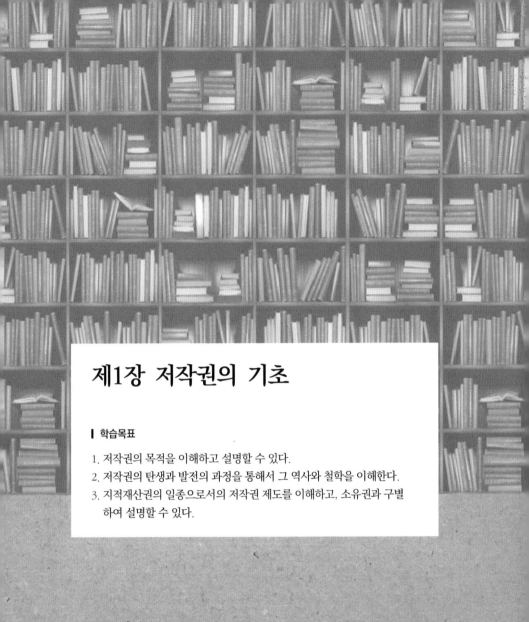

제1장 저작권의 기초

┃ 학습목표

1. 저작권의 목적을 이해하고 설명할 수 있다.
2. 저작권의 탄생과 발전의 과정을 통해서 그 역사와 철학을 이해한다.
3. 지적재산권의 일종으로서의 저작권 제도를 이해하고, 소유권과 구별하여 설명할 수 있다.

1. 저작권의 목적

한국의 **저작권법**은 헌법 제22조 제2항의 "저작자·발명가·과학기술자와 예술가의 권리는 법률로써 보호한다"는 규정에 그 기초를 두고 있다. 학문과 예술 활동을 보호하고 육성하기 위해 이러한 활동의 결과물을 생산한 사람들에게 일정한 권리를 부여하고 이를 법률로써 규율하려는 것이 헌법이 담고 있는 정신이다. 그러나 헌법이 보장하고 있는 저작권은 인격적인 측면뿐만 아니라 재산적인 측면을 동시에 지니고 있는 것이기 때문에, 헌법 제23조 제2항이 규정하는 것처럼 "공공복리에 적합하게 행사"되어야 하며 제37조 제2항의 규정에 따라 "국가안전보장·질서유지 또는 공공복리를 위하여 제한"될 수 있는 성격도 함께 지니고 있다.

한편 한국 저작권법 제1조는 "이 법은 저작자의 권리와 이에 인접하는 권리를 보호하고 저작물의 공정한 이용을 도모함으로써 문화 및 관련 산업의 향상발전에 이바지함을 목적으로 한다"고 저작권법의 목적을 규정하고 있다. 이 조항은 저작권이란 제도가 어떤 사회적 편익을 만들어내는 데 기여할 것인가를 명확하게 제시함으로써 저작권법을 해석하고 운영하는 과정에서 활용할 수 있는 기본 방침을 제시하고 있는 것이다.

우리 법에서 제시하고 있는 저작권 제도의 목적은 크게 세 가지로 구분해서 설명할 수 있다. 첫째, 저작자와 저작인접권자의 이익에 대한 보호이다. 둘째, 저작물의 공정한 이용의 도모이다. 셋째, 문화 및 관련 산업의 향상과 발전에 이바지하는 것이다. 이제 그 각각에 대해서 좀 더 상세하게 살펴보도록 하자.

저작권은 저작자의 권리를 보호하기 위한 제도이다. 그리고 최근 들어서는 저작인접권자의 권리 보호로까지 그 범위를 넓히고 있다. 학문과 예술 활동은 고도의 정신적인 활동의 산물로서 이러한 활동을 통해 인류의 삶은 보다 윤택해지고 풍요로워진다. 이런 까닭으로 어느 사회에서나 예술과 학문 활동을 보호하고 육성하기 위한 수단을 마련하여 제도화한다. 특히 근대 이후에는 개인의 창작과 표현의 자유를 최대한 보장함으로써 학문과 예술 활동을 보호하고 있다. 또 다른 한편으로는 개인의 정신 활동의 소산이라고 할 수 있는 창작물에 대해 창작자에게 독점적인 권리를 보장하고 이를 통해 개인적인 이익을 취할 수 있게 함으로써 학문과 예술 활동의 보호와 진흥을 꾀하는 것이다.

학문과 예술 창작은 개인적인 노력의 소산임에 틀림없지만 이는 사회적으로 축적된 성과의 바탕 위에서 비롯되는 것이다. 그리고 그 결과물은 창작자 개인만의 주관적 소유물을 넘어서 사회 전체의 문화적 성취를 이루고 동시대 또는 후세대의 삶을 풍요롭게 하는 데 기여해야 할 사회적인 책임을 지니게 된다. 개인의 권리에 대한 보호가 지나치면 새로운 창작의 결과물에 대한 접근 자체가 어려워져 어렵게 이룩한 문화적 성취가 사회 성원에 고르게 전달되지 못하고 사장되는 결과를 초래할 수도 있다. 사회 전체가 문화적 혜택을 고르게 향유하고 그 성취를 축적하고 전승하기 위해서는 그 결과물이 공공의 목적에 합당하게 이용할 수 있는 체제를 갖추는 것이 필수적이다. 이러한 까닭에 저작권법은 일반 사회 성원이 창작물을 활발하게 이용하여 문화적 성취를 여러 사람이 고르게 누릴 수 있도록 공공복리에 합당한 범위 내에서 저작권자 개인의 권리를 제한하여 저작물의 공정하고 원활한 이용을 도모하고 있다.

저작권법은 저작자의 권리를 보호하는 것뿐만 아니라 이용자가 저작물을 보다 편리하게 활용할 수 있도록 공정한 이용 환경을 조성하는 것을 목적으로 하는 것이기도 하다. 저작권은 기본적으로 저작자의 권리를 보호하기 위

　문정이는 파워블로거로 꽤 알려져 있다. 서양 미술 작품과 관련된 숨은 이야기들을 블로그에 올리면서 날이 갈수록 유명세가 커지고 있다. 그런데 요즘 문정이에게 커다란 걱정거리가 하나 생겼다. 며칠 전 서울지방검찰청에서 저작권을 침해했다는 이유로 출두명령서가 날아온 것이다. 문정이의 블로그는 대부분 18, 19세기 서양화가들의 작품을 다루는 내용이어서, 자신이 올리는 그림들이 저작권을 침해할 수 있으리라고는 전혀 생각하지 못했다.

　그런데 한 달쯤 전에 리히텐슈타인(1923~1997)의 〈행복한 눈물〉을 포스팅한 것이 화근이었다. 대기업의 비자금 사건과 관련해 작품이 세간에 알려지면서, 작품의 내용보다도 천문학적 가격 때문에 더욱 화제가 되었다는 내용의 포스팅이었다. 문제는 그림의 작가가 죽은 지 70년이 지나지 않아서, 아직까지 저작권이 살아 있다는 것이었다. 작품의 이미지를 무단으로 복제하고, 전송해서 저작권을 침해했으니 조사가 필요하다는 것이었다.

　문정이는 출두명령서를 보면서 살짝 억울한 생각이 들었다. 블로그를 활용해서 돈을 벌어본 적도 없었고, 자신은 시간과 비용을 들여서 작품과 그 뒷이야기들을 소개하는 데 정성을 기울였을 뿐이었다. 블로그에 그림을 올렸다고, 작품에 흠집이 생기는 것도 아니고, 사라지는 것도 아니고, 가격이 내려가는 것도 아니지 않은가? 더구나 작가는 이미 죽은 지 20년이나 지나서 실제 권리를 주장할 수도 없는데… 저작권 침해를 이유로 이렇게 검찰에 불려가는 신세가 된 것이 문정이는 점점 억울하게 느껴졌다. 아무리 생각해봐도 자신의 포스팅이 누군가에게 손해를 끼친 것이라는 데에는 전혀 동의할 수가 없었다. 오히려 작품을 널리 알리는 데 기여했고, 유익하고 알찬 내용을 공유하면서 많은 사람들에게 도움을 주었다는 생각이 들어서 울화통이 터지고 화병이 날 지경이다.

　문정이는 자신의 행위가 그림을 훔친 것도 아니고, 그림을 훼손한 것도 아니고, 작가나 소장자의 권리에 아무런 손해도 끼친 것도 없다고 주장하면서 억울해하고 있다. 그렇지만 문정이의 행위는 저작권 침해가 되기에 충분해 보인다.

　그렇다면 저작권은 어떤 이유나 근거에서 정당화될 수 있을까?

한 것임에 틀림이 없지만, 저작권의 지나친 보호는 자칫하면 저작물의 이용을 위축시키는 결과만을 초래할 수도 있다. 저작물 이용 위축은 다시 새로운 창작의 위축으로 이어지고, 결과적으로 저작자의 권리도 충분히 보호되지 못하는 악순환으로 이어질 수 있다. 이러한 점을 감안하여 저작권법은 기본적으로 저작자의 권리를 보호하면서도 한편으로는 저작물이 보다 널리 활용될 수 있는 환경을 조성하려는 또 다른 목적을 지니고 있다.

저작권 제도가 학문과 예술 창작자의 권리를 상세하게 규정하여 이를 보호하고, 또 다른 한편으로 이들의 권리가 제한되는 일정한 경우에 대하여 까다롭게 규정하는 가장 근본적인 이유는 이러한 세밀하고 까다로운 규정을 통해 문화와 관련 산업의 향상과 발전에 적합한 사회 환경을 조성하려는 데 있다. 저작권 제도는 저작권자의 권리를 보호하고 다른 한편으로는 이들의 권리를 제한하여 저작물의 공정하고 원활한 이용을 도모함으로써 궁극적으로는 '문화'라는 공공복리를 증진시키는 데 그 목적이 있다. 따라서 저작권법에서 가장 중요한 과제는 저작자와 저작물 이용자의 서로 상반되는 이해를 어떻게 조정하고, 균형을 맞출 것인가이다. 그 균형의 지점에서 바로 문화와 관련 산업의 꽃이 피어나기 때문이다.

2. 저작권의 연혁

저작권이란 저작물의 창작자에게 부여되는 독점적이고 배타적인 권리를 일컫는다. 저작권은 본래 저작물의 복제물을 제작할 수 있는 권리를 의미했으며, 정보기술의 변화와 발전에 따라 그 범위가 조금씩 확장되고 있다.

저작권 제도는 인쇄기술이 발달해 다른 사람의 저작물을 손쉽게 대량으로 복제할 수 있는 길이 열리면서부터 비로소 시작되었다. 인쇄술이 발명되기 이전에 다른 사람의 저작물을 복제할 수 있는 유일한 방법은 그것을 필사하는 것이었다. 이런 작업은 엄청나게 많은 시간과 노력을 필요로 하는 것이었기 때문에 이를 별도의 법률로 규율할 필요는 크게 대두되지 않았다. 그렇지만 인쇄술의 발명으로 말미암아 그리 커다란 노력을 들이지 않고도 짧은 시간에 저작물을 대량으로 복제할 수 있는 가능성이 생기면서 무차별적인 복제가 야기할 수 있는 저작물 생산자의 경제적인 손실을 미연에 방지할 필요가 생겨났다.

처음에는 인쇄업자의 초기 출판 비용의 안정적인 회수를 보장하기 위한 제도인 출판특허제도가 운영되기 시작했다. 절대군주가 지배하는 사회에서 출판물의 자유로운 범람은 자칫하면 불온한 사상을 전파시켜 지배 체제에 위협을 가할 수도 있는 위험천만한 것이었다. 그 때문에 왕으로서도 학문과 사상을 적절히 통제할 필요를 느꼈다. 이런 출판업자와 절대군주의 이해관계가 맞아떨어지면서 만들어진 것이 바로 **출판특허제도**이다. 특허를 통해서 국가는 세금을 거두어들이고, 또한 학문과 사상을 교묘하게 통제할 수 있었으니 일거양득의 효과를 거둔 셈이다. 그렇지만 출판특허제도는 출판업자의 이익을 보호하기 위한 제도이지, 지적인 생산물을 생산한 당사자인 저작자를 위한 것은 아니었다.

근대적인 의미의 저작권이 태동하게 된 것은 시민혁명으로 개인의 자유에 대한 의식이 고취되면서부터이다. 근대 이전까지는 대부분의 예술 생산 활동은 왕이나 귀족, 종교의 재정적인 후원에 힘입어서 이루어졌기 때문에 예술가들은 저작물의 경제적인 가치에 대해서는 크게 관심을 기울이지 않았다. 그렇지만 시민사회가 도래하면서 표현의 자유를 주창하기 시작한 예술가들에 대한 후원은 사라지게 된다. 왕이나 귀족에게 거침없는 비판을 쏟아내는 예술작품에 대해서 왕이나 귀족들의 후원이 끊긴 것이다. 예술가들도 이제 스스로의 예술 활동을 통해서 밥벌이를 해야만 하는 처지가 된 것이다. 이렇게 되면서 저작물을 생산한 당사자인 저작자에 대한 보호의 필요성이 주목받기 시작했다.

세계 최초의 저작권법은 영국의 「앤여왕법」(Statute of Anne, 1710년)이라고 알려져 있다. 계몽주의의 대두와 시민 의식의 성장으로 말미암아 출판특허제도는 타파해야 할 구질서 가운데 하나가 되었고, 마침내 1694년에 폐지되기에 이르렀다. 출판특허제도가 폐지되면서 해적판의 출판이 만연하자 출판사들은 자신들의 경제적인 이익을 보장받기 위한 새로운 제도를 필요로 했다. 작가의 권리를 전면에 내세우면서 새롭게 등장한 것이 바로 「앤여왕법」이다.

출판특허제도와 마찬가지로 「앤여왕법」도 처음에는 출판업자의 이익을 보호하기 위한 역학 관계의 산물이었다. 저자에게 부여된 권리는 어차피 출판의 과정에서 다시 출판사에 양도될 수 있는 것이었다. 그렇지만 출판사에 부여하던 독점권은 사라졌고, 제한된 유효기간 동안만 권리를 보호할 수 있게 되었다. 명목상이기는 해도 저작자가 권리의 명백한 주체가 되면서 이후여러 가지 변화를 이끌어낸다. 저작자의 권리는 최초 출판 이후 14년 동안보호되며, 14년이 경과한 이후에도 저작자가 생존한 경우에는 다시 14년간보호되는 것으로 규정되었다. 이 법에 의해서 보호되는 저작물은 출판물로한정되었다. 이후 사진이나 조각 작품 등으로 조금씩 그 범위를 확장하게 되었다. 미국의 저작권법은 식민 모국이던 영국의 영향을 강하게 받아서 1790년에 제정되었으며, 초기 법은 「앤여왕법」의 체계를 상당 부분 수용해서 만들어졌다.

한편 프랑스나 독일과 같은 유럽 대륙의 국가들에서도 시민혁명을 거치면서 자유, 평등, 박애 같은 시민 의식이 고취되기 시작했다. 그리고 차츰 개인의 정신 활동의 소산인 저작물에 대한 권리를 보호할 필요성에 눈을 뜨게 되었다. 프랑스도 영국보다는 조금 늦었지만 연극 상연이나 출판 활동에 대해서 저작권을 보호하기 시작했고, 독일도 비스마르크에 의한 통일을 계기로 전국적으로 영향을 미치는 저작권제도를 만들었다.

한편 인쇄기술뿐만 아니라 정보를 담고 전달하는 기술이 하나둘씩 발전하면서 저작권은 점차 그 보호의 범위를 넓혀가기 시작했다. 처음에는 출판물 보호에서 시작했지만, 녹음기술, 녹화기술, 방송기술 등이 발달하면서 차츰 해당 영역의 저작물과 이용 행위도 보호의 범위에 포함되었다. 새로운 정보매체와 기술이 등장할 때마다 저작권의 보호를 둘러싸고 이해 관계자들은 매우 심각한 마찰을 겪었다. 그렇지만 컴퓨터와 광통신으로 대변되는 최근의 정보통신기술만큼 저작권 제도의 근간을 위협하는 존재는 아직까지 없었던 것 같다. 컴퓨터와 인터넷은 저작물을 생산하고 배포하는 환경에 혁명적인 변화를 가져왔다. 아무런 추가 비용의 부담 없이 누구라도 정보의 복제와 배포가 가능한 세상에서 우리는 살고 있다.

이런 기술적인 변화는 저작권 제도에는 매우 심각한 위협과 기회로 작용하고 있다. 혹자는 저작권을 인터넷의 정보 공유 정신을 반영하지 못하는 구시대적인 패러다임이라고 혹평하면서 이제는 마땅히 없어져야만 하는 악법이라고 비판하기도 한다. 그렇지만 또 다른 한편에서는 저작물의 불법적인 복제와 배포를 막을 수 있도록 기술적인 보호조치를 강화하고 법적인 보호의 수준을 높여야 한다고 소리 높여 주장하고 있다. 이제 생활인이라면 누구나 알아야 할 생활법률로 저작권의 위상은 대폭 강화되었다.

저작권은 각국의 역사적인 상황에 따라 조금씩 상이한 내용으로 규율되었으나, 저작물의 국제적인 교류가 빈번해지면서 이를 세계화할 필요가 대두되었다. 1886년에 **베른협약**(Berne Convention)을 필두로 해서, 저작권법의 세계화가 이루어졌다. 이후 세계저작권조약 등을 통해 저작권 보호의 내용을 세계적으로 유사한 수준으로 맞추려는 노력들이 진행되고 있다.

3. 저작권의 철학

빅토르 위고의 소설 『레 미제라블』은 빵 한 조각을 훔친 죄로 19년 동안이나 감옥살이를 했던 장 발장을 주인공으로 해서, 당시 민중들의 피폐한 삶과 사회 모순을 그려낸 대작이다. 주인공 장 발장이 죄에 비해 과도한 처벌을 받아 억울한 느낌이 없지 않지만, 아무리 배가 고프다고 해도 빵을 훔친 행위 자체가 정당화되기는 어려울 것이다. 빵을 훔친 행위의 결과로, 빵 가게 주인은 그 빵을 더 이상 먹을 수도, 판매할 수도 없게 되는 피해를 입었기 때문이다. 빵집 주인이라는 제3자가 자신의 소유권을 정당하게 행사할 수 없게 되는 피해를 입었고, 누구라도 그 행위와 피해에 대한 책임으로부터 자유로울 수는 없다.

빵과 같은 유형의 물체가 아니라, 노래나 글과 같은 인간의 지적인 생산물에도 이런 원리를 적용할 수 있을까? 누군가가 빵을 집어가면, 주인은 더 이상 빵이라는 물건에 대해 아무런 권한을 행사할 수 없게 된다. 반면에 누군가가 내 노래나 글을 허락 없이 베껴서 사용했다고 해도, 그 노래와 글이 내게서 사라지는 것은 결코 아니다. 노래나 글을 내가 원하는 대로 사용하는 데에도 여전히 아무런 하자가 없다. 지적 창작물은 다른 사람의 이용에도 불구하고 내가 그것을 소유하거나 사용하는 데 특별한 장애가 존재하지 않는다는 점에서 빵과 같은 유형의 물체와는 확실히 구별된다. 그렇다면 과연 어떤 원리와 근거로, 노래나 글과 같은 인간의 지적인 생산물에 저작권이라는 권리를 부여하는 것이 정당화될 수 있을까?

저작권의 정당성에 대한 철학적인 근거는 그것이 탄생한 사회의 문화와 역사 속에서 이해될 필요가 있다. 제도를 잉태한 사회의 문화적인 환경과 역사적인 사정에 따라서 서로 조금씩 다른 근거들이 제시되고 있고, 그 근거에 따라서 실질적인 규율의 내용 또한 달라지기 때문이다. 저작권에 대한 철학적인 근거는 크게 자연권 사상과 공리주의 이론으로 나뉘어 논의가 이루어졌다. 대개 자연권 사상의 경우에는 저작권을 부여하는 근거를 창작 행위 그 자체에 수반된 기본적인 원리에 초점을 맞추는 경향이 있어서 이를 **후향적 접근**(Backward looking approach)이라고 부르기도 한다. 한편 공리주의적 사상은 지적 재산의 보호로부터 파생되는 결과에 초점을 맞추고 있어 **전향적 접근**(Forward looking approach) 또는 도구주의라고도 한다.

자연권 사상은 영국의 로크(John Locke)[1], 독일의 칸트(Immanuel Kant)[2], 헤겔(Georg Wilhelm Friedrich Hegel)[3]과 같은 철학자들의 논의에 바탕을 두고 있다. 자연권 사상은 저작권은 저작물을 만들어낸 사람에게 마땅히 부여되어야만 하는 자연권 가운데 하나라고 인식한다. 따라서 저작물을 만들어낸 사람의 보호에 보다 초점을 맞추고 있으며, 이들의 권리를 어떠한 이유에서 보장하고, 어떤 내용으로 보호해야 하는가에 관한 원리를 제공한다.

로크가 저작권에 대해서 직접 언급하지는 않았지만, 그의 **노동 이론**(labor theory)은 저작권 제도에 중요한 이론적 근거로 활용된다. 로크의 노동 이론은 인간은 자신들의 신체에 대해서 천부적인 자연권(natural rights)을 가지며, 자신의 신체가 행하는 노동을 지배할 권리도 함께 지니고, 노동의 결과물은 그 노동을 행한 신체의 소유자에게 귀속된다는 것이다. 노동 이론은 이전까

1　John Locke(1632~1704): 영국의 철학자.
2　Immanuel Kant(1724~1804): 독일의 철학자.
3　Georg Wilhelm Friedrich Hegel(1770~1831): 독일의 철학자.

지 재산 가치를 지닌 모든 것들은 신에게 귀속한다는 생각에 맞서서 개인의 사유재산에 대한 정당성을 확보하기 위한 논거로 탄생했다. 노동의 결실로 얻게 된 재화가 개인의 사적인 재산으로 인정받는 것과 마찬가지로 인간의 두뇌 활동의 결과로 탄생한 저작물도 마땅히 사적인 재산으로서 그 권리를 인정받을 수 있다는 것이다. 다시 말해서 인간 신체 활동의 결과로 생산되는 재화에 대한 권리를 인간의 두뇌 활동의 소산인 저작물에까지 확대하여 적용한 것이 바로 저작권 제도인 것이다.

이는 저작물을 경제적 거래의 대상으로 바라보고, 거기에 일정한 권한을 부여한 것이다. 그렇지만 이러한 전통은 저작권을 일원론적 관점에서 파악하여 재산 측면의 권리만을 인정하고 있을 뿐이다. 영국과 미국의 저작권제도는 이런 사상적 바탕에서 비롯된 것이기 때문에 지금까지도 저작권을 재산권적인 측면에서만 바라보려는 경향을 강하게 보이고 있다.

칸트는 철학자 가운데 드물게 저작권에 관해 직접 언급하고 있는 인물이다. 칸트가 살던 시대에는 저작자 보호보다는 출판업자 보호가 주로 이루어지고 있었지만, 칸트는 출판사의 권리가 아니라 저작자의 권리에 주목한다. 칸트에 따르면, 책은 작가의 주관적인 지식을 사회 구성원들과 공유하기 위한 수단의 일종으로, 책에 표현된 작가의 주관적인 생각에 대한 소유권은 출판이라는 행위가 이루어진 이후에도 여전히 작가에게 남아 있다는 것이다. 여기에서 "작가가 자신의 생각에 대해 가지는 소유권"이라는 개념은 오늘날의 저작권과 매우 유사한 개념이다(남형두, 2008: 281~282). 칸트에 따르면 재산권은 인간 개성의 핵심인 자유(freedom)에서 비롯되는 것이며, 작가의 주관적인 지식, 작가 자신의 생각 역시 자유의 산물인 것이다. 그리고 그는 인간 자유의 산물인 저작물에 대해서는 저자의 동의 없이 공개하는 것을 금지하고, 자신이 저작물의 저자임을 밝힐 수 있어야 하고, 아울러 허락 없이 저작물의 내용이나 형식을 변경할 수 없다고 선언하고 있다(남형두, 2008: 283). 이러한 칸트의 주장은 현재 저작권법에서 폭넓게 인정되고 있는 **저작인격권**의 주요 내용을 구성하고 있다. 칸트는 저작자의 권리는 인간의 자유 그리고 개성과 밀접하게 연관을 가진 것으로, 인간의 개성과 자유에 근거한 재산권의 일종으로 저작권을 바라보았고, 로크와 마찬가지로 이러한 권리를 일종의 자연권으로 보았다.

헤겔은 로크나 칸트와는 또 다른 입장에서 재산권을 바라본다. 헤겔에게 재산은 노동의 대가나 자유에 근거하는 것이 아니고, 그 제작자의 의지나 개성의 연장이며, 그 의지의 한도 내에서 보호되어야 하는 것이다. 헤겔의 **인격 이론**(personality theory)은 재산을 사람과 사물 사이의 관계로 설명한다. 사람은 의지를 가지는 반면에 사물은 그렇지 않다는 점에서 양자 사이에는 본질적인 차이가 존재한다. 사람은 사물에 자기 의지를 불어넣음으로써 그 사물을 자기 것으로 만들려고 하는 실체적인 목적을 가지지만, 사물은 그러한 실체를 갖지 못한 채 의지를 받아들이는 비자립적인 존재이다. 재산이란 바로 사람이 사물에 대한 자기 지배를 실현하고자 하는 의지가 발현된 것이다. 이렇게 "스스로를 실현하기 위한 의지의 투쟁(The will's struggle to actualize itself)"을 헤겔은 '인격'이라고 지칭하고, 소유를 통해서 의지가 인격성을 획득하게 된다고 주장한다. 재산은 개성의 한 부분인 '의지'가 표현된 것이고, 이는 곧 더 많은 자유의 실현을 위한 조건이 된다. 이러한 맥락은 비단 유형의 물체에만 적용되는 것이 아니라, 인간의 지적인 창작물에도 그대로 적용될 수 있다. 다만 헤겔에게 소유의 전제는 인간의 외부 세계에 존재하는 사물이어야 한다. 외부로 표현되지 않는 아이디어 자체만으로는 소유의 대상이 될 수 없다. 따라서 지적 창작물이 외부 세계에 구체적인 표현으로 등장하고 있다면, 그 표현은 저작자의 개성과 정체성을 드러내는 의지의 산물로 볼 수 있다. 이러한 근거로 지적 창작물도 소유의 객체가 될 수 있다. 저작물은 단순한 노동의 산물이 아니고 인간의 의지가 투영된 인격적인 존재이며, 재산의 객체로서 보호받을 수 있게 된다.

프랑스나 독일 같은 대륙법계 국가에서 저작권은 칸트와 헤겔의 사상에 영향을 받은 것으로 알려져 있다. 간단히 말하면 이들 철학자들은 인간의 정신적인 활동의 소산인 저작물에는 그것을 만들어낸 사람의 인격과 혼이 고스란히 스며들어 있다고 주장한다. 그래서 저작물은 경제적인 거래 대상으로서도 가치를 지니고 있지만, 또 다른 한편에서는 그것을 만들어낸 사람의 인격적인 권리에 대한 보호의 필요성도 함께 지니고 있는 것이다. 이들 국가들에서는 저작권을 단순히 복제할 수 있는 권리가 아니라 **저작자의 권리**(the right of author)로 파악하는 경향을 보인다. 그래서 저작권을 단순한 경제적인 권리가 아니라 **저작인격권**과 **저작재산권**, 이렇게 이원적인 권리로 규정한다. 대륙법계 전통의 영향을 받은 한국도 저작권을 저작인격권과 저작재산권으로 구분해서 규율하고 있는 실정이다.

저작권을 자연권의 일종으로 바라보는 관점은 저작자의 권리 자체에 초점을 맞추고 있다. 그러나 저작권은 저작자의 권리뿐만 아니라 저작물 이용자의 권리라는 또 다른 하나의 축을 통해서 규율이 이루어진다. 자연권적인 관점에 따르게 되면, 저작물 이용자의 권리와 이를 통한 저작물의 공정한 활용이라는 측면에서의 저작권 제한을 설명하기 어렵다. 이러한 부분들은 자연권 사상과는 대척되는 지점에 서 있는 저작권 사상의 또 하나의 기둥인 공리주의 이론에 의해서 상당 부분 보충될 수 있다. 공리주의적인 입장은 저작권을 천부적으로 주어진 자연권이 아니라, 공동체의 필요에 의하여 사회적으로 부여된 권리라고 바라본다. 따라서 공동체의 필요에 따라서 저작권 보호의 정도와 방법은 얼마든지 달라질 수 있으며, 다른 한편으로는 권리를 제한할 수 있는 것이다.

공리주의적인 관점에서 저작권에 관한 이론적인 논의에 바탕을 제공한 사상가로는 프랑스의 철학자 콩도르세(Condorcet)[4]를 주목할 필요가 있다. 콩도르세에 따르면, 지적인 창작물은 자연 질서에서 나온 재산이 아니고 사회 세력(social force)의 역학 관계에서 비롯된 인위적인 재산이다. 창작물에 부여되는 권리는 권리 자체에 내재한 본성에서 비롯되는 것이 아니라 사회가 부여한 일종의 혜택에 불과한 것이다. 인간의 지적인 사고는 개인 혼자만의 노력의 결과물이 아니라 사회의 경험이 축적되어서 얻어진 집합적인 노력의 산물이기 때문에 자연권에 근거해서 권리를 부여하기보다는 재산권과 관련된 분배의 문제에서의 사회적인 효용에 바탕을 두어야 한다는 것이 콩도르세의 주장의 핵심적인 요체이다. 이러한 사상은 해당 공동체가 직면하고 있는 상황에 따라서 권리의 내용과 제한이 달라질 수 있는 근거를 제공한다.

자연권 사상이 철학자들의 논의에 힘입어서 발전된 것과는 달리 공리주의적인 관점에서의 논의는 주로 법원의 판례에 의해서 발전되었다. 공리주의적인 관점에서 저작권을 바라보는 대표적인 이론으로는 **유인 이론**(incentive theory)과 **효율적 배분 이론**(efficient allocation theory)이 있다.

유인 이론은 지적 생산물을 창작한 사람들이 이를 외부에 공개할 경우 일종의 인센티브(incentive)를 부여함으로써 창작 의욕을 고취시키고, 이를 통해서 문화의 향상을 도모하기 위한 기반을 조성할 수 있다는 이론이다. 저작권은 문화의 발전을 이끌어가는 정책적인 수단으로서, 보다 많은 사람들로 하여금 창작 활동에 매진하도록 이끌고 유인하는 인센티브의 일종으로 볼 수 있다는 것이다. 그렇지만 이러한 주장은 지나치게 경제적인 측면으로 경사

---

4   Marquis de Condorcet(1743~1794): 프랑스의 철학자, 수학자.

되어 있고, 인센티브가 반드시 창작에 긍정적인 효과만을 내는 것이 아니라, 오히려 과도한 인센티브가 제공하는 혜택에 안주하면서 문화의 하향 평준화를 부추길 수도 있다는 비판을 받기도 한다. 유인 이론은 주로 미국의 법원 판례에 의해서 발전되어왔지만, 지나치게 미국적인 이론이라는 비판을 받기도 한다.

'효율적 배분 이론'은 미국 연방항소법원의 포스너(Richard Posner)[5] 판사의 이론을 바탕으로 한 법경제학적 접근이다. 저작물을 아무런 보호 없이 자유롭게 이용할 수 있도록 제공할 경우에 자원의 분배가 효율적으로 이루어지지 못하는 문제가 발생하게 되고, 희소성을 바탕으로 하는 가격 정책을 통해서 저작물의 과소생산이나 과소소비의 문제를 해결할 수 있다고 바라보는 입장이다.

경제학적인 측면에서 바라보았을 때, 저작물은 **소비의 비경합성**과 **비배제성**이 발생하는 공공재적인 성격을 지니고 있다. 비경합성이란 다른 사람의 이용이 원래 소유자의 이용에 아무런 장애도 발생시키지 않는다는 의미이다. 즉 어떤 재화를 누군가가 사용한다고 하더라도, 그러한 사용으로 말미암아 원래 소유자가 그 재화를 사용하는 데 아무런 하자도 발생하지 않는다는 의미이다. 지적인 창작물이 반드시 어떤 물리적인 형체와 결합되어야 하는 것은 아니다. 추상적인 내용과 표현 그 자체만으로도 존재할 수 있어서 얼마든지 유형물과 분리될 수 있다. 유형의 사물에 구속되지 않는 저작물의 특성으로 말미암아 소비에서 비경합성이 나타날 수 있다. 유형물의 사용이나 점유는 다른 사람의 이용을 제한할 수밖에 없지만, 추상적인 내용과 표현에 불과한 저작물은 유형물의 사용이나 점유로부터 자유로울 수 있다. 쉽게 말해

---

5 Richard A. Posner (1939~): 미국의 법경제학자, 미국 제7연방항소법원 판사.

서 내가 요즘 유행하는 노래를 부른다고 해서, 원래 이 곡을 작곡한 사람이 이 노래를 부르지 못하거나 연주하지 못하는 사태는 결코 벌어지지 않는다. 한편 비배제성이란 정당한 대가를 지불하지 않은 사람이라고 하더라도 재화의 소비에 참여하는 데 아무런 장애가 없다는 의미이다. 쉽게 얘기해서 비용을 지불하지 않은 사람의 이용을 금지시키기가 어렵다는 이야기이다. 한 번 다른 사람들에게 전달된 저작물의 내용이나 표현을 권리자가 자신의 의지에 따라서 통제하기 어렵다는 의미이기도 하다.

저작물의 이러한 특성은 시장 메커니즘이 제대로 작동하기 어렵게 만드는 요인이 된다. 지적 창작물의 이용과 유통은 시장실패(다시 말해서 과소소비 또는 과소생산 등)의 영역으로 남을 가능성이 매우 크다. 경제학에서는 이렇게 시장실패가 일어나 자원의 배분이 비효율적으로 이루어지는 상황을 예방하기 위해서 정부의 개입이 필요한 영역을 공공재라고 한다. 저작물은 그 자체에 내재된 비경합성과 비배제성이라는 특성으로 말미암아 시장실패가 일어나기 쉬운 영역이라는 측면에서 공공재적인 성격을 띠고 있다고 볼 수 있다. 다만 저작물의 유통에 반드시 정부의 개입이 필요한지에 대해서는 이견이 있기 때문에 저작물을 공공재라고 보지 않고 공공재적인 특성이 있다고 바라보는 것이다.

법경제학적 입장에서는 사회적 자원인 저작물의 효율적인 분배를 위해서는 자원의 희소가치 조절이 필수적이며, 저작권은 그러한 희소가치를 통제할 수 있는 장치인 것이다. 저작물에 가격을 부과하면 자원에 대한 접근성이 감소되지만, 창작에 대한 인센티브가 증가해 비용을 상쇄하는 사회적 편익을 생산할 수 있다는 것이 이들의 주장이다.

그렇지만 이들이 주장하는 것처럼 저작물을 공유의 영역에 놔둔다고 하더라도, 이들이 주장하는 공유지의 비극이 발생해서 저작물 이용 환경이 황

폐해지지는 않는다는 반론이 있다. 또한 저작권을 보호하고, 희소성을 관리한다고 해도 자원의 효율적인 분배가 이루어지지 않는 상황이 발생할 수 있다는 비판도 존재한다. 또한 문화적인 행위의 일환인 저작물이 반드시 경제적인 이유만으로 생산되는 것도 아니어서 이러한 이론으로 설명하기 어려운 부분들이 존재한다.

자연권 사상이나 공리주의 경향의 여러 이론들은 어느 하나도 저작권 제도를 완벽하게 설명하지는 못하고 있는 것 같다. 그렇지만 이러한 각각의 주장들은 복합적인 측면을 지닌 오늘날의 저작권 제도를 만들어낸 이론적인 기반임에 틀림이 없고, 저작권 제도를 상호보완적으로 설명하고 있다.

4. 다른 권리와의 비교를 통한 저작권의 이해

1) 저작권과 소유권

저작권은 저작물의 창작자에게 부여되는 독점적이고, 배타적인 권리이다. 여기에서 배타적인 권리라 함은 저작물의 이용 여부를 다른 사람의 간섭 없이 독자적으로 결정할 수 있다는 의미이다. 저작권은 무형의 지적 창작물에 **유체물**[6]에 준하는 독점적이고 배타적인 권리를 부여한 것으로, **준물권적인 성격**[7]을 지니고 있다.

---

6 표준국어대사전은 유체물을 "공간의 일부를 차지하고 사람의 감각에 의하여 지각할 수 있는 형태를 가지는 물건"으로 정의한다.

7 특정한 물건을 직접 지배하여 배타적인 이익을 얻을 권리를 물권이라고 하는데, 저작권은 무형의 지적 창작물을 권리의 객체로 하는 배타적인 권리인 까닭에 물권에 준하는 권리라고 본다.

저작권의 특성을 보다 분명하게 이해하기 위해서 유체물을 대상으로 하는 소유권과 그 특성을 비교해보도록 한다.

소유권은 사유재산제도의 기초를 이루는 기본적인 권리로, 토지, 건물 등과 같은 유체물을 완전하게 지배할 수 있는 배타적인 권리이다. 소유자는 해당 물건을 사용, 수익, 처분할 수 있는 배타적인 권리를 갖게 된다. 소유권은 외형적인 형태를 지닌 물건에 대해서 부여되는 권리라는 점에서 인간의 사상과 감정에 대한 표현이라는 형체를 지니지 않는 무형의 객체에 부여되는 저작권과는 구별된다. 유체물을 대상으로 하는 소유권은 권리의 객체가 명확하기 때문에 이에 대한 권리의 행사도 매우 분명하게 이루어질 수 있다. 반면에 무형의 객체를 대상으로 하는 저작권은 권리의 내용과 행사의 방법에서 실질적인 지배력을 확보하기가 더 어려워지는 측면이 존재한다.

소유권은 아주 특별하고 예외적인 경우를 제외하고는 물건 그 자체가 존재하고 있는 한에는 권리 자체가 소멸되지 않는 특성을 지니고 있다. 반면에 저작권은 저작자 사후 70년이라는 한정된 기간 동안만 보호되고, 그 이후에는 권리가 소멸되어 누구라도 자유롭게 이용할 수 있다는 점에 차이가 있다.

유체물을 대상으로 하는 소유권은 재산권적 권리에 불과하지만, 저작권은 재산권적 권리뿐만 아니라 인격적 권리까지를 포함하는 것이라는 점에서 또한 차이가 있다. 재산권 측면에서 저작권은 소유권과 마찬가지로 타인에게 양도나 상속 등이 가능하지만, 인격적 측면에서 저작권은 타인에게 양도가 불가능하고, 물질적인 거래의 대상이 될 수 없는 저작자 자신만이 행사할 수 있는 고유한 권리이다.

『저작권법』이라는 책이 한 권 있다고 가정해보자. 책에 대해서는 소유권이 발생하는 반면에, 책의 알맹이를 이루는 사상과 감정에 대한 구체적인 표현들은 저작권으로 보호가 이루어진다. 서점에서 『저작권법』을 구매하게 되면, 구매자는 그 책의 소유권을 취득하게 된다. 그렇지만 이러한 구매 행위를 통해서 저작권까지 취득할 수 있는 것은 아니다. 엄밀한 의미로 이야기하면, 한 권의 책은 특정한 저작물을 종이 위에 인쇄한 복제물의 일종이다. 책의 구매자는 저작물의 복제물을 구입했고, 이 구입 행위로 인해 복제물을 사용하고, 수익을 얻고, 처분할 수 있는 권리를 취득한 것이다. 책 위에 낙서를 할 수도 있고, 다른 사람에게 빌려주거나 팔아버릴 수도 있다. 심지어 책을 찢어버리거나 불태워버릴 수도 있다. 그렇지만 구매한 책을 활용해서 또다른 복제물을 만들거나, 그 구체적인 표현들을 다른 사람들에게 제공할 수 있는 권리까지 취득한 것은 아니다. 다시 말해서 이런 행위를 하기 위해서는 저작권자의 허락이 필요하다. 물리적인 책에 부여되는 권리가 소유권이고, 물리적인 객체와는 구별되는 그 알맹이를 구성하는 구체적인 표현들에 부여되는 권리가 바로 저작권이다.

2) 저작권과 지식재산권

저작권은 인간의 지적 창조물인 무형의 객체에 부여되는 **지식재산권**의 일종이다. 무형의 객체에 부여되는 권리라는 의미에서 지식재산권을 무체재산권이라 부르기도 한다. 지적 창조물에 부여되는 소유권과 유사한 권리라는 의미에서 **지적소유권**이라고 부르기도 한다. 소유권이 유형의 객체에 부여되는 독점적이고 배타적인 사용, 수익, 처분에 관한 권리인 것과 마찬가지로 지식재산권은 인간의 지적 창작물을 사용하고, 수익을 얻고, 처분할 수 있는 독점적이고, 배타적인 권리를 뜻한다. 그렇지만 소유권과는 달리 일정한 기간 동안 권리가 인정되는 한시적인 권리라는 점에서 소유권과는 구별된다.

지식재산권은 크게 **산업재산권**과 **저작권**으로 구별된다. 산업재산권은 지적 창작물의 산업적인 활용 과정에서 발생하는 권리를 규율하는 것인 반면에 저작권은 지적 창작물의 문화적인 활용 과정에서 비롯되는 권리이다. 산업재산권은 다시 **특허권**, **실용신안권**, **디자인권**, **상표권** 등으로 세분화된다. 특허권은 발명과 같이 새로운 발전을 이룬 기술적 사상, 상표권은 상품의 출처를 식별할 수 있는 시각적 기호, 디자인권은 물품의 형상·모양·색채 등에 대한 도안을 보호의 대상으로 한다. 산업재산권의 모든 영역은 기업의 물품 생산과 판매의 과정 중에 발생하는 지적인 창작물을 권리의 대상으로 한다. 반면에 저작권은 인간의 사상과 감정을 창작적으로 표현한 것을 보호의 객체로 하는 문화적인 영역의 권리이다. 산업재산권 가운데에서도 특허권이 주로 아이디어 영역과 그 구체적인 실현물을 보호하는 것과는 달리 저작권은 아이디어가 아니라 표현의 영역을 보호의 대상으로 한다는 점에서 커다란 차이가 있다.

산업재산권은 권리의 취득을 위해서는 정부의 허가와 등록을 요건으로 한다. 특허권이나 상표권의 취득을 위해서는 출원과 심사의 과정을 거쳐야만 하며, 정부의 허가와 등록이라는 요식 절차를 필요로 한다. 반면에 저작권은 권리의 발생을 위해서 아무런 요식 행위를 필요로 하지 않는다. 저작권은 저작물의 창작과 동시에 부여된다. 이처럼 산업재산권과 저작권은 권리의 취득과 인정 과정에서 커다란 차이가 있다. 산업재산권은 특허청에서, 저작권은 문화체육관광부에서 관련 사항을 취급하고 있다.

제2장 저작물과 저작자

┃ 학습목표

1. 저작물의 개념과 저작권의 보호 범위를 이해하고, 적용할 수 있다.
2. 보호받지 못하는 저작물의 취지와 종류를 이해하고, 활용할 수 있다.
3. 저작자의 개념을 이해하고, 적용할 수 있다.

저작권은 저작물의 창작자에게 부여되는 독점적이고 배타적인 권리이다. 그렇다면 저작권의 객체에 해당하는 저작물은 어떤 요건을 필요로 하고, 저작권의 행사 주체인 저작자가 되기 위해서 필요한 요건은 또 무엇일까? 이 장에서는 저작권의 주체와 객체에 해당하는 저작자와 저작물의 요건을 살펴보도록 한다.

1. 저작물

1) 저작물의 개념

저작물은 저작권이 보호하는 객체에 해당하는 것으로, 저작물로 성립될 수 있으려면 법률이 정하는 몇 가지 요건을 충족해야만 한다. 저작권과 관련된 소송 가운데 상당수는 다툼의 대상이 저작권법으로 보호되는 저작물로 성립할 수 있는지의 여부에서 출발한다. 대상물이 저작물에 해당되지 않는다면, 원천적으로 권리 자체가 발생하지 않기 때문에 저작권 보호를 주장할 수가 없기 때문이다.

저작권법 제2조 제1호는 저작물을 "인간의 사상 또는 감정을 표현한 창작물을 말한다"라고 규정하고 있다. 종래의 법에서는 '문학·학술 또는 예술의 범위에 속하는 창작물을 말한다'라고 규정되어 있던 것을 2006년 법 개정 과정에서 이렇게 변경했다. 문학, 학술 또는 예술의 범위에 속해야 한다는 개정 전 법률의 의미는 아주 엄격한 의미로 해석되지 않고 '지적·문화적' 영역을 포괄적으로 포함하는 것으로 해석되었다. 그렇지만 저작권으로 보호되는 범주를 문학, 학술 또는 예술의 영역으로 제한하여 엄격하게 해석할 경우에는 컴퓨터프로그램과 같은 기능적인 저작물을 보호하는 취지와 모순이 될 수 있다는 문제점이 지적되어왔다. 이런 문제점을 보완하기 위해 문학, 학술, 예술의 범위에 포함되어야 한다는 내용을 인간의 사상이나 감정을 표현한 것이라고 변경한 것이다.

따라서 저작물이 되기 위해서는 두 가지의 요건을 모두 갖추고 있어야만 한다. 첫째 인간의 사상 또는 감정을 표현하고 있어야 한다는 것과 두 번째로 창작물이어야 한다는 점이다.

저작물은 **인간의 사상 또는 감정을 표현**하고 있는 것이기 때문에 단순한 사실이나 데이터만을 나열한 것은 그 자체로 저작물이 될 수 없다. 따라서 식당의 메뉴판이나 열차시각표와 같이 단순한 사실들을 모아놓은 것과 지극히 정형화된 계약서[1]와 같은 것은 저작물이 될 수 없다. 또한 기계의 순차적인 조작의 결과로 생산되는 결과물들도 저작물에 해당하지 않는다. 챗 GPT와 같은 AI가 작성한 글이나 그림은 저작물에 해당하지 않는다.[2] 여기에서의 사상이나 감정은 아주 고차원적인 철학적인 내용이나 심리학적인 개념을 의미하는 것은 아니고 사람이 살면서 생활하면서 느끼게 되는 여러 가지 생각과 느낌이라는 보다 넓은 의미로 해석되어야 한다. 그리고 그 사상의 범위에 지적이고 문화적인 영역이 포함되는 것은 물론이고, 순수한 기술과는 구분되는 기술적인 사상도 포함하고 있는 것으로 보아야 한다. 입법례에 따라서는 사상과 감정의 표현이 특정한 매체에 고정되어 있을 경우에만 저작물로서 인정하는 경우도 없지 않지만 우리 법의 경우에는 특정한 매체에 고정되어 있을 것을 그 요건으로 하지는 않는다. 다만 사상과 감정에 대한 표

---

1 계약서의 경우에는 학자에 따라 아예 저작물이 될 수 없다는 주장과 또 다른 경우에는 극히 진부한 정형적인 내용의 계약서를 제외하고는 저작물로 볼 수 있다는 주장이 엇갈린다. 계약서는 인간의 사상과 감정을 창작적으로 표현한 것으로 보기 어렵다는 것이 전자의 주장이다. 반면에 계약서의 경우에도 특정한 거래의 과정에서 발생할 수 있는 분쟁에 대비해 그 대처 방안을 적절한 문장 표현과 조문 배열로 표현하는 과정에서 저작자의 사상(특히 법적 사고)이 표현될 수 있는 여지가 많이 있다는 것이 후자의 주장이다(이해완, 2007: 33).

2 AI가 작성한 글이나 그림은 기계적인 알고리즘에 의해서 만들어진 것이기 때문에, 이를 인간의 사상이나 감정으로 볼 수 없다는 것이 지금까지의 법률 해석이었다. 그렇지만 AI의 산업적 활용이 일상화되기 시작하면서 이것을 저작물로 인정해야 한다는 견해가 힘을 얻고 있다. 현재 국회에는 AI가 생산한 결과물에 대해서는 AI 제작사가 저작자가 되는 내용의 법안이 발의되어 있다. 한편 AI의 창작물의 저작물로서의 인정 여부와는 별개로, AI의 창작물 자체가 기존 저작자의 저작권을 침해했다는 소송이 빈번하게 발생하고 있다. AI가 답변을 작성한 과정에서 다른 사람의 저작물을 이용하는 것이 저작권 침해를 구성할 수 있다는 것이다.

현이 다른 사람들이 확인할 수 있는 정도로 외부로 드러나기만 하면 그것으로 충분하다. 따라서 물리적인 형체를 가지지 못하는 연설이나 강의, 공연, 즉흥춤의 안무의 경우에도 저작물로서의 요건을 확보하고 있는 것으로 이해할 수 있다.

한편 저작물로 인정되기 위한 또 다른 요건은 **창작성**(creativity)[3]을 갖추고 있어야 한다는 것이다. 다른 사람의 것을 그대로 가져다 옮겨놓기만 한 것은 저작물이 될 수 없다. 여기에서의 창작성은 두 가지의 의미를 내포하고 있다. 그 하나는 다른 사람의 것을 베낀 것이 아니라 저작자가 직접 독자적으로 작성한 것이어야 한다는 점이다. 또 다른 하나는 그 안에 저작자의 창조적인 개성이 표현되고 있어야 한다는 점이다. 창조적 개성은 저작물 작성자 자신의 독자적인 사상 또는 감정의 표현을 담고 있음을 의미하기 때문에 누가 만들더라도 비슷할 수밖에 없는 표현의 경우에는 저작물로 인정되기 어렵다. 그렇지만 창조적 개성은 높은 수준의 예술적인 성취나 표현력과는 구별해서 이해되어야만 한다. 따라서 문장력이 형편없이 떨어지고 욕설과 비방으로 가득 찬 것이라고 하더라도 그것이 저작자의 고유한 사상 또는 감정을 표현하고 있는 것이라면 마땅히 저작물로 보호될 수 있다.

창작성을 어느 수준까지 요구할 수 있을 것인가에 관해서는 **노동 이론**과 **유인 이론**이 대립되는 입장을 보인다. 노동 이론은 저작물에 대해 저작권을 부여하는 근거를 노동에 대한 대가라고 보기 때문에, 정신적 노동을 투입한 결과물이라면 아주 낮은 수준의 창작성만으로도 저작물로 성립되는 데 아

---

3 창작성을 표현하는 영어 표현으로는 originality와 creativity가 있다. 전자가 다른 사람의 것을 직접 베낀 것이 아니라 직접 작성한 것이라는 측면을 강조한 용어라면, 후자는 창조적 개성이 표현되는 것을 강조한 용어라고 구별할 수 있다. 한국의 경우에는 대법원 판례에서 저작물이 되기 위한 요건으로 최소한의 '창조적 개성'을 요구하고 있어 creativity가 보다 적합한 표현이라고 생각된다.

무런 문제가 없다고 본다. 반면에 유인 이론의 경우에는 저작권을 부여하는 근거가 문화 발전에 기여한 대가라고 보기 때문에, 문화 발전에 아무런 도움을 제공하지 못할 정도의 낮은 수준의 창작성만으로는 저작권이 성립되기 어렵다고 본다. 이러한 입장에 따르면 최소한 다른 사람이 작성한 것과는 구별되는 정도의 저작자의 '개성'이 드러나야 저작물로 성립될 수 있는 것으로 본다.

대개 미국은 노동 이론의 입장에서 저작물로서의 성립 여부를 판가름하며, 프랑스와 독일 등의 대륙법계 국가에서는 유인 이론의 입장을 취해서, 단순히 남의 것을 베끼지 않은 수준이 아니라 문화 발전에 기여할 수 있는 최소한의 가치가 발현되어야 저작물로 성립될 수 있다고 한다.

우리 법원은 유인 이론의 입장에서 저작물의 성립 요건을 "저작물로서 보호받기 위해서 필요한 창작성이란 완전한 의미의 독창성을 말한 것은 아니며 단지 어떠한 작품이 남의 것을 단순히 모방한 것이 아니고 작자 자신의 독자적인 사상 또는 감정의 표현을 담고 있음을 의미하므로, 누가 하더라도 같거나 비슷할 수밖에 없는 표현, 즉 저작물 작성자의 창조적 개성이 드러나지 않는 표현을 담고 있는 것은 창작성이 있는 저작물이라고 할 수 없다"(대법원 2005. 1.27. 선고 2002도965판결)고 제시하여 유인 이론의 입장을 취하고 있다.

다시 말하면 창작성은 단순히 저작자가 직접 만들었다는 것만으로는 부족하고, 최소한의 창조적 개성이 드러나야 할 것을 요건으로 한다고 해석할 수 있다.

한편 사회적인 통념을 벗어나는 사상이나 음란물이라고 하더라도 그것이 고유한 사상이나 감정을 표현하고 있는 경우라면 마땅히 저작물로서 보호받을 수 있다. 다만 이 경우에는 저작권법이 아닌 형법이나 그 밖의 다른 법률에 의해서 그 출판이나 배포의 과정에 제약을 받게 된다.

2) 저작권의 보호 범위

저작물은 인간의 사상과 감정을 표현한 것이다. 그런데 인간의 사상이나 감정은 사회적, 문화적 산물이기 때문에 그 자체로 완벽하게 독창적이기는 매우 어렵다. 그리고 이러한 사상과 감정의 내용을 모두 저작권으로 보호하게 된다면 실질적으로 학문 활동이나 창작 활동이 불가능해져서 저작권법이 궁극적으로 추구하는 문화의 향상과 발전을 오히려 저해할 수도 있다. 사상이나 감정의 내용은 모든 사람들이 공유하는 영역에 해당되는 것이고, 저작권법이 보호하는 것은 사상과 감정을 어떤 방법과 형식으로 표현하고 있는가에 관한 사항이다.

통상 저작권법에서는 저작물을 아이디어(내용)와 표현(형식)으로 구분해서 표현(형식)이 창작성을 지니고 있는가의 여부를 판단한다. 저작물을 창작해서 발표하는 것은 다른 사람에게 자신의 사상과 감정을 전달해 공유하고자 하는 까닭 때문일 것이다. 사상과 감정의 내용은 저작물의 발표와 동시에 저작권자의 손을 떠나서 다른 사람들 모두와 공유되는 것으로 이해할 수 있으며, 사상과 감정의 공유를 통해서 그 사회의 문화적 성취는 한 단계 높아질 수 있다. 이는 저작권법이 궁극적으로 추구하는 문화의 향상·발전과 일맥상통하는 부분이기도 하다. 이런 이유에서 저작물의 아이디어(내용)는 저작권의 보호 대상으로 인정하지 않고 그것을 담고 있는 표현(형식)만을 저작권의 보호 대상으로 인정하는 것이 저작권의 일반적인 적용 패턴이다. 그렇지만 어디까지가 아이디어(내용)이고 어디까지가 표현(형식)인가를 정확하게 구분하기가 실질적으로 매우 어렵다는 점에 딜레마가 있다. 예컨대 음악작품의 어디까지를 아이디어(내용)로 보고 어디까지를 표현(형식)으로 볼 것인가를 판단하는 것은 간단하지 않은 문제이다. 특히 내용과 형식이 거의 합체에 가까운 저작물이나, 내용이 표현에 직접적으로 영향을 미치는 소설과 같은 경우에는 내용과 형식을 명확하게 구별해 그 창작성을 판단하기가 실질적으로 불가능하다는 점에 어려움이 있다.

　법원은 "아이디어나 이론 등의 사상 및 감정 그 자체는 설사 그것이 독창성, 신규성이 있다 하더라도 소설의 스토리 등의 경우를 제외하고는 원칙적으로 저작물일 수 없으며, 저작권법에서 정하고 있는 저작인격권·저작재산권의 보호 대상이 되지 아니한다. 특히 학술의 범위에 속하는 저작물의 경우 그 학술적인 내용은 만인에게 공통되는 것이고, 누구에 대하여도 그 자유로운 이용이 허용되어야 하는 것이므로 저작권이 보호하는 대상은 창의적 표현 형식이지 학술적 내용이 아니다. 따라서 저작권의 보호 대상은 아이디어가 아닌 표현에 해당하고, 저작자의 독창성이 나타난 개인적인 부분에 한하므로, 저작권의 침해 여부를 가리기 위해 두 저작물 사이에 실질적인 유사성이 있는가의 여부를 판단함에 있어서도 표현에 해당하고 독창적인 부분만을 가지고 대비해야 한다"(대법원 1993.6.8. 선고. 93다3073, 3080 판결)고 저작권의 보호 범위를 보다 명확하게 제시하고 있다.

3) 저작물의 분류

저작물은 표현 형태에 따라 어문저작물, 음악저작물, 연극저작물, 미술저작물, 건축저작물, 사진저작물, 영상저작물, 도형저작물, 컴퓨터프로그램저작물 등으로 구분할 수 있다. 그리고 저작물의 종류에 따라서 권리 보호의 세부 내용이 조금씩 상이하게 구성된다.

저작권법 제4조(저작물의 예시)는 저작물의 종류를 다음과 같이 예시하고 있다.

1. 소설·시·논문·강연·연설·각본 그 밖의 어문저작물

2. 음악저작물

3. 연극 및 무용, 무언극 그 밖의 연극저작물

4. 회화, 서예, 조각, 판화, 공예, 응용미술저작물 그 밖의 미술저작물

5. 건축물, 건축을 위한 모형 및 설계도서 그 밖의 건축저작물

6. 사진저작물(이와 유사한 방법으로 제작한 것을 포함한다)

7. 영상저작물

8. 지도, 도표, 설계도, 약도, 모형 그 밖의 도형저작물

9. 컴퓨터프로그램저작물

조문의 명칭인 '저작물의 예시' 자체가 암시하는 것처럼 위에서 열거된 것은 저작물의 종류를 개괄적으로 구분한 것에 불과하다. 따라서 이 분류에 포함되지 않은 저작물의 경우에도 저작물로서의 요건(창작성, 인간의 사상과 감정의 표현물)을 갖추기만 한다면 얼마든지 저작물이 될 수 있다.

어문저작물은 말과 글을 매개체로 하여 작성된 저작물을 말하며, 유형의

문서로 작성된 저작물과 무형의 구술에 의한 저작물로 분류할 수 있다. 우리 법은 특정한 매체에의 고정을 저작물의 요건으로 규정하는 것은 아니기 때문에, 어떤 매체에 고정된 기록물이 아니어도 다른 사람이 충분히 인지할 수 있는 형태로 외부로 표현된 경우라면 모두 저작물로서 인정받을 수 있다. 그렇기 때문에 사전원고 없이 이루어지는 강연이나 연설의 경우에도 얼마든지 저작물로 보호받을 수 있다. 어문저작물이 반드시 문학적인 가치를 지녀야 하는 것도 아니기 때문에 각종 지침서, 편람 등도 창작성 등 저작물로서의 요건을 갖추기만 하면 어문저작물로 성립될 수 있다.

음악저작물은 음(음성과 음향)에 의해 표현되는 저작물을 지칭한다. 통상적으로 이해하는 음악의 악곡뿐만 아니라 편집자의 창작성이 가미된 음향과 효과의 경우도 저작물에 포함될 수 있다. 저작물은 인간의 사상과 감정을 표현하는 것이기 때문에 컴퓨터에 의해서 자동으로 작성된 음악, 자연의 소리를 채집한 음향 등은 그 자체로는 저작물이 될 수 없다. 가사를 동반한 노래의 경우 가사는 어문저작물로, 그 음악은 음악저작물로 각각 분리되어 활용될 수 있다.

연극저작물이란 무용이나 연기 등의 실연의 토대가 되는 동작의 형태를 일컫는다. 연극의 바탕을 이루는 각본의 경우에는 어문저작물로 분류되며, 배우의 연기 자체는 저작인접권으로 보호되기 때문에 연극이나 무용의 전체적인 동작의 형태가 보호의 대상이 된다. 안무자가 직접 공연한 무용 작품의 경우에는 창작자와 실연자가 구분되지 않아 몇몇 국가에서는 무보 등으로 특정한 매체에 그 안무의 내용이 고정되어 있는 경우에만 저작물로 인정하기도 한다. 우리 저작권법은 특정한 매체에의 고정을 요건으로 하지 않기 때문에 특정한 매체에 고정되지 않은 즉흥연기나 즉흥무용도 모두 저작물로 성립될 수 있다.

미술저작물이란 형상이나 색채를 활용해 인간의 사상과 감정을 미적(美的)으로 표현한 저작물을 지칭한다. 조문에서 예시하는 것처럼 회화, 서예, 조각, 판화, 공예, 응용미술저작물이 이러한 영역에 포함되며, 만화, 삽화 등도 여기에 포함될 수 있다. 응용미술저작물에 포함되는 특정한 도안이나 디자인은 경우에 따라서는 저작권으로 보호받지 못하고 「상표법」이나 「디자인보호법」으로 보호받기도 한다. 또한 미술 작품의 이용 행태를 고려하여 미술품 소장자의 권리와 저작권자의 권리가 적절하게 조율되기도 한다.

건축저작물은 건축물과 건축을 위한 모형과 설계도서를 지칭한다. 다만 이 경우에도 건축물에 인간의 사상과 감정이 독창적으로 표현되어야 저작물로서 인정받을 수 있기 때문에 특별한 개성적인 표현을 포함하지 못한 일반 주택 등의 경우에는 저작물로 인정받을 수 없는 경우가 대부분이다. 건축물의 범주에는 주택이나 사무실과 같은 주거가 가능한 건물은 물론이고, 교회나 정자 등이 포함될 수 있으며, 정원, 다리, 탑과 같은 경우에도 저작물로서의 요건을 갖춘 경우에는 독립적인 건축저작물이 될 수 있다. 건축저작물의 경우에는 설계도서 등을 이용해 건축물을 시공하는 행위도 복제에 해당된다.

사진저작물은 인간의 사상 또는 감정을 광학기계장치에 의해 정지된 화상으로 표현한 저작물을 지칭하며, 이와 유사한 방법으로 제작된 것을 포함한다. 사진기라는 기계적인 장치를 활용한다는 점에서 미술저작물과는 구분되며, 정지된 화상을 표현매체로 한다는 점에서 연속적인 영상을 표현하는 영상저작물과 구분된다. 사진기에 의한 것뿐만 아니라 이와 유사한 방법으로 제작된 것을 포함하기 때문에 복사기나 인쇄의 방법에 의해서 제작된 것도 사진저작물에 포함될 수 있다. 사진저작물의 창작은 이미 존재하는 피사체를 기계적인 방법으로 재현하는 과정이기 때문에 사진 창작자에 의한 피사체의 선택, 조명과 노출의 정도, 촬영의 기술 등이 적절하게 조합된 경우에 한해 저작물로 인정될 수 있다. 예컨대 피사체를 기계적으로 복제하는 데 불과한 증명사진 등의 경우에는 저작물로 인정되기 어렵다고 볼 수 있다. 한편 유명 화가의 그림을 사진으로 재촬영한 경우는 미술저작물의 복제에 해당되기 때문에 이 경우는 사진저작물로 볼 수 없다. 사진저작물 가운데 촉탁에 의해 제작된 초상의 경우에는 위탁자의 동의 없이는 아무리 자신이 저작권자라고 해도 저작물을 마음대로 이용할 수 없다.

영상저작물은 '연속적인 영상'이 수록된 창작물로서 기계나 전자적인 장치에 의해 재생하여 보거나 들을 수 있는 것을 지칭하는 것이다. 이 경우 음을 수반하고 있는가의 여부는 문제되지 않는다. 영상저작물의 경우에도 저작물로 성립되기 위한 요건으로 창작성을 갖추어야 하고 인간의 사상과 감정을 표현해야 저작물로 성립될 수 있기 때문에 모든 영상물이 영상저작물로 인정되는 것은 아니다. 예컨대 연극을 영상으로 기록한 경우에는 영상 촬영과 편집 과정에 촬영자와 편집자의 독자적인 개성이 드러나는 표현이 포함되지 않는 한, 이것은 연극저작물로 분류된다.

영상저작물은 다른 저작물에 비해 상대적으로 제작 비용이 높고 제작 과정에 많은 관계자들이 참여하게 된다. 일반적인 저작권 관행에 따라서 권리 처리를 하게 되면, 저작물의 창작에 관여한 수많은 사람들 모두에게 저작물 사용에 대한 동의를 받아야 하는 어려움이 있을 수 있기 때문에, 영상저작물의 활발한 이용이 가능하도록 영상저작물에 관한 특례 규정을 두어 별도의 특약이 없는 한 영상저작물의 저작권은 영상제작자에게 귀속되는 것으로 추정하고 있다.

도형저작물은 지도, 도표, 설계도, 약도, 모형 등을 지칭하는 것으로, 인간의 사상과 감정이 창작적으로 표현된 경우에 한해 저작물로 인정받을 수 있다.

한편 **컴퓨터프로그램저작물**은 특정한 결과를 얻기 위해 컴퓨터 등 정보처리능력을 가진 장치 내에서 직접 또는 간접으로 사용되는 일련의 지시, 명령으로 인간의 사상과 감정을 표현한 창작물을 말한다. 이전에는 「컴퓨터프로그램보호법」이라는 별도의 법률을 통해서 권리 보호가 이루어졌으나, 2009년 저작권법 개정 과정에서 저작권법으로 흡수·통합되었다. 기능적 저작물로서 컴퓨터프로그램이 가지고 있는 일반적인 저작물과의 다른 특성을 반영하기 위해, 컴퓨터프로그램에 관한 특례 조항(제101조의2부터 제101조의7까지)을 두어, 프로그램 저작권의 제한, 프로그램코드 역분석, 프로그램 배타적발행권의 신설, 프로그램의 임치 규정 등을 두고 있다.

저작물을 그 표현 형식에 따라 어문저작물, 음악저작물, 연극저작물 등으로 분류할 수 있음은 앞서 살펴본 바와 같다. 이 밖에도 저작권법에서는 저작물이 가지는 고유의 특성에 따라 몇 가지 구분 방법을 더 제시하고 있다.

먼저 **2차적저작물**(secondary works, derivative works)이다. 2차적저작물이란 다른 사람의 저작물을 바탕으로 번역, 편곡, 변형, 각색, 영상제작, 그 밖의 방법으로 다시 작성한 것을 말한다. 외국 문학 작품을 한국어로 번역한 경우, 다른 작가의 소설을 원작으로 해서 희곡이나 시나리오를 작성하는 경우, 다른 사람의 곡조를 활용해서 새로운 음률로 편곡한 경우 등을 모두 2차적저작물이라고 할 수 있다. 번역이나 편곡과 같이 법에서 언급하고 있는 방법뿐만 아니라 다른 사람의 저작물을 요약하거나 발췌하는 행위 등 원저작물에 바탕을 두고 작성된 모든 저작물은 2차적저작물의 범주에 포함될 수 있다.

2차적저작물을 적법하게 작성하기 위해서는 반드시 원저작자의 허락을 받아야 한다. 원저작자의 허락을 받지 않고서 제작된 저작물이라고 하더라도, 2차적저작물 그 자체의 저작권은 그대로 유효하다. 미국 저작권법의 경우에는 원저작자의 허락을 받지 않고 만들어진 2차적저작물의 저작권을 아예 인정하지 않지만, 우리의 경우에는 2차적저작물의 저작권은 그 자체로 인정하고 있다. 따라서 원저작자의 허락을 얻지 않은 2차적저작물을 사용하고자 할 경우에도 원저작자와 2차적저작물 작성자의 허락을 동시에 얻어야만 한다.

2차적저작물인가의 여부를 판단할 때에는 원저작물을 변화시킨 정도를 기준으로 삼는다. 다른 사람의 저작물에 아주 미세한 변화만을 주었다면, 이 경우에 만들어진 저작물은 2차적저작물이 아니라 원저작물의 복제에 해당하는 것으로 보아야 한다. 반면에 원저작물을 대폭 변화시켜서 결과적으로 아주 다른 저작물이 만들어졌다면 이 경우에는 또 다른 독립적인 저작물로 보는 것이 합당할 것이다. 독립적인 저작물인 경우에는 원저작자의 허락이 필요하지 않기 때문에 저작물이 2차적저작물에 해당하는지 아니면 독립적인 저작물인지를 놓고 실제로 다툼이 많이 벌어진다. 2차적저작물로 인정되는 경우는 원저작물의 기본적인 골격을 유지하면서 저작물의 상당 부분이 변화되어 새로운 표현이 이루어진 경우라고 이해할 수 있다. 그렇지만 실제로 어디까지가 이러한 범주에 포함되는가를 판단하는 것은 쉽지 않은 일이다. 그래서 2차적저작물인지 독립저작물인지를 구분하는 판단 기준의 하나로 제시되는 것이 해당 저작물이 시장에서 경쟁 관계에 있는 저작물인가의 여부이다. 경쟁 관계에 있다고 한다면 원저작자의 경제적 이익을 해칠 가능성이 있기 때문에 2차적저작물로 바라보는 것이 일반적인 해석이다.

두 번째로, **편집저작물**이다. 편집저작물은 여러 저작물을 한데 모아놓은 것이나, 특정한 부호나 기호, 도형, 영상, 이미지 등을 모아놓은 편집물 가운데 그 소재의 배열과 선택 혹은 그 구성에 창작성이 있는 경우를 지칭한다. 따라서 단순히 자료를 수집해서 배열해놓은 편집물의 경우에는 편집저작물에 해당되지 않는다. 예컨대 전화번호부처럼 여러 가지 데이터를 한데 모아

일률적으로 배열해놓은 자료의 경우에 그 소재의 선택이나 배열이 독특한 특성을 가지지 않는 한 편집저작물로 보호받을 수 없다. 한 가지 더 참고할 것은 편집물의 범위에는 데이터베이스도 포함된다는 점이다. 데이터베이스의 경우에도 그 소재의 선택과 배열 또는 구성에서 창작성이 표출되는 경우에만 편집저작물로서 권리를 보호받을 수 있음은 물론이다. 2차적저작물은 기존의 저작물에 변형을 가해서 만들어지지만, 편집저작물은 소재가 되는 저작물에 변형을 가하지 않고, 있는 그대로 사용한다는 점에서 차이가 있다.

편집저작물의 경우에도 독자적인 저작물로서 그 권리를 보호받는다. 그렇지만 적법하게 편집저작물을 만들기 위해서는 역시 자료로 사용되는 원저작자의 허락을 받아야만 한다. 편집저작물도 2차적저작물을 작성할 때와 마찬가지로 원저작권자에게 적법한 허락을 받지 않고 만들어진 경우에도 독립적인 저작권을 인정받을 수 있음은 동일하다. 그리고 편집저작물에 저작물이 활용된 것은 원저작물의 저작권에 어떠한 영향도 미치지 못한다.

4) 보호받지 못하는 저작물

저작물로서의 요건을 모두 갖추고 있다고 하더라도, 저작권이 인정되지 않는 저작물도 존재한다. 대개 공동체의 구성원으로서 보다 많은 국민들이 알아야 할 필요가 있는 경우가 여기에 해당된다. 저작물 가운데 국민들에게 널리 알리고 또한 자유롭게 이용하게 해야 할 성질을 지니고 있는 저작물(오승종, 2020: 327)까지 저작권으로 보호하게 되면, 해당 저작물을 원활하게 이용할 수 없게 되어 국민의 알 권리나 공공성이 심각하게 훼손될 우려가 있다. 이런 까닭에 저작권법은 국민들의 알 권리나 정보접근권의 확대 등을 정책적으로 실현하기 위해 일정한 저작물의 경우에는 저작권 자체를 아예 인정하지 않는다. 이러한 경우에 해당되는 저작물은 누구나 어떠한 방법으로든 자유롭게 이용할 수 있는 공적인 영역(public domain)의 것이다.

저작권법 제7조는 보호받지 못하는 저작물의 구체적인 사항을 다음과 같이 열거하고 있다.

1. 헌법·법률·조약·명령·조례 및 규칙
2. 국가 또는 지방자치단체의 고시·공고·훈령 그 밖에 이와 유사한 것
3. 법원의 판결·결정·명령 및 심판이나 행정심판절차 그 밖에 이와 유사한 절차에 의한 의결·결정 등
4. 국가 또는 지방자치단체가 작성한 것으로서 제1호 내지 제3호에 규정된 것의 편집물 또는 번역물
5. 사실의 전달에 불과한 시사보도

제1호부터 제4호까지는 모두 국가나 지방자치단체가 작성한 것들이고, 제5호는 언론사가 작성한 것들이다. 이 모두는 공익적인 차원에서 많은 사람들이 알아야 할 필요가 있는 것들로, 공익적인 취지에서 이러한 저작물을 보호받지 못하는 저작물로 규정하여, 보다 많은 사람이 자유롭게 이용하도록 하고 있다.

그 상세한 요건을 살펴보면 다음과 같다.

제1호는 국가와 지방자치단체를 운영하기 위한 법적인 근거에 해당하는 법령을 보호받지 못하는 저작물로 규정하고 있다. 여기에는 헌법과 법률, 대통령령, 총리령, 부령과 같은 내국 법령뿐만 아니라 법률과 동일한 효력을 지니는 외국과의 조약도 포함된다. 현행 법령뿐만 아니라 과거의 것들까지를 모두 포함하며, 아직까지 한국이 가입하지 않았거나 비준이 이루어지지

않은 국제조약, 그리고 외국의 법령까지가 모두 여기에 해당된다.

제2호는 국가나 지방자치단체가 국민들에게 널리 알리기 위해서 작성된 고시나 공고 등을 두루 망라하는 것이다. 여기에는 비단 공식적으로 고시, 공고 그리고 훈령으로 작성된 것뿐만 아니라 국가나 지방자치단체가 국민이나 지역주민들에게 널리 알리기 위해서 작성된 모든 것들이 포함된다고 보아야 한다. 그렇지만 국가나 지방자치단체가 작성한 것이라고 해서 모두 보호받지 못하는 저작물이라고 볼 수는 없다. 예컨대 정부에서 발간한 정책 보고서나 특정한 분야의 연감과 같이 학술적인 가치나 문화적인 가치를 지니는 저작물까지 모두 여기에 해당되는 것은 아니다.

제3호는 법원의 판결과 그 밖에 준사법적인 절차를 통해서 이루어진 행정부의 결정 등을 모두 포함하는 것이다. 그렇지만 판결문에 다른 사람의 저작물을 인용하거나 포함하는 경우라면, 인용이나 포함이 된 저작물까지 보호받지 못하는 저작물에 포함되는 것으로 볼 수는 없다.

제4호는 제1호부터 제3호까지의 저작물의 편집물이나 번역물에 대한 것으로 국가나 지방자치단체가 작성한 것이다. 국가나 지방자치단체가 작성한 것이라는 단서를 포함하고 있기 때문에 개인이나 단체가 작성한 경우는 여기에 해당되지 않는다. 다시 말해서 제1호부터 제3호까지에 해당하는 저작물에 대한 편집물이나 번역물이라고 하더라도 국가나 지방자치단체가 아닌 개인이나 단체가 작성한 경우라면 저작권으로 그 권리를 보호받을 수 있다.

제5호에서 언급하는 "단순한 사실 전달에 불과한 시사보도"라 함은 누가 작성하더라도 동일한 형식으로 표현될 수밖에 없는 기사들이다. 신문의 인사(人事) 관련 기사, 부고 등이 여기에 해당하는 대표적인 사례들이다. 이러한 기사들은 단편적인 사실을 나열하고 알리는 정도에 지나지 않고, 여기에 기사 작성자의 창작성이나 개성이 표현되었다고 볼 수 없기 때문이다. 그렇지만 기자의 개인적인 의견이나 개성이 드러나는 표현들을 포함하고 있는 대부분의 보도기사나 사진은 여기에 해당되지 않는다. 이 부분은 가장 많이 오해되고, 확대 해석되는 부분 가운데 하나라고 생각되는데, 법률의 취지에 맞추어서 엄격하고, 제한적으로 해석되어야 할 것이다.

2. 저작자

1) 저작자의 개념

저작권법은 저작물을 창작한 자가 **저작자**임을 규정하고 있다. 저작자에게 저작물에 대한 원천적인 저작권이 발생하기 때문에, 저작자가 누구인가를 파악하는 것은 매우 중요한 일이다. 그렇지만 저작물의 창작 과정에는 많은 사람들이 관여할 수도 있어서 누가 저작자인가를 파악하는 것이 생각보다 쉽지 않은 일이 될 수도 있다. 그렇기 때문에 저작권법은 저작물에 성명이 표시된 사람을 저작자로 추정하고 있으며, 이러한 표시가 없는 경우에는 작품의 발행자나 공연자를 저작자로 추정하도록 규정하고 있다. 그렇지만 이것은 단지 추정에 불과하기 때문에 원저작자임을 증명할 수 있는 방법이 있다면 그 사람이 저작자로 인정받을 수 있다.

한편 우리 저작권법은 저작물을 창작하는 것과 동시에 자동으로 저작자로서의 권리를 부여하는 것으로 규정하고 있다. 다시 말해서 저작권을 부여받기 위해서 납본이나 등록 같은 별도의 요식 행위를 필요로 하지 않는다. 저작권자로 인정받기 위해서는 반드시 저작권 등록 절차를 필요로(방식주의)하는 사례도 있지만, 한국의 경우에는 아무런 요식적인 절차 없이 저작물의 창작과 동시에 저작권이 부여(무방식주의)되는 방법을 채택하고 있다. 그리고 저작물이 아직 채 완성되지 않았다 하더라도, 그것이 인간의 사상이나 감정에 관한 창작적인 표현을 담고 있고, 다른 사람이 인지할 수 있는 형태로 외부에 표현되어 있기만 하다면 해당 저작물에 대한 저작자로서의 지위를 인정받을 수 있다. 그렇지만 미래의 창작을 위한 아이디어나 생각과 같이 아직까지 다른 사람이 인지할 수 있는 형태로 외부로 표현되지 않은 경우에는 저작자의 지위를 주장할 수 없다.

　저작물 작성에 대한 의뢰나 필요한 경비의 지원, 아이디어의 제공, 창작자의 보조로 참여한 경우 등은 저작자가 될 수 없다. 창작 행위에 대한 경비의 지원이나 의뢰가 창작의 동인(動因)을 제공할 수는 있겠지만, 그것은 직접적인 창작 행위에 해당이 되는 것이 아니다. 저작자로서의 지위를 획득하기 위해서는 사상이나 감정의 표현에 직접 관여해야 한다. 따라서 경비의 지원이나 아이디어의 제공과 같이 창작에 대한 간접적인 지원 행위만으로 저작자로서의 권리를 주장할 수는 없다. 다만, 다른 사람에게 의뢰해 저작물을 제작하는 경우에는 계약을 통해 저작권을 양도받을 수는 있다. 그렇지만 이 경우에 양도받을 수 있는 것은 저작재산권 부분에 한정되는 것이고, 저작인격권은 어떠한 경우에도 양도받을 수 없다.

한편 저작물 작성에 필요한 아이디어를 제공한 사람의 경우에도, 아이디어를 구체적으로 표현하는 과정에 직접 관여하지 않았다면 저작자가 될 수 없다. 저작권이 보호하는 것은 아이디어나 사상이 아니라 표현의 영역임은 앞서 살펴본 바 있다. 따라서 다른 사람의 아이디어를 차용했다고 하더라도 자신의 독창적이고 개성적인 방식에 의해서 그 아이디어를 표현한 경우라면 저작자로서의 고유한 지위를 인정받을 수 있다.

저작물의 창작 행위를 보조하는 조수 등의 경우 저작물의 창작자의 지시에 따라 창작 행위를 돕는 것에 지나지 않고, 그 자신의 정신적인 노고를 바탕으로 직접 창작적인 표현을 만들어낸다고 볼 수 없기 때문에 저작자가 될 수 없다. 창작 행위에 직접 관여한다는 것은 기계적으로, 물리적으로 창작 행위와 연관을 맺는다는 사실에 있는 것이 아니라, 인간의 사상이나 감정을 표현하는 데 자신의 개성과 정신적인 노력이 반영되고 투입되어야 한다는 것을 의미한다.

그리고 저작물에 대한 교열자나 감수자의 경우에도 원칙적으로 저작자가 될 수 없다. 교열이나 감수를 하는 과정에서 창작적인 요소를 가미해 저작물의 작성에 실질적으로 기여한 경우에는 저작자가 될 수도 있겠지만, 단순한 오자와 탈자의 정정 등과 같은 제한적인 행위만으로는 저작자가 될 수 없다고 보는 것이 일반적이다.

대륙법계의 전통에서는 저작권을 '창작자의 권리(author's right)'로 바라보고 있기 때문에 저작자는 정신적 창작 행위에 관여한 자연인으로 한정된다는 기본 입장을 가지고 있다. 반면에 저작권을 '복제할 수 있는 권리(copy right)'로 바라보는 영미법계에서는 경제 거래의 대상인 저작물을 만들어낸 법인이나 단체, 개인 등이 모두 저작자가 될 수 있다는 입장을 취하고 있다. 우리 법의 경우에는 주로 대륙법계의 체계를 따르고 있지만 '직무상으로 행해지는 저작 행위'에 대해서는 예외적으로 법인도 저작자가 될 수 있도록 규율하고 있다.

2) 공동저작자와 결합저작물의 저작자

저작물을 작성하기 위해서 2명 이상이 함께 작업을 하는 경우가 있다. 2명 이상의 저작자가 함께 작업해 작성된 저작물은 그 저작물에 대해서 저작자 각자가 이바지한 부분을 분리할 수 있는가의 여부에 따라서 결합저작물과 공동저작물로 구분할 수 있다. 이 때 저작물에 대한 각자의 기여 부분을 물리적으로 분리할 수 있는가와 더불어 각자의 기여한 부분을 분리해서 독립적인 저작물로 활용할 수 있는가도 함께 따져보아야 한다. 실제로 대담이나 대화체로 이루어진 저작물의 경우에는 각자의 발언 부분을 물리적으로 구분할 수는 있으나, 대담의 특성상 참여자의 상호작용을 통해서 저작물이 구성되기 때문에 각자의 대화만을 분리해 개별적인 독립 저작물로 활용할 수는 없을 것이다. 이렇게 각자가 이바지한 부분을 분리할 수 없거나, 또는 각자가 이바지한 부분을 분리해서 활용할 수 없는 저작물을 **공동저작물**이라 하고, 거기에 관여한 저작자들을 **공동저작자**라고 한다. 공동저작자의 경우에도 마땅히 저작권을 행사할 수 있는 권한이 주어진다. 다만 독자적인 의사 결정으로 저작권을 행사할 수 있는 단독저작물의 저작자와 달리 공동저작물은 저작자 전원의 합의를 통해서만 그 권리를 행사할 수 있다. 그렇지만 이 경우에도 신의에 반하여 합의를 방해하거나 동의를 거부할 수 없도록 규정한다. 공동저작물의 이용에 따른 이익은 공동저작자 간에 특약이 없는 때에는 저작물의 창작에 기여한 정도에 따라 각자에게 배분되는 것이 원칙이지만, 기여 정도를 명확하게 구분할 수 없는 경우에는 공동저작자 모두에게 균일한 권한을 부여한다. 공동저작물의 저작권은 공동저작자 가운데 가장 늦게 사망한 사람의 사후 70년이 될 때까지 유효하며, 저작자 가운데 상속자 없이 사망한 사람이 있을 경우에는 나머지 저작자에게 그 지분의 비율에 따라 저작재산권이 분배된다. 공동저작물에 해당되는 저작물을 이용하고자 할 경우에는 공동저작자 모두에게 허락을 받아야만 적법한 허락으로서의 요건을 갖출 수 있다.

한편 각자가 이바지한 부분을 분리할 수 있고, 분리한 부분을 독립적인 개별 저작물로 활용할 수 있는 경우는 결합저작물에 해당된다. **결합저작물**이란 여러 명의 저작자에 의해 외관상 하나의 저작물이 작성된 경우를 말한다. 결합저작물은 저작물의 작성에 관여한 저작자 사이에 공동 관계가 인정되지 않고, 서로 다른 저작자들에 의해 만들어진 저작물이 물리적으로 결합된 것에 불과하다. 결합저작물은 각각의 독립된 단독저작물이 물리적으로 한데 묶여 있는 것에 지나지 않기 때문에 각각의 저작물의 저작자에게 개별적으로, 독립적으로 저작권이 발생한다. 따라서 결합저작물 가운데 일부를 이용하고자 할 때에는 해당 부분의 저작권자에게만 허락을 받으면 된다.

3) 업무상저작물의 저작자

저작물은 인간의 사상이나 감정을 표현하는 창작물이기 때문에 실제 창작 과정에 직접적으로 관여하는 자연인만이 저작자가 될 수 있다는 것이 일반적인 원칙이다. 저작권을 경제적인 거래의 대상으로만 바라보는 영미법계에서는 자연인이 아닌 법인에게도 저작권을 부여하고 있으나, 저작권을 인격적인 권리와 경제적인 거래의 대상으로 이원화해 파악하는 대륙법계에서는 자연인만이 저작자가 될 수 있도록 규율하는 것이 일반적이다. 한국의 저작권법은 대륙법계의 체계를 따르기 때문에 자연인만이 저작자가 될 수 있는 것이 원칙이겠으나, 예외적으로 법인등의 명의로 공표되는 **업무상저작물**의 경우에는 법인이나 단체 등에게도 저작자로서의 지위를 인정하고 있다. 따라서 업무상저작물에 해당될 경우에는 저작인격권과 저작재산권이 모두 저작자인 법인에 부여된다. 업무상저작물의 경우에는 그 권리의 보호 기간을 공표된 후 70년으로 규정하고 있으며, 창작한 때로부터 50년 이내에 공표되지 아니한 경우에는 창작한 때로부터 70년간 존속하는 것으로 규율하고 있다.

업무상으로 작성하는 저작물에 해당되기 위해서는 몇 가지 조건을 충족해야만 한다. 첫째, 법인이나 단체 등 사용자가 저작물의 작성을 기획해야 함을 요건으로 한다. 여기에서 법인등은 국가, 지방자치단체, 회사뿐만 아니라 개인사용자도 모두 포함된다고 해석할 수 있다. 그리고 '기획'이라 함은 법인등 사용자가 일정한 의도에 따라 저작물의 작성을 구상하고, 그 구체적인 제작을 피용자에게 명하는 것을 의미한다. 둘째, 법인등의 업무에 종사하는 자가 작성해야 한다. 다시 말해서 저작물을 직접 작성하는 피용자는 법인등과 사용 관계를 맺고 있어야만 한다. 사용 관계에는 통상적인 고용 관계가 포함됨은 물론이고 실제적인 지휘와 감독 관계가 존재하는 관계까지를 포함하는 것으로 해석하는 것이 통례이다. 그렇지만 도급계약이나 위탁계약에 의한 수급인이나 수임인까지를 포함하지는 않는 것으로 해석한다. 도급계약이나 위탁계약의 경우에는 독립적인 지위를 가진 수급인 또는 수임인이 자신의 전문적인 역량과 재능을 발휘하여 발주자의 주문사항을 표현하는 것이기 때문에 그 결과물의 저작자는 직접 창작적인 표현에 관여한 수급인 또는 수임인이 된다. 셋째, 업무상저작물이 되기 위해서는 저작물의 작성자가 자신의 업무의 일환으로 작성하는 저작물이어야 한다. 저작물의 작성 자체가 업무가 되어야 하기 때문에, 업무수행 과정에서 파생적으로 또는 그 업무와 관련 없이 부수적으로 작성하는 경우에는 저작물의 작성자가 저작자가 된다. 다시 말해서 직접적인 업무의 결과물로 탄생되는 저작물의 경우에 한해서 업무상저작물로 인정될 수 있다. 넷째, 법인등의 명의로 공표되는 것이어야 한다. 법인 명의로 공표되지 아니하고 저작물 작성자의 명의로 공표된 경우에는 업무상저작물이 될 수 없고, 저작자의 개인저작물에 해당이 된다. 이전 법률에서는 저작물 작성자의 이름이 표기된 경우에는 아예 업무상저작물로 인정하지 않는 것으로 규율되었다. 이런 까닭에 법인등이 저작권 상실을 우려해서 저작물을 공표하면서 아예 저작자의 이름을 표시하지 않는 경우가 많았다. 현행법은 저작물의 공표가 법인등의 명의로 이루어진 경우라면 실제 저작물 작성자의 이름이 기재되어 있어도, 그 저작물의 저작자는 법인등이 되는 것으로 개정이 이루어진 결과이다. 다섯째, 피고용자와 사용자 간의 계약 또는 근무규칙에 저작권에 관한 다른 규정이 없어야 한다. 업무상저작물로서의 모든 요건을 갖추고 있다고 하더라도, 양자의 계약에 '실제로 저작물을 작성한 자를 저작자로 본다'는 의미의 특약을 포함하고 있다면 그 특약이 우선 적용됨을 의미한다.

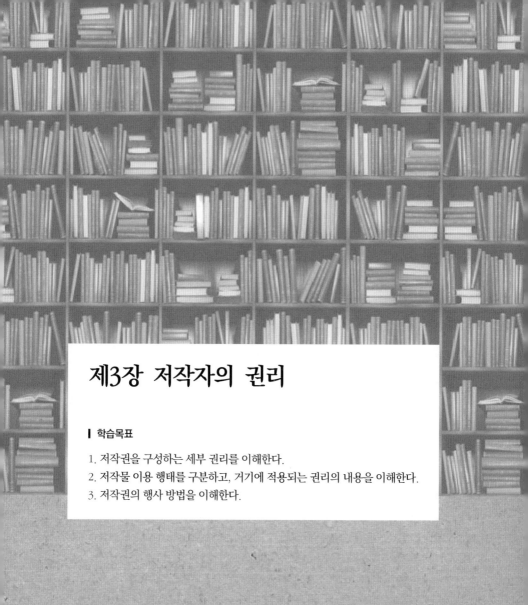

제3장 저작자의 권리

｜ 학습목표

1. 저작권을 구성하는 세부 권리를 이해한다.
2. 저작물 이용 행태를 구분하고, 거기에 적용되는 권리의 내용을 이해한다.
3. 저작권의 행사 방법을 이해한다.

┃ 토의문제 5

　　문정이가 근무하는 도서관에서는 지역 내에 거주하는 작가들의 기록물을
수집하는 작업을 진행하고 있다. 몇 달 전에는 지역에 거주하는 베스트셀러
작가 나소설 선생이 지인과 주고받은 편지를 기증했다. 그런데 오늘 나소설의
편지를 열람할 수 있도록 해달라는 이용자의 요청을 받았다. 이 요청을 받고
문정이는 고민에 빠졌다. 나소설 선생의 편지는 아직 책으로 발행된 것도 아
닌데, 도서관에서 이용자에게 제공해도 저작권에 아무런 문제가 없는지 의문
이 들었다. 자료 기증과 관련된 서류를 살펴보니, 나소설 선생이 자신의 기록
물을 기증하면서 아무런 특별한 조건이나 단서를 달지는 않았다. 문정이가 이
용자의 요청을 받아들여서, 나소설 선생의 편지를 열람시켜도 저작권과 관련
된 문제는 없는 것일까?

1. 개설

　　저작권은 그 안에 다양한 세부적인 권리를 포함하고 있는 권리이다. 저작
권은 크게 저작물의 창작자가 가지는 인격적인 권리와 경제적 거래의 대상
으로서 저작물이 가지는 가치에 대한 재산적인 권리로 구성이 된다. 저작권
은 이렇게 저작인격권과 저작재산권으로 나눌 수 있고, 저작인격권과 저작
재산권도 또한 각각의 세분화된 지분권을 구성하고 있기 때문에 저작권을
일러 **권리의 다발**(bundle of rights)이라고 지칭하기도 한다.

　　저작권을 보다 폭넓게 지칭할 때에는 저작물의 실연자, 방송사업자, 음반
제작자에게 부여되는 **저작인접권**이나 데이터베이스 제작자의 권리 등을 포
함하기도 한다.

　　이 장에서는 통상적인 의미의 저작권의 구체적인 내용을 살펴보도록 한다.

2. 저작인격권

저작인격권은 칸트와 헤겔 같은 독일 철학자들의 이론에 바탕을 두고 있는 것으로, 프랑스와 독일 같은 대륙법계 국가에서는 오래전부터 저작인격권을 저작재산권과는 구별하여 보호해왔다. 반면에 저작권을 재산적인 측면의 권리로만 바라보는 영미법계의 경우에는 저작인격권은 최근 들어서야 보호가 이루어지고 있는 영역이다. 저작인격권은 나라마다 조금씩 그 보호범위와 권리의 내용이 상이하기 때문에 일률적으로 이를 설명하기는 매우 어렵다.

저작인격권은 저작자가 자신의 저작물에 대해 가지는 인격적, 정신적 권리를 뜻한다. 저작인격권은 저작물을 이용하여 경제적인 이익을 추구할 수 있는 저작재산권과는 구별되는 개념이다. 재산권과는 달리 다른 사람에게 양도할 수 없고 저작자 자신에게만 전속하는 권리라는 특징이 있다. 따라서 저작자가 사망하는 것과 동시에 권리도 함께 소멸되는 것으로 이해할 수 있다. 그렇지만 이 경우에도 저작자가 살아 있었다면 그의 명예를 훼손하는 것처럼 느낄 수 있는 행동을 금지할 수 있는 권리까지 모두 사라지는 것은 아니다. 우리 법에서는 저작인격권을 **공표권**, **성명표시권**, **동일성유지권** 이렇게 세 가지의 권리로 구분하고 있다. 저작인격권이 보호하는 객체는 저작자의 인격적인 측면에서의 권리이기 때문에, 저작인격권을 침해한 경우에는 위자료 청구 소송의 대상이 된다.

1) 공표권

공표권(Right to Make Public)은 저작물을 공표할 것인지의 여부를 결정할 수

> **제11조(공표권)**
> ① 저작자는 그의 저작물을 공표하거나 공표하지 아니할 것을 결정할 권리를 가진다.
> ② 저작자가 공표되지 아니한 저작물의 저작재산권을 제45조에 따른 양도, 제46조에 따른 이용허락, 제57조에 따른 배타적발행권의 설정 또는 제63조에 따른 출판권의 설정을 한 경우에는 그 상대방에게 저작물의 공표를 동의한 것으로 추정한다. 〈개정 2009.4.22., 2011.12.2.〉
> ③ 저작자가 공표되지 아니한 미술저작물·건축저작물 또는 사진저작물(이하 "미술저작물등"이라 한다)의 원본을 양도한 경우에는 그 상대방에게 저작물의 원본의 전시방식에 의한 공표를 동의한 것으로 추정한다.
> ④ 원저작자의 동의를 얻어 작성된 2차적저작물 또는 편집저작물이 공표된 경우에는 그 원저작물도 공표된 것으로 본다.
> ⑤ 공표하지 아니한 저작물을 저작자가 제31조의 도서관등에 기증한 경우 별도의 의사를 표시하지 않는 한 기증한 때에 공표에 동의한 것으로 추정한다. 〈신설 2011.12.2.〉

있는 권리를 뜻한다. 저작물의 공표 여부를 결정할 수 있는 권한은 오로지 저작자에게만 있다. 저작자의 의사와 무관하게 저작물을 공표하는 행위는 저작자의 공표권을 침해하는 행위가 된다. 여기에서 **공표**라 함은 "저작물을 공연·공중송신 또는 전시 그 밖의 방법으로 공중에게 공개하는 경우와 저작물을 발행하는 경우를 말한다"(제2조 제25호).

저작물을 공표하는 것은 세상 사람들이 저작물에 접근할 수 있도록 공개하는 행위이다. 이렇게 저작물이 세상에 공개되고 나면 저작자는 저작물에 대한 사회적 평가로부터 자유로울 수 없게 된다. 자신이 만든 저작물이라고 하더라도 아직 미완성이라고 생각해서 충분한 수정을 거친 후에 공표할 수도 있을 것이고, 너무나도 민감한 사회적인 주제라서 훗날로 공표를 미루고 싶을 수도 있을 것이다. 이런 사정을 고려하여 저작물의 공표 여부를 저작자가 결정할 수 있도록 권한을 부여하여 저작자의 인격적인 이익을 보호할 수 있도록 하고 있다. 법조문에서 저작자에게 부여하고 있는 권리는 공표 여부에 대한 권리만을 언급하고 있으나, 공표의 시기와 방법을 저작자가 결정할 수 있는 권리까지를 포함하고 있다고 보는 것이 통설이다. 따라서 저작자는 언제, 어떤 방법으로 저작물을 공표할 것인지를 결정할 수 있는 권리가 있다. 예컨대 저작물을 인터넷 홈페이지를 통해서 공표할 것인지, 책으로 출판할 것인지, 영화로 제작할 것인지 등 저작물의 최초 공표 방법을 결정할 수 있고, 공표의 시기를 결정하는 것은 전적으로 저작자의 몫이다.

공표권은 저작물의 공표 여부를 결정할 수 있는 저작자의 권리이기 때문에 이미 공표가 이루어진 저작물에는 적용되지 않는다. 다시 말해서 공표권은 저작물의 최초의 공표가 이루어지고 나면 그 효력이 다하는 것으로 이해할 수 있다. 한편 미공표저작물에 대해서 저작재산권 양도나 저작물 이용허락이 이루어지거나 또는 출판권이나 배타적발행권의 설정이 이루어진 경우에는 공표권이 이미 행사된 것으로 추정된다. 그렇지 않으면 저작물 이용허락이나 저작권을 양도받은 사람이 공표권으로 인해 저작물을 사용하지 못하게 되는 불합리한 결과가 나올 수도 있기 때문에 이러한 규정을 두어서 거래의 안전을 도모하고 있는 것이다. 다만 이 경우에도 저작권의 양도나 저작물의 이용허락의 과정에 별도의 특약을 두어서, 예컨대 특정 시기까지 저작물을 공표할 수 없도록 하는 단서 조항 같은 것을 둔 경우, 공표권이 행사된 것이 아니라는 것을 입증할 수 있는 경우에는 공표권의 행사를 유보한 것으로 볼 수 있다.

미술저작물, 건축저작물, 사진저작물과 같이 소유권과 저작권이 별개로 행사될 수 있는 경우에는, 그 원본을 타인에게 양도했을 때는 원본 소유자의 소유권에 의한 권리행사를 보장할 수 있도록 저작자가 저작물을 전시 방식에 의해서 공표하는 것에 동의한 것으로 추정한다. 이 경우에도 별도의 특약으로 전시에 의한 공표에 동의하지 않음을 계약서에 명문화하고 있다면 저작자의 공표권은 여전히 유효할 수 있다.

저작물 그 자체를 직접 공표하지 않았다고 하더라도, 2차적저작물이나 편집저작물의 작성에 활용할 수 있도록 허락이 이루어진 경우에도 원저작물도 함께 공표된 것으로 간주한다. 이때 2차적저작물이나 편집저작물의 작성 과정에서 원저작자의 동의가 필수적이다. 이 과정에서 이루어진 동의는 곧 저작물을 공표하는 것에 대한 동의라고 볼 수 있다. 앞선 두 개 항과는 달리 저작자의 공표권은 이미 행사된 것으로 간주된다. 반드시 원저작물이 공표되고 난 이후에 2차적저작물이나 편집저작물이 공표되어야 하는 것은 아니고, 어떤 형태로든 저작물이 공표되었고 그것이 저작자의 동의를 바탕으로 이루어진 것이라면 권리를 행사한 것이라고 보는 것이다.

한편 도서관이나 아카이브즈에 저작자가 특별한 의사 표시 없이 제공한 저작물의 경우에는 기증이 이루어진 시점에 공표에 동의한 것으로 추정한다. 도서관이나 아카이브즈에 자료를 제공하는 궁극적인 목적은 누군가 필요한 사람이 이용할 수 있도록 제공하기 위한 것이라는 점을 감안하여, 특별한 의사 표시 없이 저작자가 도서관이나 아카이브즈에 자신의 저작물을 기증한 경우에는 공표가 이루어진 것으로 추정하여 도서관이나 아카이브즈를 통한 저작물 이용이 가능하도록 한 것이다. 이 조항은 2011년 법 개정 과정에서 추가된 사항으로, 도서관이나 아카이브즈에 소장된 도서나 기록물에 대한 이용자 서비스가 보다 원활히 이루어질 수 있도록 마련된 정책적 배려의 일환으로 이해할 수 있다. 이 조항은 단순히 이용자 서비스에만 제한적으로 적용되는 것이 아니라 공표된 저작물만을 대상으로 이루어지는 도서관과 아카이브즈의 저작물 복제와 전송에 대한 면책의 적용 범위를 넓히는 데에도 적용되고 있다. 이 조항의 도입으로 저작자가 특별한 단서 없이 기증한 저작물의 디지털화 및 도서관 상호 간 전송이 가능해졌다.

2) 성명표시권

성명표시권(Right to Indicate the Author's name)은 저작자가 저작물의 창작자가 자신이라고 주장할 수 있는 권리를 말한다. 저작자는 자신의 저작물의 원본이나 복제물 또는 저작물의 공표매체에 자신의 실명이나 이명, 필명, 예명 등을 자신이 원하는 방식으로 표시할 수 있는 권리를 가진다. 여기에는 심지어 자신의 이름을 밝히지 않고 무명으로 남아 있을 수 있는 권리까지 포함된다. 또한 자신의 저작물에 다른 사람이 저작자임을 표시하는 것을 금지할 수 있는 권한도 포함되는 것이다.

저작물에 저작자의 이름을 표시하는 것은 저작물의 내용과 표현에 대한 책임의 소재를 명확히 밝히고, 아울러 저작물에 대한 사회적 평판을 저작자에게 귀속시키려는 의도도 포함되어 있는 것으로 볼 수 있다. 따라서 이는 저작자의 인격적 이익과 관련하여 매우 중요한 의미를 지니고 있는 것이다 (오승종, 2020: 438).

성명 표시는 저작자가 원하는 방법으로 이루어져야 하며, 저작자의 특별

제12조(성명표시권)
① 저작자는 저작물의 원본이나 그 복제물에 또는 저작물의 공표 매체에 그의 실명 또는 이명을 표시할 권리를 가진다.
② 저작물을 이용하는 자는 그 저작자의 특별한 의사 표시가 없는 때에는 저작자가 그의 실명 또는 이명을 표시한 바에 따라 이를 표시하여야 한다. 다만, 저작물의 성질이나 그 이용의 목적 및 형태 등에 비추어 부득이하다고 인정되는 경우에는 그러하지 아니하다.

한 의사 표시가 없을 때에는 저작물 이용자는 저작자가 표시한 바에 따라서 그 성명을 표시해야 한다. 다시 말해, 저작자가 실명으로 출판하고자 했다면 실명으로, 필명으로 성명 표시를 하고자 했을 경우에는 필명으로 성명을 표시해야 한다.

다만, 저작물의 이용 행태나 목적에 따라서 저작자의 성명을 표시하기가 곤란한 경우에는 성명표시권에 대한 예외가 인정된다. 예컨대 시험문제로 출제된 지문의 경우에는 저작자의 이름이 생략될 수 있고, 백화점이나 호텔의 로비 등에서 배경음악으로 방송되는 경우 등에서는 저작자의 성명 표시를 생략할 수 있다.

성명표시권은 공표권과는 달리 이미 공표가 이루어진 저작물에 대해서도 모두, 지속적으로 적용되는 권리이다. 따라서 저작자가 실명으로 공표한 저작물에 저작물 이용자가 임의로 이명 또는 무명으로 공표를 하거나, 이명으로 공표된 저작물에 실명을 표기하는 것, 실제 저작자와는 다른 사람의 이름으로 저작물을 공표하는 것은 모두 성명표시권을 침해하는 사례에 해당된다.

3) 동일성유지권

동일성유지권(Right to the integrity of the work)은 저작자의 동의 없이 임의로 저작물의 내용, 형식 및 제목을 바꿀 수 없는 권리를 의미한다. 저작물을 제3자가 임의로 변경, 삭제하여 당초 저작자의 의도가 훼손되지 않도록 할 수 있는 권리이다. 동일성 유지의 범위 안에는 저작물의 형식, 내용과 제목까지가 모두 포함된다. 내용과 제목은 통상적으로 저작권으로 보호를 받지 못하는 영역이지만, 동일성유지권과 관련해서는 제3자가 임의로 수정이나 변경을 할 수 없는 영역에 포함된다. 설령 고친 내용과 형식 그리고 제목이 원래의

> **제13조(동일성유지권)**
> ① 저작자는 그의 저작물의 내용·형식 및 제호의 동일성을 유지할 권리를 가진다.
> ② 저작자는 다음 각 호의 어느 하나에 해당하는 변경에 대하여는 이의(異議)할 수 없다. 다만, 본질적인 내용의 변경은 그러하지 아니하다. 〈개정 2009. 4.22.〉
> 1. 제25조의 규정에 따라 저작물을 이용하는 경우에 학교교육 목적상 부득이하다고 인정되는 범위 안에서의 표현의 변경
> 2. 건축물의 증축·개축 그 밖의 변형
> 3. 특정한 컴퓨터 외에는 이용할 수 없는 프로그램을 다른 컴퓨터에 이용할 수 있도록 하기 위하여 필요한 범위에서의 변경
> 4. 프로그램을 특정한 컴퓨터에 보다 효과적으로 이용할 수 있도록 하기 위하여 필요한 범위에서의 변경
> 5. 그 밖에 저작물의 성질이나 그 이용의 목적 및 형태 등에 비추어 부득이하다고 인정되는 범위 안에서의 변경

것보다 더 나은 것이라고 하더라도 저작자의 동의 없이는 변경이 허락되지 않는다. 저작물은 저작자의 사상과 감정을 표현한 것이기 때문에 이에 대한 수정과 변경은 오로지 저작자에게만 허락된다.

그렇지만 오탈자의 수정이나 저작자의 의도와 전혀 무관한 사소한 사항의 변경까지를 금지하는 것이라고 볼 수는 없다. 동일성유지권은 저작자의 인격권을 보호하기 위한 것이기 때문에 인격적인 이익을 전혀 해치지 않는 경우까지 보호 범위에 포함되는 것은 아니다. 저작자의 인격적 이익을 해치지 않는 사소한 변경까지 금지할 경우에는 저작물의 이용을 어렵게 만드는 결과만을 초래할 수도 있기 때문에, 저작물을 이용하는 과정에서 발생하는 부득이한 경우에는 동일성유지권에 대한 예외를 인정하고 있다. 이러한 예외를 규정하고 있는 것이 저작권법 제13조 제2항이다. 제2항에서 인정되는 허락 없는 변경이 가능한 범위는 다음과 같다.

첫째, 학교교육 목적상 부득이하다고 인정되는 범위 안에서의 표현의 변

경(제13조 제2항 제1호)이다. 저작권법 제25조에 따르면 고등학교 이하의 학교에서는 교과용 도서에 저작자의 허락 없이 공표된 저작물을 게재할 수 있고, 교육기관이 그 교육목적상 필요하다고 인정되는 범위에서 공표된 저작물을 복제, 방송, 전송할 수 있다. 여기에 해당되면 저작자의 허락 없이도 저작물을 이용할 수 있다. 그리고 학교교육 목적에 맞추어서 부득이한 경우에는 저작물의 표현을 변경할 수 있다. 예컨대 어려운 한자를 대상 학생의 수준에 맞게 쉬운 우리말로 고치거나 영어 교과서에서 학년에 따라 어려운 단어를 쉬운 단어로 바꾸는 것, 문법상의 오류를 고치거나 교과서에 그대로 게재하기에 적절하지 않은 비속어, 차별적 언어 따위를 순화된 언어로 바꾸는 것 등 학교교육의 목적상 필요한 경우(오승종, 2020: 475)에 한해서 저작자의 허락 없이 그 표현을 변경할 수 있다. 그렇지만 여기에서 허용되는 것은 '부득이하다고 인정되는 범위'에서의 최소한의 변경이지 저작물의 본질적인 내용을 변경하는 것까지 허용되는 것은 아니다.

둘째, 건축물의 증축·개축 그 밖의 변형(제2호)의 경우이다. 건축물의 경우 건축의 본질적인 기능인 실용성이 중시되어야 하므로 필요에 따라 증·개축하는 것을 허용(홍재현, 2011a: 146)하고 있는 것이다. 창작성이 있는 저작물에 해당하는 건축물에 실용적 목적을 위해서 증·개축 그 밖의 변형을 가하는 것을 의미한다. 미적인 관점이나 취향에 의한 증·개축 등은 포함되지 않는 것으로 해석된다.

셋째, 컴퓨터프로그램의 이용을 위한 변경이다. 이 부분은 「컴퓨터프로그램보호법」에 의해서 보호가 이루어지던 것을 저작권법에 편입한 것이다. 특정한 컴퓨터 외에는 이용할 수 없는 프로그램을 다른 컴퓨터에서 이용할 수 있도록 하기 위해서 필요한 범위에서의 변경(제3호)과 프로그램을 특정한 컴퓨터에서 보다 효과적으로 이용할 수 있도록 하기 위해 필요한 범위에서의 변경(제4호)이 포함된다. 프로그램을 사용하다보면 버그를 제거·수정한다든가 기능 향상(version up)을 위해 프로그램을 변경해야 할 필요가 발생한다. 이러한 경우에 저작자의 허락 없이도 프로그램을 변경할 수 있도록 허용하는 것이 이 규정의 취지이다(오승종, 2020: 479). 여기에서 '변경'이라 함은 개작에 이르지 아니한 프로그램의 수정, 보완, 개변 등을 의미한다.

마지막으로, 저작물의 성질이나 그 이용의 목적 및 형태 등에 비추어서 부득이하다고 인정되는 범위 안에서의 변경(제5호)이다. 이 규정은 제1호 내지 제4호의 정형적인 예외 사유에 해당하지 않지만 동일성유지권 침해를 묻는 것이 적절하지 않은 경우를 구제하기 위한 규정으로, 어떤 행위가 여기에 해당하는 것인가는 구체적인 사례별로 판단이 이루어질 수밖에 없을 것이다(오승종, 2020: 481). 구체적인 사례로는 저작물 이용과 관련된 기술적인 제약으로 말미암은 부득이한 변경이나 연주나 가창 등에서의 실연자의 숙련도 부족에 따른 의도하지 않은 변경, 매체의 변경 과정에서 발생하는 부득이한 변경 등이 포함될 수 있다. 예컨대 그림을 인쇄 형편상 흑백으로 제작할 수밖에 없을 경우에 원화의 색채가 모두 사라지게 되지만, 이러한 경우는 제작의 형편상 불가피한 것으로 동일성유지권의 침해를 구성하지 않는다.

4) 저작자의 인격적 이익을 보호하기 위한 그 밖의 권리

(1) 저작자 사후의 인격권의 보호

저작인격권은 저작자 일신에 전속하는 권리이지만 저작자 사망 이후에도 저작자명이나 저작물의 내용과 표현에 대한 임의적인 변경을 예방하여 저작물의 완전성을 보장하고, 저작자의 인격적인 이익을 보호하기 위해 사망 이후에도 그 권리가 완전히 소멸되는 것은 아니다. 그렇지만 이 경우에는 저

> **제14조 제2항** 저작자의 사망 후에 그의 저작물을 이용하는 자는 저작자가 생존했
> 더라면 그 저작인격권의 침해가 될 행위를 하여서는 아니 된다. 다만, 그 행위
> 의 성질 및 정도에 비추어 사회통념상 그 저작자의 명예를 훼손하는 것이 아니
> 라고 인정되는 경우에는 그러하지 아니하다.

작자가 살아 있을 때와는 달리 인격적인 침해에 대한 침해 정지나 명예회복
을 위한 조치 등의 소극적인 방어권 정도가 인정이 될 뿐이고, 손해배상청구
와 같은 적극적인 권리행사를 할 수는 없다. 다만, 이 경우는 비친고죄에 해
당하여 침해의 사실이 있는 자는 제137조 제3호와 제140조에 따라 1년 이하
의 징역 또는 1천만 원 이하의 벌금에 처할 수 있다.

(2) 저작물의 수정·증감권

저작물에 대한 배타적발행권자나 출판권자가 저작물을 다시 발행하거나
출판하는 경우에 저작자는 정당한 범위 안에서 그 저작물을 수정하거나 증
감할 수 있다(제58조의2 제1항). 저작물이 출판이나 발행된 이후에도 저작자는
자신의 저작물에 대해 지속적으로 자신의 저작물을 수정하거나 보완할 필
요를 느낄 수 있다. 그렇지만 저작물 발행에 대한 정보를 확보하고 있지 못
하면 저작물을 수정하거나 보완할 수 있는 기회를 확보하기 어려울 것이다.
이런 까닭에 배타적발행권자나 출판권자라고 하더라도 저작물의 재판(再版)
을 출판하거나 발행하기에 앞서서 저작자가 자신의 저작물을 다시 수정하
거나 보완할 수 있는 기회를 제공할 수 있도록 추가적인 제작에 대해 저작자
에게 통지할 것을 의무로 하고 있다. 다만, 이 경우에 허락되는 수정과 증감
은 정당한 범위 내라고 제한하고 있어, 배타적발행권자 또는 출판권자의 경
제적 이익이 부당하게 침해되지 않도록 단서를 두고 있다.

(3) 명예권

저작물을 이용하면서 "저작자의 명예를 훼손하는 방법으로 그 저작물을 이용하는 행위는 저작인격권의 침해로 본다". 공표권, 동일성유지권, 성명표시권에 대한 직접적인 침해가 아니라고 하더라도, 저작자의 명예를 훼손하면서 저작물을 이용하는 경우에는 저작인격권을 침해한 것으로 간주한다. 이는 창작자의 의도에 반하여 저작물을 이용하거나 저작물에 표현된 예술적 가치를 손상시키는 형태로 저작물을 이용하는 것을 예방하기 위한 취지에서 마련된 것이다.

3. 저작재산권

저작재산권은 저작물을 이용하는 다양한 행태와 관련되어 발생하는 여러 가지의 지분권을 총칭하는 것이다. 저작인격권과는 달리 다른 사람에게 양도 또는 상속할 수 있으며, 경제적인 거래의 대상으로서 의미를 지닌다. 우리 법의 저작재산권은 복제권, 공연권, 공중송신권, 전시권, 배포권, 대여권, 2차적저작물작성권으로 구성되어 있다. 각각의 지분권은 저작물의 종류에 따라서 보장하는 권리가 조금씩 다르다.

복제권은 저작물의 복제를 허락하거나 금지할 수 있는 권리를 지칭한다. 복제권은 저작권 가운데 가장 기본이 되는 권리로, 모든 종류의 저작물에 대해서 적용된다.

우리 저작권법에서는 복제를 "인쇄·사진 촬영·복사·녹음·녹화 그 밖의 방법으로 일시적, 영구적으로 유형물에 고정하거나 다시 제작하는 것을 말하며, 건축물의 경우에는 그 건축을 위한 모형 또는 설계도서에 따라 이를 시공하는 것을 포함한다"(제2조 제22호)고 정의하고 있다. 복제는 저작물을 유형의 복제물로 제작하는 것은 물론이고, 컴퓨터 하드디스크와 같은 유형의 매체에 저작물을 저장하는 작업까지를 포함하고, 건축물의 경우에는 설계도나 모형의 복제와 시공까지를 포함하는 개념이다. 소설을 출판하기 위해서 인쇄하는 것, 그림을 복사하는 것, 강연을 녹음하는 것, CD나 DVD 등으로부터 음악이나 영상을 다른 매체에 더빙하는 것, 사진이나 문서를 스캔하는 것(오승종, 2020: 509) 등이 복제 행위에 해당된다. 또한 각본, 악보 그 밖에 이와 유사한 저작물의 경우에 그 저작물의 공연, 실연 또는 방송을 녹음하거나 녹화하는 것도 복제의 범위에 포함된다(임원선, 2022: 137).

　　저작물을 전체적으로 복제하는 경우뿐만 아니라, 부분적인 복제라도 저작물로서 본질적인 가치를 지닌 것을 복제하는 경우라면 권리 적용의 대상이 된다. 또한 컴퓨터를 이용한 저작물의 복제 과정에서는 영구적인 저장뿐

> **제16조(복제권)** 저작자는 그의 저작물을 복제할 권리를 가진다.
>
> **제17조(공연권)** 저작자는 그의 저작물을 공연할 권리를 가진다.
>
> **제18조(공중송신권)** 저작자는 그의 저작물을 공중송신할 권리를 가진다.
>
> **제19조(전시권)** 저작자는 미술저작물등의 원본이나 그 복제물을 전시할 권리를 가진다.
>
> **제20조(배포권)** 저작자는 저작물의 원본이나 그 복제물을 배포할 권리를 가진다. 다만, 저작물의 원본이나 그 복제물이 해당 저작재산권자의 허락을 받아 판매 등의 방법으로 거래에 제공된 경우에는 그러하지 아니하다. 〈개정 2009.4.22.〉
>
> **제21조(대여권)** 제20조 단서에도 불구하고 저작자는 상업적 목적으로 공표된 음반(이하 "상업용 음반"이라 한다)이나 상업적 목적으로 공표된 프로그램을 영리를 목적으로 대여할 권리를 가진다. 〈개정 2009.4.22., 2016.3.22.〉
>
> **제22조(2차적저작물작성권)** 저작자는 그의 저작물을 원저작물로 하는 2차적저작물을 작성하여 이용할 권리를 가진다.

만 아니라 일시적인 저장에까지 그 범위가 미친다. 다만 저작권법 제35조의 2의 규정에 의하여 원활하고 효율적인 정보처리를 위해 필요하다고 인정되는 경우, 즉 컴퓨터를 사용해서 저작물을 이용할 때 반드시 생기는, 램에 일시적으로 저장되는 현상 등에 대해서는 복제권에 대한 면책을 인정하고 있다. 그렇지만 이 경우에도 저작권을 침해하는 열람 행위까지를 허용하는 것이라고 볼 수는 없다.

복제권은 다량의 저작물을 불특정 다수의 이용자에게 제공하는 도서관의 정보서비스에 커다란 영향을 미치는 권리이다. 도서관에서 인쇄 형태의 저작물을 복사기 등으로 복제하는 것, 종이 기반 자료를 디지털화하는 것, 컴퓨터 등의 기기를 사용해 디지털 형태의 저작물을 하드디스크나 USB 등의 전자 매체에 저장하는 것, 디지털 형태의 저작물을 인쇄형태로 복제(출력)하는 것(홍재현, 2011: 150)도 모두 복제 행위에 해당되기 때문에 복제권의 적용 여부에 따라서 도서관 서비스의 범위가 달라질 수 있다. 우리 저작권법에서는 지식 정보 공유기관으로서의 도서관의 특수성을 감안하여 저작권법 제31조에서 도서관의 저작물 복제에 대해 저작권자의 배타적인 권리가 미치지 않도록 일정한 요건을 지정하고 있다. 이에 대해서는 뒤에 다시 살펴보도록 한다.

공연권은 저작물을 스스로 공연하거나 타인이 공연할 수 있도록 허락하거나 금지할 수 있는 권리이다. 저작권법에서 정의하는 공연은 일반적인 공연의 개념보다 그 폭이 넓은 것으로, "저작물 또는 실연·음반·방송을 상연·연주·가창·구연·낭독·상영·재생 그 밖의 방법으로 공중에게 공개하는 것을 말하며, 동일인의 점유에 속하는 연결된 장소 안에서 이루어지는 송신(전송을 제외한다)을 포함한다"(제2조 제3호)고 정의된다. 따라서 일반적인 의미에서의 공연 행위뿐만 아니라 음반이나 영상 자료를 공중이 이용할 수 있도록 상영하거나 재생하는 행위도 공연에 해당된다. 비단 저작물에 대해서뿐만 아니라 저작물에 해당되지 않는 실연, 음반, 방송에까지 폭넓게 적용된다. 저작물에 해당하지 않는 실연, 음반, 방송이란 인간의 사상이나 감정을 창작적으로 표현하는 것이라고 볼 수 없는 기예나 서커스 등과 같은 것들을 뜻하며, 저작물로 인정되지 않는 경우에도 공연권 적용의 대상이 될 수 있음을 의미한다. 그렇지만 공연은 실연이나 재생의 방법으로 저작물을 불특정 다수에게 공개하는 것을 염두에 둔 행위이기 때문에 친구들이나 가족들의 모임처럼 지극히 제한된 소수의 특정인 앞에서 노래를 부르거나 음악을 연주 또는 재생하는 행위는 공연에 해당하지 않는다. 공연권은 저작물을 공중에게 공개하는 행위이다. 따라서 공연의 범위를 확정하기 위해서는 '공중'의 범위를 명확하게 이해할 필요가 있다. 저작권법은 '공중'을 특정 다수인을 포함하는 불특정 다수인이라고 정의(제2조 제32호)하고 있다. '공중'의 일반적인 의미는 불특정 다수의 사람을 뜻하지만, 저작권 보호의 목적상 가정 및 이에 준하는 한정된 범위를 벗어난 특정 다수인도 여기에 포함되는 것으로 규정한 것이다. 예를 들어 어느 회원제 인터넷 카페에서 회원들을 대상으로 저작물을 공개하는 경우에 비록 그 범위가 특정되어 있지만 사적인 범위를 벗어나 있다고 할 수 있으므로 이는 공연에 해당한다(임원선, 2022: 141). 여기에서 공중이 반드시 다수의 사람들을 지칭하는 것은 아니다. 불특정 다수의 사람에게 열려 있으면 충분한 것이지 반드시 다수의 사람이라는 의미라고 볼 수는 없다.

한편 동일한 사람이나 단체가 관리하는 연결된 공간 안에서 방송이나 음악을 틀어주는 행위도 저작권법에서 정의하는 공연에 해당된다. 예컨대 백화점이나 쇼핑몰에서 분위기 조성을 위해서 방송이나 음악을 틀어주는 행위나 대학교의 구내 방송에서 음악을 틀어주는 행위도 공연에 해당되고, 도서관에서 폐관 시간을 알리는 음악을 틀어주는 행위도 공연에 해당된다.

도서관에서의 저작물 이용과 서비스가 다양화되면서, 공연권도 도서관의 업무에 상당히 많은 영향을 미치는 권리 가운데 하나가 되었다. 예컨대 도서관에서 어린이들의 독서 진흥을 위해서 진행하는 동화구연 프로그램이나 지역주민을 위해서 실시하는 영화 상영 프로그램 등도 모두 저작권법상의 공연에 해당된다. 이뿐만 아니라 도서관이 이용자들에게 제공하는 시청각 자료의 관내 열람 행위가 공연에 해당된다는 주장도 있다. 이러한 주장은 상당한 논란의 여지를 포함하고 있는 것이다. 이와 관련된 상세한 사항은 뒤에 저작권의 제한 부분에서 다시 논의하도록 하겠다.

공중송신권은 무선이나 유선 통신의 방법으로 저작물을 공중에게 제공할 수 있는 권리이다. 우리 법에서는 공중송신을 "저작물, 실연·음반·방송 또는 데이터베이스를 공중이 수신하거나 접근하게 할 목적으로 무선 또는 유선 통신의 방법에 의하여 송신하거나 이용에 제공하는 것"(제2조 제7호)으로 정의하고 있다. 공중송신권은 저작물뿐만 아니라 저작물에 해당하지 않는 실연, 음반, 방송에까지 적용되며, 아울러 저작물에 해당하지 않는 데이터베이스까지를 보호 범위로 한다.

공중송신권은 이전의 법률에서 규정하고 있던 전송권과 방송권을 통합한 것이며, 거기에 **디지털음성송신권**을 새롭게 추가한 것이다. 방송과 통신이 융합되는 현상이 발생하면서 전송으로 규정하기도, 방송으로 규정하기도 어려운 행위들까지를 두루 포괄하기 위해서 도입된 권리 개념이다. 또한 방송, 전송, 디지털음성송신 행위뿐만 아니라 기술 발전으로 새롭게 등장할 수 있는 공중을 대상으로 한 모든 송신 행위에 적용된다.

저작권법은 방송을 '공중이 동시에 수신하게 할 목적으로 음·영상 또는 음과 영상 등을 송신하는 것을 말한다'(제2조 제8호)라고 정의한다. 베른협약이나 로마협약의 경우에는 방송을 무선통신에 의한 것으로 정의하고 있지만, 우리 법에서는 통신 수단의 유·무선 여부에 관계없이 여러 사람이 동시에 수신하게 할 목적으로 이루어지는 송신 행위를 방송이라고 본다. 지상파로 제공되는 라디오나 텔레비전 방송이 여기에 해당되며, DMB나 위성방송, 케이블 방송, 데이터 방송 등도 모두 방송의 영역에 해당된다.

한편 전송은 '공중의 구성원이 개별적으로 선택한 시간과 장소에서 접근할 수 있도록 저작물등을 이용에 제공하는 것을 말하며, 이에 따라 이루어지는 송신을 포함하는 것'(제2조 제10호)이라고 정의된다. 방송이 송신자가 일방적으로 정한 시간에 공중에게 저작물을 송신하는 행위인 반면에 전송은 저작물 이용을 위한 시간과 장소를 수신자가 임의로 선택할 수 있도록 송신하는 것이라는 점에서 구별된다. 인터넷 게시판에 자료를 업로드하는 행위, 데이터베이스에 저장된 자료를 검색해서 이용할 수 있도록 제공하는 행위, 이용자의 요청에 응답하여 자료를 이용할 수 있도록 송신하는 행위까지가 모두 전송에 해당된다. 행위의 결과물을 수신자가 소유할 수 있는가의 여부는 전송을 판단하는 데 아무런 영향을 미치지 못한다. 따라서 저작물을 다운로드할 수 있도록 제공했거나 단지 접근만 할 수 있도록 스트리밍 방식 등을 활용해서 제공했는지에 상관없이 수신자가 자신이 원하는 시간과 장소에서 저작물에 접근할 수 있도록 저작물을 송신하는 행위는 전송에 해당된다.

한편 이메일처럼 특정인을 대상으로 이루어지는 저작물의 송신 행위가 전송에 해당하는 것인지의 여부에 대해서는 보다 세심한 이해가 필요하다. 전송 행위가 공중을 대상으로 하는 것이라는 점을 전제로 한다면 가족이나 소수의 특정인만을 대상으로 하는 이메일까지를 모두 전송의 범위에 포함하기는 어렵기 때문이다. 가족 모임처럼 비록 특정 다수에 해당하더라도 그 구성원들이 송신자와 사적인 유대감을 가지고 있어서 저작권법상의 '사적인 범위'에 속하는 경우라면 이들을 공중이라고 하기는 어렵기 때문에 전송의 범위에 해당하지 않는 것으로 보아야 할 것이다(임원선, 2022: 145~146). 하지만 비록 소수의 특정인이더라도 업무상 또는 동호인과 같이 사적인 범위를 벗어나는 특정 다수에게 이메일을 보내는 행위는 전송의 범위에 포함되는 것으로 보아야 할 것이다.

저작물을 직접 송신하지 않고 저작물에 접근할 수 있는 경로만을 제공하는 링크의 경우에는 대개 전송에 해당하지 않는 것으로 본다. 링크는 저작물의 접속 경로만을 제공하는 행위로, 이를 통해서 실제로 저작물의 송신 행위가 발생하지 않기 때문에 전송이라고 보기는 어렵다. 하지만 임베디드 링크(embedded link)와 같이 웹사이트 이용자가 링크 제공자의 페이지를 방문하는 것과 동시에 자동적으로 저작물이 실행되는 경우나 마치 링크제공자가 제공하는 저작물인 것처럼 표시되는 프레임 링크(frame link)의 경우에는 저작자의 동일성유지권 등을 침해하는 행위가 될 수 있어서 보다 조심스러운 접근이 필요하다.

디지털저작물의 급속한 증가와 디지털도서관의 발달로 전송권도 도서관과 아주 밀접한 관련이 있는 권리가 되고 있다. 도서관 관내·외에서 이용할 수 있도록 디지털콘텐츠를 제공하는 행위가 모두 전송에 해당되며, 일정한 요건을 갖춘 경우에는 도서관에 대한 면책을 인정하고 있어 저작권자의 허락 없이도 제한된 범위 내에서 전송 행위를 할 수 있기 때문이다.

디지털음성송신은 공중으로 하여금 동시에 수신하게 할 목적으로 공중의 구성원의 요청에 의하여 개시되는 디지털 방식의 음의 송신을 말하며, 전송을 제외한(제2조 제11호) 것이다. 웹 캐스팅에 의한 음성이나 음악 송신이 여기에 해당된다. 디지털음성송신은 여러 사람이 동시에 수신하게 제공된다는 점에서 방송과 동일하지만 디지털 방식으로 송신되는 음에만 한정되어 적용되는 것이다. 웹 캐스팅 방식으로 제공되는 영상의 송신은 전송에 해당된다. 디지털음성송신은 웹 캐스팅을 방송과 구분하여 규율할 필요가 제기되면서 새롭게 추가된 것으로 이해할 수 있다.

공중송신권은 이러한 여러 가지 저작물 이용 행태를 배타적으로 통제할 수 있는 권리로서, 무선 또는 유선, 방송형 또는 주문형(on-demand) 등 저작물을 불특정 다수에 대하여 저작물을 송신하는 행위 모두에 적용된다.

전시권은 미술저작물, 사진저작물, 건축저작물 등에만 국한되어 발생되는 권리로서, 공중에 개방된 장소에서 원작품이나 그 복제물을 공개적으로 진열할 수 있는 권리이다. 전시권은 원본이나 복제본을 가리지 않고 동일하게 적용되기 때문에, 원본을 활용하는 것이 아닌 경우라고 하더라도 전시를 하려면 저작자의 허락을 필요로 한다. 그렇지만 미술저작물의 경우에는 원본의 소유와 저작권이 분리될 수 있기 때문에 원본 소유자의 소유권을 보장하기 위해서 저작권이 일부 제한되기도 한다. 또한 위탁에 의해서 작성된 초상화나 사진저작물의 경우에는 위탁자의 동의 없이는 이용할 수가 없다. 여기서 위탁자라 함은 그림이나 사진의 객체가 되는 사람을 의미하며, 이들의 초상권을 적극적으로 보호하기 위한 조치라고 이해할 수 있다.

배포권은 저작물의 원본 또는 복제물을 배포할 수 있는 권리이다. '배포'라 함은 "저작물등의 원본 또는 그 복제물을 공중에게 대가를 받거나 받지 아니하고 양도 또는 대여하는 것"(제2조 제23호)을 말한다. 따라서 배포권은 저작자가 자신의 저작물의 공중에 대한 제공을 통제할 수 있는 배타적인 권리이다. 배포는 물리적인 매체의 이동을 수반한다는 점에서 앞서 언급한 공중송신과는 차이가 있는 개념이다. 배포권은 통상적으로 적법한 절차를 따라서 한번 행사하면 그 권리가 사라져버린다는 특징을 지니고 있다. 이러한 원리를 **최초판매의 원칙**(first sale doctrine) 또는 **권리소진의 원칙**(exhaustion of rights)이라고 부른다. 적법한 대가를 지불하고 구입한 책이나 음반을 다른 사람들에게 되팔거나 빌려줄 수 있는 것은 이런 원리가 작동하고 있기 때문이다. 따라서 적법한 절차를 통해서 입수한 저작물의 복제물이라면 그 소유자의 뜻에 따라 다른 사람에게 양도하거나 판매에 제공할 수 있다. 도서관에서 저작재산권자의 허락 없이도 도서나 음반을 대출하는 것이 가능한 까닭은 적법한 방법으로 구입한 저작물에 대한 저작권자의 배포권이 소멸되었기 때문이다.

과거에는 배포는 복제에 당연히 수반되는 권리라고 인식되어 그 권리를 적극적으로 보호하지 않았다. 그러나 불법복제물의 유통을 효과적으로 통제하기 위해서 필요한 것으로 인식되고 있다. 즉, 배포를 하는 사람이 불법복제에 직접 관여하지 않은 경우에도 불법복제물의 유통을 배포권으로 통제할 수 있도록(임원선, 2022: 154) 권리를 보호하고 있다.

대여권(rental right)은 배포권에 대한 예외로 인정되는 권리로, 한국 현행 법률에서는 상업용 음반을 영리를 목적으로 대여하는 경우에만 국한해 적용된다. 만화의 상업적인 대여에 대해서도 대여권이 적용되어야 한다는 주장이 광범위하게 제기되고 있지만, 아직까지 입법화되지는 않은 상태이다. 대여권과 유사하면서도 차이가 있는 권리로 **공공대출권**(public lending right)이라는 권리도 존재한다. 아직까지 우리 법에서는 인정하지 않는 권리이다. 공공도서관의 무료 대출이 저작물의 판매 수요를 줄여서 저작자의 경제적 이익을 제약하는 부분이 있기 때문에 저작권자에게 이에 대한 적절한 보상을 제공할 필요가 있다는 것이다. 북유럽을 시작으로 유럽의 대부분의 국가에서는 이미 이런 제도를 시행하고 있으며, 한국의 경우에도 최근 들어서는 그 도입과 관련된 검토와 논의가 조금씩 이루어지고 있다(정현태, 2002; 정현태, 2009; 권재열, 2013; 이흥용·김영석, 2015). 공공대출권의 경우에는 대개 해당 저작권자에게 지불하는 저작권료를 국가나 지방자치단체에서 부담한다는 점에서 대여권과는 차이가 있다. 대출의 빈도가 아주 높은 인기 저작자의 경우에는 많은 경제적인 보상이 제공되지만 그렇지 못한 저작자의 경우에는 보상의 수준이 너무 낮다는 이유로 일부에서는 공공대출권을 반대하기도 한다. 정부가 저작자를 지원하는 방식은 저작물 사용에 대한 저작권료를 직접 지급하는 방식도 있을 수 있지만, 공공도서관에서 도서를 구입함으로써 저작자에게 도서 판매에 따른 인세가 저작자에게 지급될 수 있도록 간접적으로 지원하는 방법도 있을 수 있다. 공공대출권을 도입하여 대출 횟수에 따라서 저작권료를 저작자에게 직접 지급하면, 시장에서 많은 인기를 얻고 있는 저작물의 저작권자에게 공공 지원의 혜택이 집중될 것이다. 이러한 저작물의 저작자는 굳이 정부가 개입해서 저작권료를 직접 지급하지 않더라도, 이미 시장에서 많은 보상을 받을 수 있으리라고 생각되기 때문에 자칫하면 저작자의 빈익빈 부익부 현상을 심화시킬 수 있다는 단점이 있다. 공공대출에 대한 보상으로 지급할 저작권료를 공공도서관이 보다 다양한 저작자의 저작물을 구입할 수 있도록 지원하면, 시장에서 외면당하지만 문화적으로 고유한 가치를 지닌 저작물의 저작자에게도 공공 지원의 혜택이 미칠 수 있고, 도서관 이용자가 보다 다양한 도서를 이용할 수 있도록 서비스를 제공할 수 있게 되어 양질의 서비스를 제공할 수 있는 장점이 존재한다. 그렇지만 이 경우에는 저작물의 이용 빈도가 높은 저작자가 아무런 반대급부를 받을 수 없어서 불만을 제기할 수 있을 것이다. 이런 사정들을 감안해볼 때, 공공대출권의 도입 여부는 저작자의 보호라는 측면 이외에도 공적 재원을 어떻게 배분하는 것이 합리적인가에 대한 정책적인 판단을 요구하는 사안이다. 저작물 이용에 대한 직접적인 지원의 형식으로 저작권을 보호할 것인지, 아니면 도서관이 보다 다양한 저작자의 저작물을 구매할 수 있도록 간접적인 지원의 형식을 띨 것인지는 그 나라의 문화적인 성숙도를 종합적으로 고려해서 결정해야 할 것이다.

2차적저작물작성권은 저작자가 생산해낸 저작물을 바탕으로 또 다른 저작물을 생산할 수 있도록 허락하고 이용할 수 있는 배타적인 권리를 의미한다. **2차적저작물**이란 원저작물을 번역, 편곡, 변형, 각색, 영상제작 등의 방법으로 작성하는 새로운 창작물이다. 2차적저작물의 적법한 작성을 위해서는 저작권자의 허락이 반드시 필요하지만, 저작권자의 허락 없이 만들어진 2차적저작물이라고 하더라도 해당 저작물의 생산에 기여한 번역자, 각색자, 편곡자, 영상제작자의 저작권은 별도로 보장된다. 2차적저작물을 활용하기 위해서는 그것이 합법적으로 제작된 것이거나 그렇지 않은 것이거나 상관없이 원저작물의 저작권자와 2차적저작물의 저작권자의 허락을 모두 받아야 한다는 점에서 그 특징을 찾을 수 있다.

4. 저작권의 발생과 이용

1) 저작권의 발생

저작권은 저작물의 창작과 동시에 발생하며, 권리 취득을 위해서 어떤 절차나 요식 행위를 필요로 하지 않는다. 저작권법 제10조 제2항은 "저작권은 저작물을 창작한 때로부터 발생하며, 어떠한 절차나 형식의 이행을 필요로 하지 않는다"고 규정하고 있다. 저작물이 창작된 때라고 하는 것은, 저작물이 다른 사람이 인지할 수 있는 형태로 충분히 표현된 상태를 의미한다. 따라서 내용적인 완성도를 고려하지 않고, 미완성인 상태로도 다른 사람이 그 저작물에 드러난 표현들을 확인할 수 있는 정도라면 저작권으로 보호하는 데 아무런 지장이 없다. 또한 저작물로서 외형이 갖추어지기만 하면 공표나 저작권 표시 또는 등록 등을 기다릴 필요도 없이 보호가 이루어지기 시작한다. 저작권은 권리 발생을 위해서 아무런 요식 행위를 필요로 하지 않는다. 이러한 권리 부여의 형태를 '무방식주의'라 한다. 나라에 따라서 권리 발생을 위해서 등록이나 납본과 같은 요식 행위를 요구하는 경우도 있었다. 이렇게 일정한 행정 행위를 거친 후에 권리를 부여하는 것을 '방식주의'라고 한다. 1978년에 시행된 미국 저작권법의 경우에는 저작물의 도서관 납본과 저작권 표지 부착을 권리 보호의 요건으로 규정하여 방식주의를 채택했으나, 베른협약 등에 가입하면서 무방식주의로 전환했고, 오늘날 대부분의 국가에서 저작권은 무방식주의로 보호되고 있다.

이러한 저작권의 특성은 등록을 요건으로 하는 특허, 상표, 디자인 등의 산업재산권과는 명확하게 구별된다. 저작권법에도 등록 제도를 두어서 운영하고 있으나, 여기에서의 등록은 분쟁이 발생했을 경우에 제3자에게 권리자임을 보다 쉽게 입증하기 위한 것이지, 권리 발생의 유무와는 아무런 상관이 없다.

무방식주의는 권리 발생을 쉽게 하여 저작자의 지위를 확고하게 하고, 광범위하게 권리를 보호할 수 있도록 기여했다. 그러나 권리행사에 관심이 없는 저작자나 저작물로 경제적 이득을 취하기보다는 저작물이 널리 이용되기를 바라는 저작자들의 권리를 과도하게 보호하면서 문제점을 노출시키고 있기도 하다. 이런 문제점을 극복하기 위해서 CCL(Creative Commons License)과 같이 저작물을 공표하는 단계에서 저작물 이용에 대한 조건을 함께 공표하기도 한다. 최근 들어서 권리자불명 저작물(orphan works)[1] 문제와 같이 저작물의 대량 디지털화와 관련해서 권리 처리 자체를 어렵게 만드는 걸림돌이 되고 있다. 구글 도서 프로젝트와 같은 도서관의 저작물 디지털화에서 직면하게 되는 권리자불명 저작물의 문제는 권리의 발생에 아무런 요건을 필요로 하지 않는 저작권의 무방식주의에서 비롯된 측면이 있다.

2) 저작재산권의 양도와 이용허락

저작권은 그 자체로 경제 거래의 대상이 되기 때문에 매매나 양도, 상속, 증여의 대상이 된다. 그러나 매매, 양도, 상속, 증여의 대상이 되는 것은 저작재산권에 해당이 되는 부분이며, 저작인격권은 저작자 일신에 전속하는 권리이기 때문에 그 대상이 될 수 없다.

---

[1] 저작자의 소재가 불명이어서 적법한 방법으로 권리 처리가 불가능한 저작물을 부모가 없는 아이에 비유하여 고아저작물이라고 불렀으나, 특정 집단에 대한 편견을 담은 용어라는 비판이 제기되어 한국저작권위원회에서는 해당 용어를 이렇게 변경하여 사용한다.

저작재산권은 전부 또는 그 일부를 양도할 수 있다(제45조 제1항). 저작재산권을 전부 양도했을 경우에는 양수인이 원저작재산권자가 가졌던 것과 동일한 권리를 승계한 저작재산권자가 된다. 반면에 양도인은 저작재산권자의 지위를 잃게 된다. 그렇지만 이렇게 저작재산권 전부를 양도했다고 하더라도 계약상의 특약이 없다면 2차적저작물이나 편집저작물의 작성에 관한 권리까지 양도한 것은 아니라고 추정한다.

저작재산권의 일부를 양도하는 경우에도 저작재산권의 지분권 중 일부를 분할하여 양도할 수 있으며, 그 권리의 전부 또는 일부를 양도하되 장소나 시간의 제한을 붙여서 양도할 수도 있다. 예컨대 한국에서의 저작재산권 전부를 양도하거나, 한국에서의 복제권을 양도하거나, 시간적으로 향후 10년 동안의 저작재산권 전부를 양도할 수도 있다.

저작권은 이렇게 상속, 양도, 증여 등의 대상이 되면서 권리자가 변동될 수 있다. 이런 까닭에 저작재산권자와 저작자가 언제나 일치하는 것은 아니다. 저작자와 저작권자의 불일치는 시장에서 혼란을 야기하는 요인이 되기도 한다. 이런 혼란을 줄이고 거래의 안전을 도모하기 위해 저작물의 저작재산권자를 등록하도록 해서 다른 사람들이 저작물의 저작재산권자를 명확하게 파악할 수 있도록 지원하는 저작권 등록 제도가 마련되어 있다. 저작권 등록은 권리의 발생 여부와는 무관한 것으로, 제3자에게 거래의 안전성을 확보할 수 있는 증거로서의 대항력을 확보하기 위한 수단일 뿐이다. 현재 한국저작권위원회에서 저작권 등록에 관한 업무를 담당하고 있다.

상속이나 증여, 양도와 같은 권리 주체의 변동을 굳이 수반하지 않더라도 저작권을 활용한 경제적인 거래는 얼마든지 가능하다. 일반적으로 저작권을 행사하는 방법은 다른 사람이 저작물을 이용할 수 있도록 허락을 하는 것이다. **허락**이란 저작물을 이용하고자 하는 자의 요청에 대해 일정한 범위에서 이용하도록 용인하는 것을 말한다. 대개의 경우 저작물의 이용허락의 반대급부로 경제적인 대가, 즉 저작물 사용료를 지급받지만 아무런 반대급부를 제공하지 않는 무상 허락도 적법한 허락의 요건을 갖추는 데에는 아무런 하자가 없다. 허락은 저작물 이용자와 저작권자 사이의 계약을 통해 부여되며 그 계약의 내용에 따라서 저작물 이용자가 저작물을 사용할 수 있는 범위는 제한된다. 계약의 성립에 특정한 방식이 요구되는 것은 아니기 때문에 구두상의 이용허락만으로도 저작물을 이용할 수는 있다. 그러나 향후 발생할지도 모르는 분쟁을 예방하기 위해서는 이용허락의 내용을 서면으로 작성해두는 것이 보다 바람직하다.

이용허락은 다시 저작물 이용자에게 독점적인 권한을 부여하는가의 여부에 따라서 **독점적 허락**과 **단순허락**으로 구분할 수 있다. 독점적 허락의 경우에는 저작재산권자가 제3자에게 동일한 방법으로 저작물을 이용할 수 있도록 허락할 수 있는 권리가 제한된다. 반면에 단순허락의 경우에는 제3자에게 동일한 방법으로 저작물을 이용할 수 있도록 허락하는 데 아무런 제약이 없다.

3) 저작재산권의 소멸

저작재산권은 소유권과는 달리 권리 보호에 시한이 정해져 있다. 일정한 기간이나 조건이 발생하면 저작자에게 부여된 독점적이고 배타적인 권리 자체는 소멸하게 된다. 권리가 소멸된 저작물은 만인 공유의 영역에 속하는 것으로, 누구라도 자유롭게 저작물을 이용할 수 있다.

저작재산권이 소멸되는 사유는 다음과 같다. 첫째, 보호기간의 만료이다. 저작재산권은 보호기간이 만료되면 소멸된다. 개인 저작자의 저작권은 **저작자가 사망한 후 70년**이 경과하면 소멸되고, 업무상저작물의 저작권은 **공표된**

후 **70년**이 경과하면 소멸된다. 둘째, 저작재산권자가 상속인 없이 사망하거나 저작재산권자인 단체나 법인이 해산되어 민법이나 그 밖의 법률의 규정에 의하여 그 권리가 국가로 귀속되는 경우에는 저작권이 소멸된다. 저작재산권 전체가 아니라 지분권인 복제권, 공연권, 공중송신권의 경우에도 동일하게 적용이 된다. 셋째, 저작재산권자가 자신의 저작재산권을 포기하는 경우이다.

토지나 건물과 같은 유형물은 특정한 사람의 점유나 이용이 타인의 이용을 저해하는 측면이 있어서 권리자가 상속인 없이 사망하거나 해산되었을 경우에 국가가 개입해서 해당 유체물을 적절하게 관리하고 통제할 필요가 있다. 그렇지만 저작권은 무형의 지적 창작물에 부여되는 권리여서 어떤 사람의 이용이 다른 사람의 이용을 방해할 수가 없다. 권리의 주체가 사라지고, 권리를 통해 이익을 취할 수 있는 사람이 사라진 이후에까지 국가가 개입해서 그 이용을 관리하고 통제할 필요는 없다. 국가가 저작재산권자가 되어서 권리를 행사하면서 저작물의 이용을 통제하는 것은 문화정책적인 측면에서 바람직하지 않다. 이런 까닭에 유체물의 경우와는 달리 국가가 저작재산권자가 되어 저작권을 행사하면서 저작물의 이용을 통제하지 않고, 저작권 자체를 소멸시켜서 저작물을 만인 공유의 영역으로 되돌려놓는 것이다.

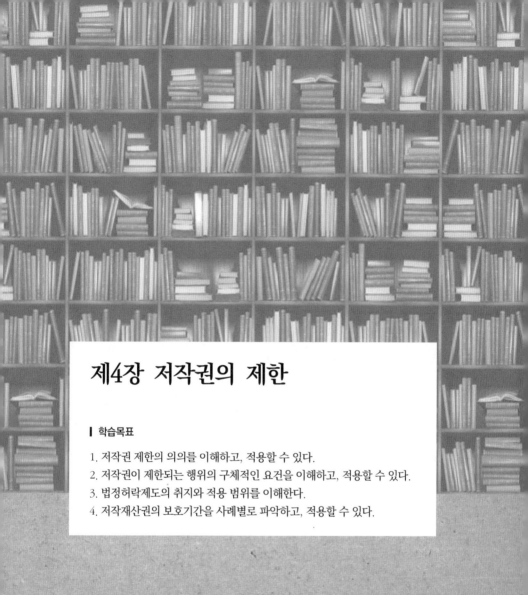

제4장 저작권의 제한

| 학습목표

1. 저작권 제한의 의의를 이해하고, 적용할 수 있다.
2. 저작권이 제한되는 행위의 구체적인 요건을 이해하고, 적용할 수 있다.
3. 법정허락제도의 취지와 적용 범위를 이해한다.
4. 저작재산권의 보호기간을 사례별로 파악하고, 적용할 수 있다.

문정이는 최근 온라인 사이트에서 음악을 찾아서 듣는 것에 흠뻑 빠져서 지내고 있다. 최근 토렌트 사이트에서 좋은 음악을 하나 발견해서 다운로드받았는데, 토렌트 사이트는 내가 음악을 다운로드받은 것이 그대로 다시 업로드돼서 다른 사람들이 이용할 수 있도록 제공된다. 토렌트 사이트에서 음악을 다운로드받고, 업로드하는 행위는 사적 복제에 해당될까?

1. 저작권 제한의 의의

저작권이 궁극적으로 추구하는 것은 문화와 관련 산업의 향상·발전이다. 저작권은 저작자의 권리만을 보호하기 위한 것도 아니며, 이용자의 권리만을 보장하기 위한 것도 아니고 서로 상반되는 이 둘 사이에서 적절한 균형과 조화를 통해 문화와 관련 산업의 향상과 발전에 이바지하는 것을 궁극적인 목적으로 한다. 저작물에 대한 독점적·배타적 권리인 저작권을 지나치게 보호하면, 저작물의 원활한 유통과 활용이 어려워져 오히려 저작권은 문화의 향상을 가로막는 장애물이 되어버리고 말 수도 있다. 공공의 이익과 문화 발전을 도모하기 위해서 저작권에 대한 적절한 제한은 불가피하다.

우리 저작권법이 정하고 있는 저작권의 제한은 크게 세 가지 형태로 나타난다.

첫째, 법률이 정하는 일정한 경우에 한해 저작물을 자유롭게 이용할 수 있도록 하는 경우이다. 대개 여기에 해당하는 것은 공공의 목적을 위해서 저작물을 자유롭게 이용할 필요가 인정되는 경우들이다. ① 재판절차 등에서의 복제(제23조), ② 정치적 연설 등의 이용(제24조), ③ 공공저작물의 자유이용(제24조의2), ④ 학교교육 목적 등에의 이용(제25조), ⑤ 시사보도를 위한 이용(제

26조), ⑥ 시사적인 기사 및 논설의 복제(제27조), ⑦ 공표된 저작물의 인용(제28조), ⑧ 영리를 목적으로 하지 않는 공연과 방송(제29조), ⑨ 사적이용을 위한 복제(제30조), ⑩ 도서관등에서의 복제와 전송(제31조), ⑪ 시험문제로의 복제(제32조), ⑫ 시각장애인, 청각장애인 등을 위한 복제(제33조, 제33조의2), ⑬ 방송사업자의 일시적 녹음, 녹화(제34조), ⑭ 미술저작물등의 전시 또는 복제(제35조), ⑮ 저작물 이용 과정에서의 일시적 복제(제35조의2), ⑯ 부수적 복제(제35조의3), ⑰ 문화시설의 저작물 복제(제35조의4), ⑱ 저작물의 공정한 이용(제35조의5) 등이 있다. 이런 각각의 경우에 해당된다면 저작재산권자의 허락을 받지 않고 저작물을 이용할 수 있다.

저작권 제한의 요건을 구체적으로 명시하고 있는 다른 조항들과는 달리 저작권법 제35조의4는 상당히 추상적이고 포괄적으로 면책의 범위를 제시하고 있다. 저작물의 통상적인 이용 방법과 충돌하지 않고, 저작자의 정당한 이익을 부당하게 해치지 않는 경우에는 저작물을 이용할 수 있다고 규정하고, 여기에 해당될 수 있는 네 가지 기준만을 제시하고 있다. 저작물 이용의 목적과 성격, 저작물의 종류와 용도, 이용된 부분이 저작물 전체에서 차지하는 비중과 중요성, 저작물의 이용이 시장에 미치는 영향을 두루 고려하여 침해의 여부를 판단해야 한다. 이 규정은 저작권 침해에 대한 적극적인 항변의 사유로서 의미를 지니고 있지만, 면책 범위와 요건 자체가 추상적이고, 아직까지 관련 판례도 정립되지 않았다는 점에서 적용하는 데 애로가 있다.

둘째, 법률이 정하는 조건을 충족시키고 권한 있는 기관에 보상금을 공탁하면 저작재산권자의 허락이 있었던 것으로 간주하는 법정허락의 경우이다. 저작재산권자나 그의 거소를 파악할 수 없어 이용허락을 받을 수 없는 저작물을 이용하고자 하는 경우가 여기에 해당한다. 이러한 경우에는 문화체육관광부장관으로부터 저작물 이용을 승인받아야 하며, 문화체육관광부장관이 정한 보상금을 저작재산권자에게 지급하거나 공탁하고 저작물을 이용할 수 있다.

셋째, 저작재산권의 보호기간을 설정하여 일정한 기간 동안만 독점적이고 배타적인 권리를 인정하는 것이다. 저작재산권의 보호기간이 만료된 저작물은 공유의 영역에 해당되어 누구라도 자유롭게 저작물을 이용할 수 있다. 현재 한국은 저작자의 사후 70년까지 저작재산권을 인정하고 있다. 이는 한·EU자유무역협정과 한·미자유무역협정에 따른 후속조치로 이루어진 것으로 이전까지는 저작자의 사후 50년까지이던 권리의 보호기간을 20년 연장한 것이다.

이제부터 저작권 제한의 구체적인 요건, 법정허락의 요건, 보호기간의 적용 등에 대해서 보다 상세하게 살펴보도록 하겠다.

2. 저작권 제한 규정의 구체적인 내용

1) 재판절차 등에서의 복제

저작권법 제23조는 재판 또는 수사를 위하여 필요한 경우나 입법·행정의 목적을 위한 내부 자료로서 필요한 경우에는 저작물을 복제할 수 있도록 허용하고 있다. "다만, 그 저작물의 종류와 복제의 부수 및 형태 등에 비추어 당해 저작재산권자의 이익을 부당하게 침해하는 경우에는 그러하지 아니하다"고 규정하고 있다. 국가의 목적 실현을 위해서 일정한 요건을 갖춘 경우에 저작재산권을 제한하는 것으로 재판이나 수사, 입법과 행정의 목적을 위해 저작물을 복제할 수 있도록 규정하는 것이다. 공표된 저작물뿐만 아니라

> **제23조(재판 등에서의 복제)** 다음 각 호의 어느 하나에 해당하는 경우에는 그 한
> 도 안에서 저작물을 복제할 수 있다. 다만, 그 저작물의 종류와 복제의 부수 및
> 형태 등에 비추어 당해 저작재산권자의 이익을 부당하게 침해하는 경우에는 그
> 러하지 아니하다. 〈개정 2020.2.4.〉
> 1. 재판 또는 수사를 위하여 필요한 경우
> 2. 입법·행정 목적을 위한 내부 자료로서 필요한 경우
> [제목개정 2020.2.4.]

미공표저작물도 복제의 대상이 될 수 있다. 여기에서 재판이라 함은 단지 법원의 재판절차뿐만이 아니라 행정청의 준사법절차 등이 행하는 각종 심판이나 조정, 중재, 행정심판 등에도 모두 적용된다. 또한 법원이나 검찰청과 같은 국가기관뿐만 아니라 소송의 당사자인 원고, 피고, 변호사 등도 복제의 주체가 될 수 있다. 그러나 입법이나 행정 목적을 위한 내부 자료로서의 복제의 경우에는 입법기관이나 행정기관의 직원으로 복제의 주체가 제한된다. 이때 입법이라 함은 국회의 법안 심의뿐만 아니라 지방의회의 조례 제정이나 각 행정부처의 시행령 제정 과정 등을 포함한다. 이 경우 작성된 복제물은 입법이나 행정 업무 처리를 위한 내부 자료로 활용되어야 하고, 다른 목적으로 사용해서는 안 된다.

2) 정치적 연설 등의 이용

정치적 연설 등은 국민의 알 권리 충족을 위해 널리 공중에게 전달되고 자유롭게 이용될 필요가 있기 때문에, 공개적으로 행한 정치적 연설이나 법정, 국회 또는 지방의회에서 공개적으로 행한 진술은 자유롭게 이용할 수 있도록 해야 한다는 취지에서 마련된 규정이다. 구 저작권법에서는 공개한 법정,

> **제24조(정치적 연설 등의 이용)** 공개적으로 행한 정치적 연설 및 법정·국회 또는 지방의회에서 공개적으로 행한 진술은 어떠한 방법으로도 이용할 수 있다. 다만, 동일한 저작자의 연설이나 진술을 편집하여 이용하는 경우에는 그러하지 아니하다.

국회 또는 지방의회에서의 연술을 '보호받지 못하는 저작물'로 규정하고 있었으나, 이를 저작재산권의 제한 조항으로 옮겨서 규율한 것이다. 공개적으로 행한 진술이라는 단서를 두고 있기 때문에 비공개 상태에서 진행된 연설이나 진술은 이 조항의 적용을 받지 않으며, 동일한 인물의 연설이나 진술로 편집물을 만드는 경우에는 저작재산권자의 허락을 필요로 한다.

3) 공공저작물의 자유이용

국가나 지방자치단체가 업무상 작성하여 공표하는 저작물이나 계약에 따라서 저작재산권의 전체를 보유한 저작물은 몇 가지 예외적인 경우를 제외하고는 저작권자에게 별도의 허락을 받지 않고도 이용할 수 있다. 국가나 지방자치단체가 저작권을 보유한 저작물은 공공의 목적을 위해 세금을 투입하여 생산된 것이다. 이런 저작물들은 보다 많은 사람이 널리 이용할 수 있도록 개방하는 편이 바람직하다는 취지에서 마련된 조항이다. 그렇지만 국가의 안전보장, 개인의 프라이버시의 보호, 영업상의 비밀 등과 같이 또 다른 관점에서 보호해야 할 법익이 존재할 경우에는 예외로 하여 저작권과 또 다른 권리 또는 필요 사이에 균형을 도모하고 있다.

한편 제1항에 해당되는 저작물은 국가나 지방자치단체가 저작자이거나 저작재산권자인 경우로 제한된다. 정부의 산하단체나 기타 공공부분에서

제24조의2(공공저작물의 자유이용)

① 국가 또는 지방자치단체가 업무상 작성하여 공표한 저작물이나 계약에 따라 저작재산권의 전부를 보유한 저작물은 허락 없이 이용할 수 있다. 다만, 저작물이 다음 각 호의 어느 하나에 해당하는 경우에는 그러하지 아니하다.

1. 국가안전보장에 관련되는 정보를 포함하는 경우
2. 개인의 사생활 또는 사업상 비밀에 해당하는 경우
3. 다른 법률에 따라 공개가 제한되는 정보를 포함하는 경우
4. 제112조에 따른 한국저작권위원회에 등록된 저작물로서「국유재산법」에 따른 국유재산 또는「공유재산 및 물품관리법」에 따른 공유재산으로 관리되는 경우

② 국가는「공공기관의 운영에 관한 법률」제4조에 따른 공공기관이 업무상 작성하여 공표한 저작물이나 계약에 따라 저작재산권의 전부를 보유한 저작물의 이용을 활성화하기 위하여 대통령령으로 정하는 바에 따라 공공저작물 이용 활성화 시책을 수립·시행할 수 있다.

③ 국가 또는 지방자치단체는 제1항제4호의 공공저작물 중 자유로운 이용을 위하여 필요하다고 인정하는 경우「국유재산법」또는「공유재산 및 물품관리법」에도 불구하고 대통령령으로 정하는 바에 따라 사용하게 할 수 있다.

[본조신설 2013.12.30.]

생산된 저작물에까지 이 조항이 적용되는 것은 아니다. 공공기관이 저작자이거나 저작재산권자인 경우에도 공적인 재원을 바탕으로 제작된 것이기 때문에 보다 많은 사람들에게 널리 제공할 필요가 있지만, 정부와는 구별되는 독립적인 법인 등의 특수한 사정을 고려하지 않고 이를 모든 기관에 강제하기는 어려운 부분이 실제로 존재할 수 있다. 이러한 사정을 감안하여 제2항에서는「공공기관의 운영에 관한 법률」에 따르는 공공기관의 저작물 이용을 활성화할 수 있도록 정부가 대통령령에 따라 공공저작물 활성화 정책을 수립할 것을 의무화해서, 개별 공공기관들의 특수한 사정을 고려하면서 보다 신축적으로 공적 재원을 투입하여 생산된 저작물의 보다 활발한 활용

을 도모하고 있다. 최근 문화체육관광부에서 추진하고 있는 공공누리 사업은 이러한 저작물 이용 활성화 계획의 일환으로 시행되고 있는 대표적인 사례이다.

4) 학교교육 목적 등에의 이용

이 규정은 학교 등에서 교육적인 목적으로 저작물을 이용하는 경우에 저작권 제한의 요건을 다루고 있다. 중·고등학교의 교과서에 공표된 저작물을 게재하거나 수업 시간에 공표된 저작물을 복제·배포·공연·전시 또는 공중송신하는 경우에 필요한 저작권 제한의 요건이다. 학교교육 목적 등에의 이용은 저작물 이용이 가장 빈번한 부분 가운데 하나로, 여기에 대해서는 제10장에서 상세하게 설명한다.

5) 시사보도를 위한 이용과 기사 및 논설의 복제

방송이나 신문 그 밖의 방법에 의하여 시사보도를 하는 경우에 그 과정에서 불가피하게 다른 저작물이 보이거나 들릴 수 있는데, 이러한 경우에는 보도를 위한 정당한 범위 내에서는 저작재산권자의 허락 없이도 복제, 배포, 공연, 공중송신할 수 있다. 보도를 위한 정당한 범위 내의 이용만이 허용되기 때문에 보도에 필요한 최소한의 범위 내에서 저작물을 이용할 수 있는 것으로 보아야 하고, 저작물의 본래적 이용과 충돌하지 않아야 한다. 예컨대 음악회와 관련된 보도를 하면서 해당 음악의 전곡을 장시간 방송하거나 보도하는 것은 이 범위에 포함되지 않는다.

한편 인터넷 신문을 포함한 신문이나 뉴스 통신에 게재된 시사적인 기사

> **제26조(시사보도를 위한 이용)** 방송·신문 그 밖의 방법에 의하여 시사보도를 하는 경우에 그 과정에서 보이거나 들리는 저작물은 보도를 위한 정당한 범위 안에서 복제·배포·공연 또는 공중송신할 수 있다.
>
> **제27조(시사적인 기사 및 논설의 복제 등)** 정치·경제·사회·문화·종교에 관하여 「신문 등의 진흥에 관한 법률」 제2조의 규정에 따른 신문 및 인터넷신문 또는 「뉴스통신진흥에 관한 법률」 제2조의 규정에 따른 뉴스통신에 게재된 시사적인 기사나 논설은 다른 언론기관이 복제·배포 또는 방송할 수 있다. 다만, 이용을 금지하는 표시가 있는 경우에는 그러하지 아니하다. 〈개정 2009.7.31.〉

나 논설을 다른 언론기관이 복제, 배포, 또는 방송할 수 있다. 이 규정은 언론의 시사 기사나 논설은 국민의 알 권리 충족과 여론 형성에 기여하는 바가 크기 때문에, 보다 많은 국민들에게 이러한 기사가 원활히 전달될 수 있도록, 이용을 금지하는 표시가 없는 한 언론기관들이 재이용할 수 있도록 전재를 허용한 것이다(문화관광부·저작권심의조정위원회, 2007: 26). 이 경우 복제, 배포, 방송 행위의 주체는 언론기관으로 제한되기 때문에 언론기관에 소속되지 않은 개인이 기사나 논설을 복제하거나 배포하는 행위는 이 조항의 적용을 받지 않는다. 한편 이 조항에 따르는 면책을 인정받기 위해서는 전재하는 기사에 반드시 출처를 표시해야만 한다.

6) 공표된 저작물의 인용

저작물을 작성하는 과정에서 다른 사람의 저작물을 인용하는 것은 매우 흔한 일이다. 이 과정에서 매번 저작권자 또는 저작자에게 허락을 받아야 한다면, 학문 활동은 크게 위축될 것이다. 이러한 점을 고려하여 공표된 저작물을 보도, 비평, 교육, 연구 등의 목적으로 인용할 경우에는 몇 가지 요건을

> **제28조(공표된 저작물의 인용)** 공표된 저작물은 보도·비평·교육·연구 등을 위하여는 정당한 범위 안에서 공정한 관행에 합치되게 이를 인용할 수 있다.

준수하는 경우에는 저작자의 허락 없이도 자유롭게 이를 활용할 수 있다. 이 조항에 해당되려면, 먼저 인용의 대상이 되는 저작물은 공표된 저작물로 한정된다. 미공표된 저작물을 인용하면, 저작자의 공표권을 침해할 우려가 있기 때문에 공표된 저작물만으로 그 범위를 제한하는 것이다. 둘째, 보도, 비평, 교육, 연구 등의 목적으로 이루어지는 행위에 대해서 적용된다. '보도, 비평, 교육, 연구 등'의 목적은 예시적인 규정으로 이해할 수 있지만, 저작물 이용의 모든 경우에 적용되는 것으로 확대 해석할 수는 없다. 보도, 비평, 교육, 연구 등과 같이 공익적인 측면이 높고, 문화와 관련 산업의 향상과 발전이라는 저작권법의 취지에 합당한 정도의 이용에 적용된다고 볼 수 있다. 셋째, 인용은 정당한 범위 내에서 이루어져야 한다. 즉 인용되는 부분의 양이 저작물의 거의 대부분을 차지한다던지, 인용된 부분이 저작물의 주된 내용을 구성하는 경우라면 정당한 범위 내에서의 인용이라고 보기는 어렵다. 양적으로는 인용되는 부분이 인용되지 않는 부분보다 훨씬 적은 범위를 차지해야 하고, 질적으로도 인용되는 부분은 논지를 뒷받침하는 장치 정도에 머물러야지 그것이 실제 내용을 구성하는 경우에 해당된다면, 정당한 범위 내의 인용이라고 보기는 어렵다. 넷째, 공정한 관행에 합치되어야 한다. 인용의 목적이나 방법이 공정한 관행에 합치되어야 한다. 예컨대 학술논문이나 평론에서 타인의 저작물의 일부를 인용하면서 각주 등을 통해서 인용 표기를 하는 것은 공정한 관행에 합치되는 행위에 해당된다. 마지막으로 반드시 인용문에 저작물의 출처를 명시하여 인용된 저작물이 어디에서 비롯된 것인지를 파악할 수 있도록 해야 한다.

7) 영리를 목적으로 하지 아니하는 공연과 방송

저작권법 제29조는 공연권의 제한을 규정하고 있다. 공연권은 자신의 저작물을 다른 사람들이 상연, 연주, 가창, 구연, 상영, 재생 등의 방법으로 이용할 수 있도록 허락하는 배타적인 권리를 의미하며, 제29조는 이에 대한 제한을 규정하고 있다. 저작권법 제29조에 의해서 공연권이 제한되는 경우는 두 가지이다. 제29조 제1항은 "영리를 목적으로 하지 아니하고 청중이나 관중 또는 제3자로부터 어떤 명목으로든지 반대급부를 받지 아니하는 경우에는 공표된 저작물을 공연 또는 방송할 수 있다. 다만, 실연자에게 통상의 보수를 지급하는 경우에는 그러하지 아니한다"고 영리를 목적으로 하지 않는 공연과 방송의 경우에는 저작권자의 허락 없이도 저작물을 이용할 수 있도록 허용하고 있다. 이 조항에 따라서 저작권 면책을 인정하기 위해서는 저작물 이용은 몇 가지 요건을 갖추어야만 한다. 첫째, 저작물의 이용이 영리적인 목적과 직접적으로는 물론 간접적으로도 관련을 맺지 않아야 한다. 기업이나 단체의 홍보와 같은 간접적인 영리를 목적으로 하는 경우에도 이 조항에 따르는 면책을 인정받을 수 없다. 둘째, 청중이나 관중은 물론 제3자로부터 어떤 명목으로든 반대급부를 받을 수 없다. 청중이나 관람객들에게 입장료나 관람료를 받는다거나 외부 단체의 협찬을 받아서도 안 된다. 셋째, 실연자에게 통상의 보수를 지급하는 경우라면 이 조항에 따르는 면책을 인정받을 수 없다. 마지막으로, 공연의 대상이 되는 저작물은 공표된 저작물이어야 한다. 이 조항은 통상 라이브 공연에 대해서 적용되는 저작권 제한을 염두에 둔 것으로 해석된다.

> **제29조(영리를 목적으로 하지 아니하는 공연·방송)**
> ① 영리를 목적으로 하지 아니하고 청중이나 관중 또는 제3자로부터 어떤 명목으로든지 반대급부를 받지 아니하는 경우에는 공표된 저작물을 공연(상업용음반 또는 상업적 목적으로 공표된 영상저작물을 재생하는 경우를 제외한다) 또는 방송할 수 있다. 다만 실연자에게 통상의 보수를 지급하는 경우에는 그러하지 아니하다. 〈개정 2016.3.22.〉
> ② 청중이나 관중으로부터 해당 공연에 대한 반대급부를 받지 아니하는 경우에는 상업용 음반 또는 상업적 목적으로 공표된 영상저작물을 재생하여 공중에게 공연할 수 있다. 다만 대통령령이 정하는 경우에는 그러하지 아니하다. 〈개정 2016.3.22., 2021.5.18.〉

제29조 제2항은 "청중이나 관중으로부터 당해 공연에 대한 반대급부를 받지 아니하는 경우에는 상업용 음반 또는 상업적 목적으로 공표된 영상저작물을 재생하여 공중에게 공연할 수 있다. 다만, 대통령령이 정하는 경우에는 그러하지 아니한다"고 규정하여 반대급부를 받지 않고서 상업용 음반이나 영상저작물을 재생하여 공연할 수 있도록 허용하고 있다.

저작권법 시행령 제11조는 이 조항 단서 조항에 따라서 저작권 제한의 범위에 포함되지 않는 경우를 지정하고 있는데, 시행령 제11조 제8호에서 발행일로부터 6개월이 경과하지 않은 상업용 음반이나 상업적 목적으로 공표된 영상저작물을 재생하는 경우에는 도서관의 경우에도 저작권 제한의 사유에 해당하지 않음을 규정하고 있다. 도서관이 이 조항에 따르는 저작권 제한을 활용하기 위해서는 발행일로부터 6개월이 경과된 상업용 음반이나 상업적 목적으로 공표된 영상저작물을 공연해야 하고, 청중이나 관람객으로부터 해당 공연에 대한 직접적인 반대급부를 받아서는 안 된다. 이 조항은 해당 공연에 대한 반대급부를 받아서는 안 된다는 것만을 요건으로 규정하고 있기 때문에 제3의 외부 단체나 기업 등의 협찬을 받는 경우는 이 조항에 따르는 면책의 인정 여부에 아무런 영향을 미치지 않는다. 도서관이 일반 관람객을 대상으로 제공하는 대규모 영화상영회 등이 이 조항에 따르는 면책을 인정받기 위해서는, 청중이나 관중으로부터 당해 공연에 대한 반대급부를 받지 않아야 하고, 발행일로부터 6개월이 경과된 상업용 음반이나 상업용 영상저작물을 활용해서 공연이 이루어져야 한다.

8) 사적이용을 위한 복제

이 규정은 타인의 저작물을 개인적으로 또는 가정이나 그에 준하는 한정된 범위 안에서 이용하는 것은 저작재산권자의 경제적 이익을 크게 손상할 우려가 없고, 또 그것을 일일이 규제하여 저작재산권자의 이용허락을 얻도록 하는 것도 현실적이지 못하다는 고려가 반영된 것이다(오승종, 2020: 797).

미공표저작물을 제외하고, 공표된 저작물이라면 어문저작물, 음악저작물, 미술저작물 기타 어떤 종류의 저작물도 사적 복제가 허용된다. 또한 복제의 양이나 방법에 대해서도 아무런 제한을 두고 있지 않기 때문에 복사, 녹음, 녹화, 디지털 복제 등 어떠한 수단과 방법을 사용한다고 해도 아무런 상관이 없고 똑같은 저작물을 복수로 복제하는 것도 상관이 없다. 그러나 "그 이용자는 이를 복제할 수 있다"고 규정하여 복제하는 행위를 할 수 있는 사람은 그 복제물을 이용하는 사람이어야 한다는 제약이 있다(장인숙, 1996: 102).

사적 복제로서의 면책을 인정받기 위해서는 몇 가지의 요건을 충족해야 한다. 첫째, 그 이용이 영리를 목적으로 하는 것이 아니어야 한다. 둘째, 개인적 이용이거나 가정 또는 가정에 준하는 한정된 범위 내에서의 이용, 즉 폐쇄적인 범위 내의 이용을 위해 복제하는 것만이 허용된다(장인숙, 1996: 102). 가정 및 이에 준하는 한정된 범위는 통상 10인 내외의 동호회 등의 사적 모

> **제30조(사적이용을 위한 복제)** 공표된 저작물을 영리를 목적으로 하지 아니하고 개인적으로 이용하거나 가정 및 이에 준하는 한정된 범위 안에서 이용하는 경우에는 그 이용자는 이를 복제할 수 있다. 다만, 공중의 사용에 제공하기 위하여 설치된 복사기, 스캐너, 사진기 등 문화체육관광부령으로 정하는 복제기기에 의한 복제는 그러하지 아니하다. 〈개정 2020.2.4.〉

임에 한하며, 기업이나 기타 단체에서 업무상으로 이용하기 위한 것은 사적 복제의 범주에 포함될 수 없다.

한편 "공중의 사용에 제공하기 위하여 설치된 복사기, 스캐너, 사진기 등 문화체육관광부령으로 정하는 복제기기에 의한 복제"는 사적 복제의 범위에서 제외하고 있다. 제30조의 기본 취지는 개인의 사적인 공간에서 이루어지는 복제에 대해서 면책을 인정하는 것이다. 복제를 전문으로 하는 제3자에게 의뢰하여 복제물을 만드는 행위에까지 면책이 적용되는 것은 아니라는 의미이다. 따라서 가정이나 이에 준하는 한정된 장소에서 개인 소유의 복사기기를 활용한 복사, 녹음, 녹화는 가능하지만 영리를 목적으로 하는 복사업체나 관공서 등에서 불특정 다수가 이용할 수 있도록 마련된 복제기기를 활용해서 진행되는 복제는 사적 복제에 해당할 수 없다. 2020년 법 개정에서 사적 복제에 해당하지 않는 복제기기의 범위를 복사기, 스캐너, 사진기 등으로 보다 구체화했다.

9) 도서관등에서의 저작물 복제와 전송

이 규정은 도서관에서의 저작물을 활용한 정보서비스와 해당 정보를 이용하는 것에 관련된 저작권 면책의 요건을 다룬다. 도서관에서의 저작물 복제와 전송 등에 관한 저작권 면책의 요건은 이 책에서 가장 핵심적으로 다루는 주제로, 이 부분은 제7장과 제8장에서 상술한다.

10) 시험문제로서의 복제

이 규정은 시험문제를 출제하는 과정에서 저작물을 복제하는 것에 대하여 저작권자의 사전허락을 얻어야 하는 것의 현실적인 어려움을 해소하기 위해서 마련된 것이다. 대학 입학 수학능력시험이나 공무원시험 등과 같이 민감한 사항들에 대해 저작자의 사전허락의 의무를 부여하게 되면, 시험문제의 사전 유출과 관련된 문제가 발생할 수도 있을 것이다. 또한 시험문제로 저작물을 활용하는 것이 저작물의 실제적인 이용에 미치는 영향은 그리 크지 않으리라는 것을 전제로 한 권리 제한이다.

이 규정을 적용받는 시험은 학교의 입학시험뿐만 아니라 초등·중등·고등학교 및 대학교의 학력 평가를 위한 시험, 운전면허시험과 같이 일정한 기능 요건을 갖추고 있는가를 평가하는 시험, 기업체나 공무원 등의 선발을 위한 입사시험 등을 두루 망라한다. 이 경우에 사용할 수 있는 저작물은 공표된 저작물에 한하며, 그 이용은 공정한 관행에 합치되어야 한다. 또한 시험문제로서의 특성을 고려해서 출처 표시를 하지 않고서도 공표된 저작물을 이용할 수 있다.

> **제32조(시험문제로서의 복제)** 학교의 입학시험 그 밖에 학식 및 기능에 관한 시험 또는 검정을 위하여 필요한 경우에는 그 목적을 위하여 정당한 범위에서 공표된 저작물을 복제·배포할 수 있다. 다만, 영리를 목적으로 하는 경우에는 그러하지 아니하다. 〈개정 2009.4.22.〉

단서 조항에서 영리를 목적으로 하는 경우에는 이 조항을 적용받을 수 없음을 선언하고 있는데, 이는 시험 그 자체를 통해 영리를 취하는 경우로 한정적으로 해석되는 것이 통설이다. 기업체의 입사시험과 같이 영리를 목적으로 하는 조직에서 치러지는 시험이라도, 시험 그 자체가 영리를 목적으로 하는 것이 아닌 이상 이 규정의 적용을 받는다고 해석할 수 있다.

11) 장애인을 위한 복제 등

제33조와 제33조의2는 각각 시각장애인과 청각장애인과 같이 신체적인 취약함으로 말미암아 정보를 습득하고, 활용하는 데 어려움을 겪는 사람들을 배려하려는 공익적인 목적에서 마련된 조항이다.

제33조는 시각장애인의 정보접근권 증진을 위한 저작물 이용 방법을 규정하고 있다. 제1항은 시각장애인 등을 위해 공표된 저작물을 점자로 복제할 수 있는 사항을 규율하고 있다. 복제의 주체에 대해서는 특별한 제한을 두고 있지 않기 때문에 누구라도 시각장애인 등을 위해 공표된 저작물을 점자로 복제할 수 있으며, 복제물의 배포까지도 허용하고 있다. 복제나 배포가 설령 영리적인 목적으로 이루어진다고 하더라도, 시각장애인을 위한 경우라면 이 조항에 따르는 면책을 인정받을 수 있다.

제2항은 제1항에 비하여 적용 범위가 좁다. 이 조항의 적용을 제1항의 경우에 비해서 까다롭게 제한하는 것은 복제의 방법이나 비용이 제1항의 경우에 비해서 상대적으로 수월하거나 저렴해서 저작물의 복제가 보다 빈번하게 이루어질 수 있기 때문에 시각장애인을 위해서 반드시 필요한 경우로 그 허용 범위를 제한하려는 까닭이라고 유추할 수 있다. 우선 복제나 배포, 전송의 대상이 되는 저작물은 공표된 어문저작물로 한정된다. 따라서 시각장

제33조(시각장애인 등을 위한 복제 등)

　① 공표된 저작물은 시각장애인 등을 위하여 점자로 복제·배포할 수 있다.

　② 시각장애인 등의 복리증진을 목적으로 하는 시설 중 대통령령이 정하는 시설 (해당 시설의 장을 포함한다)은 영리를 목적으로 하지 아니하고 시각장애인 등의 이용에 제공하기 위하여 공표된 어문저작물을 녹음하거나 대통령령으로 정하는 시각장애인 등을 위한 전용 기록방식으로 복제·배포 또는 전송할 수 있다. 〈개정 2009.3.25., 2021.5.18.〉

　③ 제1항 및 제2항의 규정에 따른 시각장애인 등의 범위는 대통령령으로 정한다.

제33조의2(청각장애인 등을 위한 복제 등)

　① 누구든지 청각장애인 등을 위하여 공표된 저작물을 한국수어로 변환할 수 있고, 이러한 한국수어를 복제·배포·공연 또는 공중송신할 수 있다. 〈개정 2016.2.3.〉

　② 청각장애인 등의 복리증진을 목적으로 하는 시설 중 대통령령으로 정하는 시설(해당 시설의 장을 포함한다)은 영리를 목적으로 하지 아니하고 청각장애인 등의 이용에 제공하기 위하여 필요한 범위에서 공표된 저작물등에 포함된 음성 및 음향 등을 자막 등 청각장애인이 인지할 수 있는 방식으로 변환할 수 있고, 이러한 자막 등을 청각장애인 등이 이용할 수 있도록 복제·배포·공연 또는 공중송신할 수 있다.

　③ 제1항 및 제2항에 따른 청각장애인 등의 범위는 대통령령으로 정한다.

[본조신설 2013.7.16.]

애인을 위해서 음악저작물을 녹음해서 배포하거나 전송하는 것은 이 조항의 적용 대상이 될 수 없다. 또한 복제나 배포, 전송의 주체도 대통령령이 정하는 제한된 시설로 국한이 되고, 영리를 목적으로 하는 이용에까지 적용되지는 않는다. 현행 저작권법 시행령에는 그 주체를 「장애인복지법」 제58조 제1항에 따른 장애인복지시설 가운데 하나인 시각장애인 등을 위한 장애인 거주시설, 장애인 지역사회재활시설 중 점자도서관, 장애인 지역사회재활시설 및 장애인 직업재활시설 중 시각장애인 등을 보호하고 있는 시설, 그리고 「유아교육법」, 「초·중등교육법」 및 「장애인 등에 대한 특수교육법」에 따른 특수학교와 시각장애인 등을 위해 특수학급을 둔 각급학교, 국가·지방자치단체, 영리를 목적으로 하지 아니하는 법인 또는 단체가 시각장애인 등의 교육·학술 또는 복리 증진을 목적으로 설치·운영하는 시설(저작권법 시행령 제14조 제1항)로 규정하고 있다. 따라서 이러한 시설들의 경우에는 영리를 목적으로 하지 않는 경우에 저작재산권자의 허락 없이도 시각장애인을 위해 녹음도서 등을 제작할 수 있다. 이 항에서 인정하는 복제의 방법은 녹음과 대통령령이 정하는 몇 가지 방법으로 제한된다. 현행 저작권법 시행령에는 복제의 방법을 점자로 나타나게 하는 것을 목적으로 하는 전자적 형태의 정보기록방식, 인쇄물을 음성으로 변환하는 것을 목적으로 하는 정보기록방식, 시각장애인을 위해 표준화된 디지털음성정보기록방식, 시각장애인 외에는 이용할 수 없도록 하는 기술적 보호조치가 적용된 정보기록방식으로 그 방법을 제한하고 있다.

이 조항은 도서관을 염두에 두고 만들어진 조항은 아니지만, 제1항의 경우에는 도서관에도 일반적으로 적용할 수 있으며, 제2항의 경우에는 시각장애인을 위한 서비스를 목적으로 설립된 점자도서관에 적용할 수 있다.

한편 제33조의2는 청각장애인의 복리 증진을 위한 저작권 면책에 관한 사항에 대한 규율이다. 제1항에서는 누구라도 청각장애인을 위해서 공표된 저작물을 활용해서 한국수어로 제작할 수 있으며 이를 복제, 배포, 공연, 공중송신할 수 있도록 면책을 인정하고 있다. 복제나 배포, 공연, 공중송신 행위의 주체를 제한하지 않기 때문에 누구라도 저작재산권자의 허락 없이도 공표된 저작물을 한국수어로 제작해서 다른 사람들에게 다양한 방법으로 배포할 수 있다. 이용의 목적에 대해서도 아무런 제한을 두지 않기 때문에 설령 영리를 목적으로 공표된 저작물을 한국수어로 변환하여 배포하거나 공연, 공중송신하는 행위도 모두 허용되는 것으로 볼 수 있다. 그렇지만 면책이 인정되는 것은 한국수어에 한하는 것이지 수어의 바탕을 구성하는 저작물 자체를 함께 복제하는 것까지 권리가 미치는 것은 아니다.

제2항은 공표된 저작물에 포함된 음성 또는 음향을 자막 등으로 제작하는 것에 관한 규율이다. 이 조항을 적용받을 수 있는 기관은 대통령령으로 정해진다. 저작권법 시행령 제15조의2의 규정에 따라 장애인 지역사회재활시설 가운데 수어통역센터, 장애인 지역사회재활시설 및 장애인 직업재활시설 가운데 청각장애인을 보호하고 있는 시설, 「유아교육법」, 「초·중등교육법」 및 「장애인 등에 대한 특수교육법」에 따른 특수학교와 청각장애인 등을 위해 특수학급을 둔 각급 학교, 국가·지방자치단체, 영리를 목적으로 하지 아니하는 법인 또는 단체가 청각장애인 등의 교육·학술 또는 복리 증진을 목적으로 설치·운영하는 시설이 공표된 저작물을 활용해서 자막 등 청각장애인이 이용할 수 있도록 저작물을 복제, 배포, 공연, 공중송신할 수 있다. 다만 이러한 기관이라고 하더라도 자막 등을 영리적인 목적으로 복제하거나 배포, 공연, 공중송신할 경우에는 이 조항을 적용받을 수 없다.

12) 방송사업자의 일시적 녹음과 녹화

이 규정은 방송의 원활한 진행을 위해 마련된 것이다. 방송사업자가 타인의 저작물을 이용하여 방송할 경우에 그것이 생방송이 아닌 한 일시적으로나마 저작물을 녹음·녹화하지 않을 수 없다. 그래서 방송사업자가 방송을 하기 전에 저작재산권자로부터 방송 및 복제에 관한 허락을 받지 않으면 그의 방송권 및 복제권을 침해하는 것이 된다. 만일 방송사업자가 저작물의 방송에 대한 허락을 받았지만, 복제에 대한 허락을 별도로 받지 않은 경우에는 저작물을 방송할 수가 없게 된다. 이렇게 되면 방송사업자들이 방송을 원활하게 진행하는 데 커다란 어려움이 있을 수 있기 때문에 방송사업자가 자신

> **제34조(방송사업자의 일시적 녹음·녹화)**
> ① 저작물을 방송할 권한을 가지는 방송사업자는 자신의 방송을 위하여 자체의 수단으로 저작물을 일시적으로 녹음하거나 녹화할 수 있다.
> ② 제1항의 규정에 따라 만들어진 녹음물 또는 녹화물은 녹음일 또는 녹화일로부터 1년을 초과하여 보존할 수 없다. 다만, 그 녹음물 또는 녹화물이 기록의 자료로서 대통령령이 정하는 장소에 보존되는 경우에는 그러하지 아니하다. 〈개정 2021.5.18.〉

의 방송을 위해서 저작물을 일시적으로 녹음하거나 녹화할 수 있도록 면책을 부여하고 있다. 이 경우 녹음물이나 녹화물을 1년을 초과해서 보관할 수는 없다. 다만, 대통령령이 정하는 장소에 기록물로 보존될 경우에는 1년 이상의 기간 동안 보존할 수도 있다. 저작권법 시행령 제16조(대통령령 제33023호 2022.12.6)에 따르면, 기록 보존을 목적으로 하는 국가나 지방자치단체가 설치·운영하는 시설과 방송용으로 제공된 녹음물이나 녹화물을 기록 자료로 수집·보존하기 위해 「방송법」 제2조제3호에 따른 방송사업자가 운영하거나 그의 위탁을 받아 녹음물 등을 보존하는 시설 등의 경우가 여기에 해당된다. 방송사업자가 자신의 방송을 위해 저작물을 일시적으로 녹음하거나 녹화한 결과물을 국가기록원, 국립중앙도서관 또는 서울기록원과 같은 국가 또는 지방자치단체가 운영하는 기록물관리기관에 이관해 보관하는 경우에는 1년 이상의 기간까지도 녹음물이나 녹화물을 보존할 수 있다.

이 경우 저작물 이용의 성격상 저작물의 출처 표시의 의무는 면제된다.

13) 미술저작물등의 전시 또는 복제

저작권법 제11조 제3항에서는 미술저작물, 건축저작물, 사진저작물을 통칭해서 미술저작물등으로 명명하고 있다. 따라서 이 조항에 적용받는 것은 미술저작물, 건축저작물 및 사진저작물이다. 이러한 저작물은 판매와 같은 양도 행위 등에 의해서 저작물 자체가 다른 사람의 소유로 이전되는 경우가 빈번하다는 점에서 고유한 특징을 지니고 있다. 또한 전시의 객체로 다양하게 활용될 수 있는 개연성을 지니고 있기도 하다. 한편 미술저작물이나 사진저작물의 경우에는 그 대상이 사람인 경우도 존재할 수 있는데, 이 경우 그 대상이 되는 사람의 인격권을 어떻게 보호할 것인가와 같은 특수한 문제가 발생할 수 있다.

제1항은 저작물의 원본 소유자와 저작권자 사이의 이해관계를 적절히 조정하기 위한 취지의 규정이다(이해완, 2012: 494). 미술저작물등은 판매나 양도 등의 방법으로 저작권자가 아닌 다른 사람에게 원본의 소유가 이전될 개연성이 매우 높다. 그런데 원본을 소유한 사람이라고 하더라도 저작권을 양도받은 것은 아니기 때문에 저작물을 복제하거나 전시 등으로 활용하려고 할 경우에는 저작권자의 허락이 필요하다. 그렇지만 전시에까지 저작권자의 허락을 받아야만 한다면, 원본을 소유하고 있는 사람이 실제적으로 행사할 수 있는 권한은 대단히 위축되어서 오히려 저작물의 경제적 가치를 심각하게 훼손할 수도 있다. 이러한 사정을 감안하여 원본을 소유한 사람이나 그의 동의를 얻어서 저작물을 전시의 방법으로 활용하고자 할 경우에는 저작권자의 허락 없이도 저작물을 이용할 수 있도록 예외를 규정하여 소유권과 저작권 사이의 균형을 꾀하고 있다. 다만 이 경우에도 가로·공원·건축물의 외벽이나 그 밖에 공중에게 개방된 장소에 항시 전시하는 경우에는 저작권자의 허락이 필요하다. 항시 전시하는 경우에만 저작권자의 권리를 인정하기 때문에 일시적으로 가로, 공원, 건축물의 외벽과 같은 공중에게 개방된 장소에서 전시할 경우에는 소유권자의 결정에 따라서 독자적으로 전시를 진행

> **제35조(미술저작물등의 전시 또는 복제)**
>
> ① 미술저작물등의 원본의 소유자나 그의 동의를 얻은 자는 그 저작물을 원본에 의하여 전시할 수 있다. 다만, 가로·공원·건축물의 외벽 그 밖에 공중에게 개방된 장소에 항시 전시하는 경우에는 그러하지 아니하다.
>
> ② 제1항 단서의 규정에 따른 개방된 장소에 항시 전시되어 있는 미술저작물등은 어떠한 방법으로든지 이를 복제하여 이용할 수 있다. 다만, 다음 각 호의 어느 하나에 해당하는 경우에는 그러하지 아니하다.
>
> 1. 건축물을 건축물로 복제하는 경우
> 2. 조각 또는 회화를 조각 또는 회화로 복제하는 경우
> 3. 제1항 단서의 규정에 따른 개방된 장소 등에 항시 전시하기 위하여 복제하는 경우
> 4. 판매의 목적으로 복제하는 경우
>
> ③ 제1항의 규정에 따라 전시를 하는 자 또는 미술저작물등의 원본을 판매하고자 하는 자는 그 저작물의 해설이나 소개를 목적으로 하는 목록 형태의 책자에 이를 복제하여 배포할 수 있다.
>
> ④ 위탁에 의한 초상화 또는 이와 유사한 사진저작물의 경우에는 위탁자의 동의가 없는 때에는 이를 이용할 수 없다

할 수 있다.

한편 제2항은 제1항의 단서 규정에 제시된 가로, 공원, 건축물의 외벽 등에 항시 전시된 미술저작물등에 대한 자유로운 복제를 인정하는 규정이다. 이 규정은 저작물의 사회성을 고려하여 저작권자의 이익을 크게 해치지 않는 범위 안에서 문화 창달을 목적으로 하는 법의 정신을 살려 가로, 공원, 건축물의 외벽 등의 공중에게 개방된 장소에 항시 전시되어 있는 미술저작물등의 자유로운 복제를 인정하는 것이다(장인숙, 1996: 111). 다만 건축물을 건축물로 복제하는 경우, 조각 또는 회화를 조각 또는 회화로 복제하는 경우, 개방된 장소에서 항시 전시하기 위한 경우, 판매의 목적으로 복제하는 경우에는 저작재산권자의 허락을 받아야 한다.

제3항의 경우도 소유권과 저작권 사이의 균형을 도모하는 것으로, 미술저작물등의 원본을 전시 또는 판매하고자 하는 경우에 발생하는 복제와 배포의 문제에 관한 사항을 규율하는 것이다. 미술품의 전시나 판매의 과정에 수반되는 저작물에 대한 해설이나 안내 자료의 작성을 위해서 필요한 경우에 저작물을 복제하고, 그 복제물을 배포할 수 있도록 저작권자의 권리를 제한하는 것이다. 만일 이러한 조항이 없을 경우에는 전시와 관련된 자료나 판매를 위해서 필요한 자료를 만들 때마다 저작권자에게 일일이 허락을 받아야 하는 문제가 발생하기 때문에 저작권자의 허락 없이도 이러한 행위를 가능하게 하여 소유권과 저작권 사이의 균형을 도모하는 것이라고 이해할 수 있다. 다만, 이 경우에도 저작물의 원본을 대체할 만한 고화질의 화집을 제작하는 정도까지를 허용하는 것이라고 볼 수는 없다.

제4항은 위탁에 의한 초상화나 사진저작물을 사용하는 과정에서 발생할 수 있는 저작권과 초상권 사이의 충돌을 조정하기 위한 것이다. 위탁에 의해서 그려진 초상화나 인물사진의 저작권은 저작물의 창작자인 화가나 사진작가에게 부여된다. 그러나 이러한 저작물은 대상이 되는 인물의 인격권에 대한 보호라는 특별한 문제를 동반한다. 따라서 이 경우 위탁자의 동의를 받은 이후에 저작물을 이용할 수 있도록 규정함으로써 위탁자의 인격적인 이익을 보호하고 있다.

이 조에 의한 저작물을 이용할 때에는 저작물의 출처를 표시해야만 한다.

14) 저작물 이용 과정에서의 일시적 복제

컴퓨터에서 저작물을 이용하는 경우에는 반드시 저작물을 컴퓨터의 램(RAM)에 일시적으로 저장하게 된다. 그런데 이러한 모든 경우에 저작자의 복제권을 인정하게 되면, 저작물을 독점적으로 읽을 수 있는 권리를 부여하는 결과를 초래하게 되고, 저작물에 대한 모든 접근은 저작자의 통제 아래에 놓이게 된다. 이렇게 되면 저작권자에게 디지털저작물의 사용권과 접근권을 부여하는 결과(임원선, 2022: 275)를 초래할 수도 있기 때문에 포괄적인 예외 규정을 두어서 저작물의 원활한 이용을 도모하고 있다.

이 경우에 해당되기 위해서는 다음의 몇 가지 요건을 필요로 한다. 첫째, 컴퓨터에서 저작물을 이용하는 경우이다. 컴퓨터에서 저작물을 이용하는 경우에 컴퓨터 등의 내부 저장장치나 외부의 저장장치에 수록된 저작물의 복제물을 이용하는 것과 저작물의 송신이 외부로부터 이루어지는 경우에 이를 수신하여 그 컴퓨터에서 이용하는 경우가 모두 포함된다(임원선, 2022: 275). 둘째, 원활하고 효율적인 정보처리를 위해 필요하다고 인정되는 범위 내의 이용이다. 컴퓨터로 저작물을 이용하는 과정에서 발생하는 모든 형태의 일시적인 저장을 포함하는 것으로 비교적 포괄적으로 해석된다. 다만 정보처리를 위한 과정이 아니라 다른 목적을 위해서 복제되는 경우에는 이 조항이 적용되지 않는다. 셋째, 일시적인 저장에만 적용이 된다. 그렇지만 '일시적'이 어느 만큼에 해당하는 것인지 그 시간적인 한계를 규정하고 있지는 않으며, 정보처리를 효율적으로 하기 위한 과정에서 이루어지는 복제로 독자적인 저작물로서의 가치를 가지지 않고, 목적 범위 내에서만 저작물이 이용되면 충분한 것이라고 이해할 수 있다.

> **제35조의2(저작물 이용 과정에서의 일시적 복제)** 컴퓨터에서 저작물을 이용하는 경우에는 원활하고 효율적인 정보처리를 위하여 필요하다고 인정되는 범위 안에서 그 저작물을 그 컴퓨터에 일시적으로 복제할 수 있다. 다만, 그 저작물의 이용이 저작권을 침해하는 경우에는 그러하지 아니하다. [본조신설 2011.12.2.]

그렇지만, 앞서의 모든 조건에 해당한다고 하더라도 일시적인 저장의 대상이 되는 저작물 자체가 저작권을 침해한 것이라면 이 조항의 적용을 받을 수 없다. 대표적으로 불법복제물을 이용하는 경우나 컴퓨터프로그램의 저작권을 침해하여 만들어진 프로그램의 복제물을 그 사실을 알면서도 취득하여 이를 업무상으로 이용하는 경우에 여기에 해당이 된다.

15) 부수적 복제 등

사진이나 영상을 제작하는 과정에서 다른 저작물이 배경 등으로 부수적으로 포함되는 경우, 녹음 과정에서 불가피하게 다른 저작물이 포함되는 경우 등에 대해 면책을 부여하고자 2019년에 새롭게 추가된 조항이다. 이 규정은 가상·증강 현실 기술을 이용한 산업의 발전을 뒷받침하기 위해 촬영 등의 주된 대상에 부수적으로 다른 저작물이 포함되는 경우 저작권 침해를 면책할 수 있는 근거를 마련한 것이다(오승종, 2020, 873~874).

> **제35조의3(부수적 복제 등)**
> 사진촬영, 녹음 또는 녹화(이하 이 조에서 "촬영 등"이라 한다)를 하는 과정에서 보이거나 들리는 저작물이 촬영 등의 주된 대상에 부수적으로 포함되는 경우에는 이를 복제·배포·공연·전시 또는 공중송신할 수 있다. 다만, 그 이용된 저작물의 종류 및 용도, 이용의 목적 및 성격 등에 비추어 저작재산권자의 이익을 부당하게 해치는 경우에는 그러하지 아니하다.
> [본조신설 2019.11.26.] [종전 제35조의3은 제35조의5로 이동 〈2019.11.26.〉]

16) 문화시설에 의한 복제 등

국가나 지방자치단체가 운영하는 문화시설(국립중앙도서관, 국회도서관, 광역

대표도서관, 국립중앙박물관, 국립현대미술관, 국립민속박물관)에 보관된 공표된 저작물(외국인의 저작물은 제외) 가운데 대통령령으로 정하는 '상당한 조사'를 했어도 저작재산권자 또는 그의 거소를 알 수 없는 경우에 해당 저작물을 복제, 배포, 공연, 전시, 공중송신 등의 방법으로 이용할 수 있다. 이 조항은 디지털 도서관 구축에 수반되는 저작물의 대량 디지털화의 과정에서 발생하는 저작권 문제의 해결을 지원하기 위해 2019년에 새롭게 도입된 것으로, 이에 대해서는 9장에서 상세하게 소개한다.

17) 번역 등에 의한 이용

저작재산권의 제한에 해당하는 세부적인 조항 가운데 공공저작물의 자유이용(제24조의2), 학교교육 목적 등에의 이용(제25조), 영리를 목적으로 하지 아니하는 공연·방송(제29조), 사적이용을 위한 복제(제30조), 부수적 복제 등(제35조의3), 문화시설에 의한 복제 등(제35조의4), 저작물의 공정한 이용(제35조의5)에 해당하는 경우라면, 저작물을 번역, 편곡 또는 개작하여 이용하는 것도 가능하다.

또한 재판절차 등에서의 복제(제23조), 정치적 연설 등의 이용(제24조), 시사보도를 위한 이용(제26조), 시사적인 기사 및 논설의 복제 등(제27조), 공표된 저작물의 인용(제28조), 시험문제로서의 복제(제32조), 시각장애인 등을 위한 복제(제33조), 청각장애인 등을 위한 복제(제33조의2)에 해당되는 경우에는 저작물을 번역하여 이용할 수 있다.

번역, 편곡, 개작 이용 가능	번역 이용 가능
공공저작물의 자유이용(제24조의2)	재판절차 등에서의 복제(제23조)
학교교육 목적 등에의 이용(제25조)	정치적 연설 등의 이용(제24조)
영리를 목적으로 하지 아니하는 공연·방송	시사보도를 위한 이용(제26조)
(제29조)	시사적인 기사 및 논설의 복제 등(제27조)
사적이용을 위한 복제(제30조)	공표된 저작물의 인용(제28조)
부수적 복제 등(제35조의3)	시험문제로서의 복제(제32조)
문화시설에 의한 복제 등(제35조의4)	시각장애인 등을 위한 복제(제33조)
저작물의 공정한 이용(제35조의5)	청각장애인 등을 위한 복제(제33조의2)

제36조(번역 등에 의한 이용)

① 제24조의2, 제25조, 제29조, 제30조, 제35조의3부터 제35조의5까지의 규정에 따라 저작물을 이용하는 경우에는 그 저작물을 번역·편곡 또는 개작하여 이용할 수 있다. 〈개정 2011.12.2., 2013.12.30., 2019.11.26.〉

② 제23조·제24조·제26조·제27조·제28조·제32조·제33조 또는 제33조의2에 따라 저작물을 이용하는 경우에는 그 저작물을 번역하여 이용할 수 있다. 〈개정 2011.12.2., 2013.7.16.〉

18) 출처 명시의 의무

저작재산권의 제한에 해당하는 저작물의 이용은 해당 저작물의 출처를 밝히고 사용하는 것이 원칙이다. 그렇지만 시사보도를 위한 이용(제26조), 영리를 목적으로 하지 않는 공연과 방송(제29조), 사적이용을 위한 복제(제30조), 도서관의 저작물 복제와 전송(제31조), 시험문제로서의 복제(제32조), 방송사업자의 일시적 녹음과 녹화(제34조), 저작물 이용 과정에서의 일시적 복제(제35조의2), 부수적 복제 등(제35조의3), 문화시설에 의한 복제 등(제35조의4) 경우에는 저작물의 출처를 표시하지 않아도 무방하다.

저작물의 출처 표시는 저작물의 이용 상황에 따라 합리적이라고 인정되는 방법으로 이루어져야 하며, 저작자가 저작물에 표시한 이름의 형태 그대

> **제37조(출처의 명시)**
> ① 이 관에 따라 저작물을 이용하는 자는 그 출처를 명시하여야 한다. 다만, 제26조, 제29조부터 제32조까지, 제34조 및 제35조의2부터 제35조의4까지의 경우에는 그러하지 아니하다. 〈개정 2011.12.2., 2019.11.26.〉
> ② 출처의 명시는 저작물의 이용 상황에 따라 합리적이라고 인정되는 방법으로 하여야 하며, 저작자의 실명 또는 이명이 표시된 저작물인 경우에는 그 실명 또는 이명을 명시하여야 한다.

로 표시해주어야 한다.

출처 표시의 의무를 위반한 경우에는 제138조 제2호의 규정에 따라 500만 원 이하의 벌금에 처하게 된다.

19) 컴퓨터프로그램의 적용 예외

컴퓨터프로그램의 경우에는 재판절차 등에서의 복제(제23조), 학교교육 목적 등에의 이용(제25조), 사적이용을 위한 복제(제30조), 시험문제로서의 복제(제32조)의 규정을 적용하지 않는다. 다만 컴퓨터프로그램의 경우에는 제101조의3의 규정을 적용받는다.

> **제37조의2(적용 제외)** 프로그램에 대하여는 제23조·제25조·제30조 및 제32조를 적용하지 아니한다. [본조신설 2009.4.22.]

3. 일반적 의미의 공정이용[1]

공정이용(fair use)의 개념은 저작권자의 독점적인 권리가 존재함에도 불구하고, 저작권자 이외의 자가 저작권자의 동의 없이도 저작물을 합리적인 방식으로 사용할 수 있는 특권이라고 정의할 수 있다. 공정이용은 저작권법을 엄격하게 적용하는 것이 오히려 저작권 제도가 궁극적으로 추구하는 문화의 향상과 발전이라는 목적에 반하는 결과를 초래하게 되는 경우에 법원이 그 엄격한 적용을 회피할 수 있도록 하는 원리(유대종, 2006)라고 설명되기도 한다.

공정이용의 원리는 영국의 판례법에서 비롯된 것으로, 오랫동안 판례를 통해 누적된 것이 법률로 명문화되는 과정을 거쳐서 정착되었다. 영국에서는 공정처리(fair dealing)라는 용어로 1911년에 최초로 성문화되었다. 미국에서는 1841년 폴섬 대 마시 사건[Folsom v Marsh, F. Cas. 342(C.C.D. Mass, 1841)]에서 최초로 제시된 것으로 1976년에 공정이용(fair use)이라는 명칭으로 입법되었다. 영·미법계에서 공정이용의 개념을 적극적으로 채택하고 있는 것과는 달리 대륙법계에서는 저작권 제한의 사유를 구체적으로 열거하는 방식을 채택하면서 포괄적 의미의 공정이용 조항을 저작권법에 포함하지 않는 경우가 대부분이다. 대륙법 체계의 전통을 따르는 우리 저작권법에서는 그동안 저작권의 제한은 법률에 구체적으로 그 요건을 열거하는 방식으로 규율이 이루어졌다. 다시 말해서 학교교육 목적에의 이용(제25조), 도서관에서의 저작물 복제와 전송(제31조) 등과 같이 저작권자의 허락 없이도 저작물을 이용할 수 있는 경우를 법률에 상세하게 나열하고 법령이 정하는 엄격한 요

---

1 이 절은 이호신, 「도서관서비스의 저작권 면책과 공정이용에 관한 고찰」, ≪한국문헌정보학회지≫, 제48권 제1호(2014년 2월), 387~413쪽의 내용을 일부 발췌하여 수록한 것임.

> **제35조의5(저작물의 공정한 이용)**
>
> ① 제23조부터 제35조의4까지, 제101조의3부터 제101조의5까지의 경우 외에
> 저작물의 통상적인 이용 방법과 충돌하지 아니하고 저작자의 정당한 이익을 부
> 당하게 해치지 아니하는 경우에는 저작물을 이용할 수 있다. 〈개정 2016.3.22.,
> 2019.11.26.〉
> ② 저작물 이용 행위가 제1항에 해당하는지를 판단할 때에는 다음 각 호의 사항
> 등을 고려하여야 한다. 〈개정 2016.3.22.〉
> 1. 이용의 목적 및 성격
> 2. 저작물의 종류 및 용도
> 3. 이용된 부분이 저작물 전체에서 차지하는 비중과 그 중요성
> 4. 저작물의 이용이 그 저작물의 현재 시장 또는 가치나 잠재적인 시장 또는 가
> 치에 미치는 영향
> [본조신설 2011.12.2.] [제35조의3에서 이동〈2019.11.26.〉]

건을 충족하는 경우에 한해서 저작권에 대한 면책이 인정되었다. 그렇지만 이렇게 저작권 제한의 사유를 열거하는 방식만으로는 정보통신기술의 급속한 발전에 따르는 저작물 이용 방식의 변화를 온전하게 수용하지 못하는 측면이 있어서 상당한 혼란을 불러오기도 했다. 공정이용 조항의 도입으로 저작권법에 세부 요건이 마련되어 있지 않은 경우라고 하더라도 여러 가지 사정을 고려해서 면책을 주장할 수 있는 근거가 마련된 것이다.

공정이용 조항은 개별적인 저작권 제한 규정과는 달리 구체적인 이용 행위를 특정하지 않고 어떠한 이용 행위이든지 그것이 공정이용에 해당하는지 여부를 그 이용 행위의 목적 등 몇 가지 고려 요소에 따라 판단할 수 있도록 포괄적으로 허용하는 규정(이해완, 2012)이다. 컴퓨터와 정보통신기술의 엄청난 발전에 따라 저작물을 이용하는 환경이 급속도로 변화하면서 기존의 열거적인 저작권 제한 규정만으로는 저작권의 제한이 필요한 다양한 상황에서의 저작물 이용을 두루 아우르기 어려운 한계가 대두되었고, 이러한

환경 변화에 유연하게 대응할 수 있도록 도입된 포괄적인 저작권 제한 규정 (문화체육관광부·한국저작권위원회, 2011: 8)이라고 이해할 수 있다.

오승종(2020)은 공정이용 조항의 도입이 첫째, 기술 발전으로 등장하는 새로운 저작물 이용 문제를 신속하게 해결할 수 있고, 둘째, 성문 규정의 개념적 한계를 넘는 무리한 해석을 줄일 수 있고, 셋째, 저작권이 가지는 '시장실패(market failure)'를 보완할 수 있고, 넷째, 빈번한 법률 개정 작업에 따르는 노력과 비용을 줄이는 장점이 있다고 평가한다. 반면에 법적 불확실성의 증대, 공정이용의 항변이 남용되어 법원의 부담이 증가, 저작권 보호가 위축될 수 있음을 단점으로 지적한다.

보통 저작권 제한 규정은 저작권 면책에 해당하는 구체적인 범위와 요건을 세밀하게 규정하는 방식을 채택하고 있다. 이러한 요건을 충족하는 경우라면 저작물 이용자는 저작권자의 허락 없이도 저작물을 자유롭게 활용할 수 있게 된다. 이와는 달리 공정이용에 관한 조항은 구체적인 이용 행위에 초점을 맞추는 것이 아니라 면책에 해당될 수 있는 추상적인 기준 몇 가지를 제시하는 방식으로 규율이 이루어지고 있다. 이러한 까닭에 이를 온전한 의미의 저작권 면책의 요건이라고 이야기하기는 어렵다. 특정한 이용 행위가 공정이용 행위에 해당하는가의 여부는 법원이 최종적으로 판단하는 것이어서, 법률 조문만으로는 어떤 행위가 공정이용에 해당하는지를 파악할 수가 없다. 적극적 항변(affirmative defense) 사유로서 보다 의미를 지니고 있으며, 구체적인 이용 행위가 공정이용에 해당하는지는 개별 사례에 따라서 판단이 이루어진다. 즉 저작권 침해로 주장되는 행위를 한 사람이 이러한 이용은 저작권 침해가 성립하지 않는다고 주장하면서 그것을 입증하도록 부여된 권리라고 이해해야 한다. 공정이용 조항은 저작권 면책의 요건을 제시하는 것이 아니라 특정한 이용 행위가 저작권법의 목적과 취지에 비추어 보았을 때 공정이용에 해당함을 적극적으로 항변하고 방어할 수 있는 수단으로써 의미를 지니고 있다. 이 때 저작물 이용자는 그것이 공정이용에 해당함을 스스로 입증해야 하는 책임을 부담하게 된다.

공정이용 조항은 특정한 행위가 공정이용이라고 판단할 수 있는 몇 가지 추상적인 기준만을 제시하고 있을 뿐이다. 특정한 행위가 공정이용에 해당하는지에 대한 최종적인 판단은 개별적인 사례를 가지고 법원이 수행해야 할 몫이 된다. 이런 까닭에 공정이용 조항의 안정적인 적용을 위해서는 누적된 판례가 필수적이다. 판례를 통해 공정이용임이 이미 확인된 이용 행위의 경우에는 특별한 망설임 없이도 저작물을 자유롭게 이용할 수 있을 것이다. 그렇지만 판례가 제시되지 않은 상황에서는 아무래도 이 조항에 근거하여 저작물 활용하는 일은 조심스러울 수밖에 없다. 임의로 내린 판단으로 말미암아 저작권 침해와 관련된 소송에 직면하여 고초를 겪을 가능성마저 없지 않다. 섣부른 적용이 가져올 수 있는 법적인 혼란이 상당할 수 있다.

공정이용 조항의 도입은 법문에 제시된 조건 이외의 범위에서도 저작물을 활용할 수 있는 기회를 제공한다는 측면에서 긍정적인 측면이 존재하는 것이 틀림없다. 그러나 다른 한 편으로는 그 기준의 모호함과 판단의 불확실성으로 말미암아 법적인 혼란을 오히려 가중시킬 수도 있는 이중적인 측면을 지니고 있다. 특히 우리 법에서는 아직 공정이용에 관한 판례가 거의 존재하지 않기 때문에 당분간 적극적인 활용을 기대하기는 어려운 실정이다.

1) 공정이용의 세부 요건

저작권법 제35조의5 제1항은 "제23조부터 제35조의4까지, 제101조3부터 제101조의5까지의 경우 외에 저작물의 통상적인 이용 방법과 충돌하지 아니하고 저작자의 정당한 이익을 부당하게 해치지 아니하는 경우에는 저작물을 이용할 수 있다"고 규정하고 있다.

법률이 정하는 저작권 제한의 요건(제23조~제35조의4, 제101조의3~제101조의5)에 해당하지 않는 경우라도 저작권에 관한 면책을 주장할 수 있는 여지가 있음을 선언한 것이다. 공정이용 조항은 기존의 저작권 제한 규정에 더하여 저작권 제한의 요건을 추가적으로 규정하고 있는 것으로, 도서관이나 학교에서의 저작물 이용 등과 같이 저작권 제한 규정이 이미 존재하는 분야에도 공정이용 규정이 중첩적으로 적용될 수 있다. 공정이용 조항은 열거적으로 규정된 기존의 저작권 제한 규정이 가지는 한계를 보완하려는 취지에서 마련된 것으로 법문에서 세부적으로 다루기 어려운 구체적인 사안에 대한 보완적인 지침과 기준이라고 이해할 수 있다. 임원선(2022)은 공정이용에 관한 조항은 저작권 제한 규정에서 이미 다루고 있는 이용에 대해서도 적용될 수 있지만, 그 제한의 수준이 각각의 예외 규정에서 적용한 수준을 초과하거나 이를 변경하는 것으로 해석될 수 없다고 봐야 한다고 주장한다. 임원선의 주장처럼 공정이용 조항이 법문이 규정하고 있는 저작권 제한의 요건을 대대적으로 변경하거나 확대할 수 없음은 분명해 보인다. 그러나 각각의 저작권 제한 사유에서 구체적으로 언급되지 못한 상황이나 그 요건을 변경해야 할 합리적이고 타당한 사유가 있는 경우에는 제한 규정의 요건에서 적용한 수준을 일부 상회하는 하는 수준으로까지도 면책의 범위에 포함될 수 있을 것이다. 개별 조항에서 저작권 제한을 규율하는 경우라고 하더라도, 그 구체적인 이용 행위의 측면에서는 저작물을 자유롭게 이용하는 편이 법의 정신이나 목적을 더 타당하게 구현하는 측면이 존재하고, 법문에서 개별 행위에 대한 구체적인 사항을 미처 합리적으로 규율하고 있지 못하다면 개별 조문의 한계를 뛰어넘는 이용도 가능할 수 있다는 것이 이 조항의 취지이기 때문이다.

이전 법률에서는 보도·비평·교육·연구 등의 목적으로 저작물을 이용할 경우에 공정이용에 해당할 수 있음을 예시적으로 열거하고 있었으나, 이러한 열거 내용이 제한적이어서 이 조항의 취지를 달성하는 데 어려움이 있다는 지적에 따라 자구를 삭제하여 보다 폭넓은 해석이 가능하도록 개정되었다.

한편 제35조의5 제2항은 제1항에서 제시한 저작물의 이용이 공정이용에 해당하는지를 판단할 수 있는 기준 네 가지를 제시하고 있다. 이 네 가지 요건은 모두 미국 저작권법 제107조를 그대로 차용한 것이다. 따라서 그 구체적인 적용 기준을 소상하게 살펴보기 위해서는 미국 저작권법의 관련 조항에 대한 판례나 기준을 참고할 필요가 있다. 물론 우리 법과 미국 법의 차이때문에 그것이 온전히 적용될 수 있을 것인가는 미지수이다. 그렇지만 아직까지 구체적인 사건에 대한 우리 법원의 판결이 풍부하게 제시되지 않은 까닭에 미국의 사례를 유추해서 우리의 적용 범위를 고찰하는 수밖에 달리 그 해석의 준거를 확보하기는 어렵다. 그 구체적인 요건은 다음과 같다.

첫째, 그 이용의 목적과 성격이다. 이전 법률에서는 영리성과 비영리성을 가장 중요한 판단의 기준으로 명문화하여 제시했으나, 보다 신축적인 해석이 가능할 수 있도록 '영리성 또는 비영리성'을 삭제하여 이용의 목적과 성격을 종합적으로 고려해서 공정이용에 대한 해석이 이루어질 수 있도록 정비되었다.

그렇지만 영리를 목적으로 저작물을 이용한 것인지 아니면 비영리적이고 공익적인 목적의 이용인지에 대한 고려는 공정이용의 판단에서 여전히 중요한 고려 사항임에 틀림이 없을 것이다. 하퍼 대 로 출판사 사건[Harper & Row Publishers, Inc v Nation Enterprises, 471 U.S. 539 (1985)]에서 미국 법원은 저작물을 이용하는 목적이 상업적인 것이라면 비상업적인 경우보다 공정이용에 해당하기 어렵다고 판시하고 있다. 영리 목적의 저작물 이용은 대체로 공정이용에 해당하기 어렵고, 비영리·공익 목적인 경우에는 공정이용으로 인정을 받을 수 있는 가능성이 더욱 크다는 해석이다. 그러나 비영리 목적인 경우라고 해서 모두 공정이용으로 인정받을 수 있는 것은 아니고, 영리 목적이라고 해도 목적과 취지에 비추어서 공정이용을 인정할 여지는 얼마든지 있다. 캠벨 사건[Campbell v Acuff-Rose Music, 510 U.S. 569(1994)]에서는 저작물 이용이 영리 목적을 띠고 있다는 사실만으로 그것이 공정이용에 해당하지 않는다고 추정할 수는 없다고 판시하여 보다 신축적인 접근의 필요를 제기하기도 한다. 한편 저작물의 이용이 생산적이거나 새로운 저작물로의 변용인지 아니면 단순한 재포장 또는 재공표에 불과한 것인지도 공정이용 여부를 판단하는 중요한 요소가 될 수 있다(이호신, 2002: 50). 여기에서 이야기하는 변형적 (transformative) 이용이라 함은 원저작물을 이용한 결과물이 단순히 원저작물을 대체하는 수준을 넘어서 원저작물에 없거나 또는 원저작물과는 다른 사상이나 감정을 전달함으로써 원저작물과는 구별되는 별개의 목적이나 성격을 갖게 되는 경우를 말한다(오승종, 2020). 2013년에 이루어진 구글 북스(Google Books)에 대한 판결(Author Guild, Inc v. Google Inc., 2013 WL 6017130)에서는 구글의 도서 스캔 작업이 도서 본문에 대한 검색과 색인 등의 이용을 가능하게 하는 새로운 연구 도구(research tool)를 제공하는 변형적인 이용에 해당된다고 판시한 바 있다.

둘째, 저작물의 성격이다. 저작물이 사실적 저작물인지 아니면 창조적 저작물인지의 여부와 공표된 저작물인지, 절판되어서 더 이상 시장에서 구입할 수 없는 저작물인지 여부가 공정이용의 여부를 결정하는 기준이 된다. 창조적 저작물의 경우에는 사실저작물에 비해서 공정이용으로 인정을 받기가 비교적 까다로우며, 미공표저작물의 경우에도 이미 공표가 이루어진 저삭물에 비해서 공정이용으로 인정받기가 수월하지 않다. 하퍼 대 로 출판사 사건에서는 미공표저작물의 경우에는 일반적으로 공정이용에 해당하기가 어렵다는 판결을 내리고 있으며, 내셔널비즈니스리스트 사건(National Business Lists, Inc v Dun & Bradstreet, Inc., ND.III. 1982, 552 F. Supp.89)에서는 사실적·정보적 성격을 지니고 있는 저작물의 이용에 대해서는 공정이용을 인정하고 있다는 점은 참고할 필요가 있다.

셋째, 저작물 전체에 대한 양과 실질적 중요성이다. 복제의 양적인 측면과 질적인 측면이 모두 고려되는데, 합리적인 범위를 초과하는 많은 양의 복제나 인용은 공정이용에 해당하기 어려울 것이다. 또한 아무리 적은 양이 사용되었다고 하더라도 저작물의 가장 핵심적인 부분을 활용하는 경우라면 공정이용이 되기 어려울 것이다. 참고로 하퍼 대 로 출판사 사건에서는 2만 자 가운데 약 300자만을 사용하고 있으나 저작물의 가장 핵심에 해당하는 부분을 이용하고 있다는 점을 이유로 들어 공정이용을 인정하지 않았다.

넷째, 현재 시장이나 가치 또는 잠재적인 시장이나 가치에 미치는 영향이다. 최근 들어 미국 저작권법의 판례에서는 이 기준이 가장 중요하게 작용된다고 하는데, 저작물의 이용이 현재 시장이나 가치 또는 잠재적인 시장이나 가치에 혹시 부정적인 영향을 미치고 있는 것은 아닌지를 살펴보는 것이다. 저작권자의 경제적 이익에 대해서 실제적으로 또는 잠재적으로 피해를 주고 있다면 이러한 경우를 공정이용으로 인정하기는 어려울 것이기 때문이다(이호신, 2002). 소니 사건(Sony v Universal City, 464 U.S. 417 at 451)에서 미국 연방대법원은 "실제 손해가 발생했다는 것을 입증할 필요는 없으며, 미래에 손해가 발생할 상당한 가능성"이 입증되면 충분하다고 판시하여 현재의 시장에 미치는 영향뿐만 아니라 잠재적 시장에 미칠 가능성에까지 주목하고 있다.

공정이용 여부에 대한 판단은 이 네 가지 기준 가운데 특정한 한 가지 요소만을 중점적으로 고려해서 판단이 이루어지는 것이 아니고, 네 가지 요소를 종합적으로 고려해서 판단이 이루어진다. 따라서 어느 한 가지 요소는 공정이용에 가까울 수도 있고, 다른 요소는 공정이용을 인정하기 어려운 경우도 발생할 수 있다. 이러한 경우에는 네 가지 요소 각각에 비추어서 저작물의 이용이 저작권자의 이익에 얼마나 영향을 미치는지와 저작물의 공정하고 합리적인 이용 환경에 얼마나 영향을 미치는가를 종합적으로 검토해서 판단하게 된다. 문제를 더욱 어렵고 복잡하게 만드는 것은 미국 법원에서는 공정이용 여부를 판단할 때 앞서 제시한 네 가지 요건뿐만 아니라 저작물의 이용과 관련된 여러 가지 상황들을 종합적으로 고려한다는 점이다. 법문이 제시하는 네 가지 요건 이외의 요소들도 저작물의 이용이 공정이용에 해당하는지를 판단하는 데에 필수적이라면 그 고려의 대상에 포함될 수 있다. 이러한 점이 공정이용의 원리를 가장 이해하기 어려운 법리 가운데 하나로 만든다. 개별 사안에서 과연 무엇이 공정이용에 해당되는 것인가를 판단할 수 있는 구체적인 지침과 기준을 확인하기 어렵기 때문이다.

이런 사정들을 종합해서 살펴볼 때, 공정이용 조항은 특정한 이용 행위를 염두에 두고 마련된 것이 아니라, 저작물 이용 행위가 합리적인 기준에서 수용될 수 있는 것인가의 여부를 확인할 수 있는 일종의 거름망과도 같은 것이다. 구체적인 저작물 이용 행위가 저작권법이 추구하는 근본적인 목적과 얼마나 합치되고, 그것이 저작자의 이익에 얼마나 영향을 미치는가를 종합적으로 고려해서 과연 그것이 침해를 구성하는지의 여부를 유연하게 살필 수 있는 여과장치라고 이해할 수 있다.

2) 공정이용 조항의 한계

공정이용 원리는 저작물 이용 행위를 특정하지 않고 저작물 이용의 목적과 성격 등을 종합적으로 고려해서 면책의 여부를 결정하는 저작권 제한에 관한 일반 조항이다. 공정이용 조항의 도입으로 저작물 이용 환경이 일부 개선되고 이용자 측면에서의 권리가 확대된 것은 틀림없는 사실이다. 그렇지만 공정이용 조항은 면책의 요건이 아니라 면책이 인정될 수 있는 기준에 불과하기 때문에 명확한 판단을 위해서는 누적된 판례가 필수적이라고 할 수 있다. 한국에서는 아직까지 그러한 판단을 도울 만한 충분한 판례의 축적이 이루어지지 않았기 때문에 이를 적극적으로 활용하기에는 적지 않은 부담이 존재하는 것이 또한 사실이다. 특정한 저작물 이용 행위가 공정이용이 될 수 있는 개연성이 있다고 하더라도 실제로 그것이 공정이용으로 인정되기 위해서는 법원의 판단이 필수적이고, 법원의 판단을 위해서는 소송이라는 고통스러운 과정을 필수로 거쳐야만 하기 때문이다.

공정이용 조항의 보다 적극적인 활용과 서비스 적용을 위해서는 그 안정성을 제고할 수 있는 장치의 마련이 무엇보다 필수적이다. 법원의 판례가 안정성을 제고하는 데 가장 유용한 수단이 될 수 있겠지만 판례가 누적되기를 기다리는 것은 백년하청일 뿐이다. 저작자 단체와 저작물 이용자(도서관) 사이에 이러한 사항에 대한 신사협정이 필요한 것은 바로 이런 까닭이다. 저작자단체와의 합의를 통해서 소송이라는 위험부담을 감소시키면서 공정이용을 보다 적극적으로 활용할 수 있는 가능성을 마련할 수 있을 것이라고 기대하기 때문이다.

실제로 2011년에는 저작권자와 저작물 이용자들이 저작권상생협의체를 구성하여 저작물의 공정이용에 대한 가이드라인을 제정한 바 있다(저작권상생협의체, 2011). 그렇지만 협의체가 활동하던 시기는 공정이용이 법률에 포함되기 전이었고, 협의체의 구성과 운영에 도서관계의 참여가 이루어지지는 못했다. 가이드라인의 내용은 제31조의 내용을 충실하게 해석하는 수준에 그치고 있으며, 이러한 까닭에 현재 상태에서 실무에 활용하기는 부족하다. 따라서 지금이라도 저작자단체와 도서관계가 함께 만나서 저작물의 공정이용을 위한 가이드라인을 만드는 일에 함께 나설 필요가 있다. 보다 구체적이고 실무적인 관점에서 그동안의 법 규정으로 미비했던 부분들의 보완 작업에 나설 필요가 있다.

더욱 근본적으로는, 공정이용이라는 불확실성이 큰 조항에 근거하는 해석이나 신사협정에 기대기보다는 관련 사항들을 법률에 포함시키려는 적극적인 노력이 무엇보다 필요할 것이다.

4. 저작물 이용의 법정허락

1) 법정허락의 의의

법정허락(statutory license)이나 **강제허락**(compulsory license) 제도는 공익적 견지에서 법에서 정한 사유에 해당하면 일정한 보상금을 권한 있는 기관이나 지정한 단체에 지급하거나 공탁하고 저작물을 이용할 수 있게 함으로써, 저작권자의 독점권을 견제하고 저작물의 자유로운 이용을 도모하는 것을 목적으로 하는 제도이다. 따라서 이는 일종의 저작재산권자의 권리의 제한을 의미한다(홍재현, 2011a: 199).

일반적인 의미에서의 법정허락은 저작권 보호에 대한 예외가 권리자의 정당한 이익이 부당하게 저해할 우려가 있는 경우에, 저작물의 자유로운 이용을 보장하되 그 사용에 대해서 일정한 보상금을 지급하도록 하는 제도를 일컫는다. 학교교육 목적 등에의 이용(제25조)과 도서관등에서의 저작물 복제와 전송(제31조), 문화시설의 저작물 복제(제35조의4)가 여기에 해당된다. 저작물 이용에 대해서 일일이 저작재산권자에게 허락받을 필요 없이 저작물을 자유롭게 이용할 수 있으며, 다만 그 이용에 대한 대가로 보상금을 지불해야 한다.

그렇지만 우리 법에서는 법정허락을 이와는 조금 달리 규정하고 있다. 우리 법의 법정허락은 국제사회에서 통용되는 강제허락에 해당되는 것으로, 저작권자와 저작물 이용 조건에 대한 협의가 원만하게 이루어지지 않았을 경우에 정부나 특정 단체의 허락을 받고 그 허락의 조건 아래에서 저작물을 이용할 수 있도록 하는 제도를 일컫는다. 우리 법에서 인정하는 법정허락은 세 가지 유형으로 나누어진다. 첫째, 저작재산권자의 거소를 파악할 수 없어 저작물 이용에 대한 허락을 받을 수 없는 경우(이러한 저작물을 '권리자불명 저작물'이라 한다. 제50조), 둘째, 공표된 저작물을 공익상의 필요에 의하여 방송하고자 했으나 저작재산권자와 협의가 원만하게 이루어지지 않은 경우(제51조), 셋째, 상업용 음반이 한국에서 처음으로 판매되어 3년이 경과된 경우 그 음반에 녹음된 저작물을 녹음하여 다른 상업용 음반을 제작하고자 하는 자가 그 저작재산권자와 협의했으나 협의가 성립되지 않은 경우(제52조)이다. 또한 저작인접물에 대해서도 이 규정을 준용하도록 하고 있다(제89조).

2) 법정허락의 유형

(1) 저작재산권자 불명인 저작물(권리자불명 저작물)의 이용

저작물을 이용하고자 하는 자가 저작재산권자로부터 이용허락을 받기 위해서 상당한 노력을 기울였어도 저작재산권자의 거소를 파악할 수가 없어서 저작물의 이용허락을 받지 못하는 경우가 발생할 수 있다. 저작권은 권리 발생을 위해서 특별한 요식 행위를 필요로 하지 않는 무방식주의를 채택하고 있고, 보호기간이 매우 길기 때문에 저작재산권자의 거소를 파악할 수 있는 단서를 확보하기 어려운 경우가 흔히 발생한다. 이 경우에 일정한 요건을 갖추어서 법정허락을 신청하고, 문화체육관광부장관의 허가를 받아서, 저작물 이용료에 상당하는 보상금을 공탁하고 이를 이용할 수 있도록 하고 있다. 그렇지만 외국인의 저작물까지 그 거소를 파악할 수 없다는 이유로 국가가 저작물 이용을 허락하는 것은 국제조약을 위반하는 것이 될 수 있기 때문에 그 범위에서 제외하고 있다.

법정허락을 받기 위해서 저작물 이용자가 수행해야 하는 '상당한 노력'은 시행령 제18조 제1항에 상세하게 규정되어 있다. 첫째, 저작권등록부를 열람하거나 그 사본의 교부신청을 통해서 해당 저작물의 저작재산권자나 그의 거소를 조회해야만 한다. 둘째, 해당 저작물이 속하는 분야의 저작물을 취급하는 저작권신탁관리단체, 저작권신탁관리업자가 없을 경우에는 저작권대리중개업자 또는 해당 저작물에 대한 이용허락을 받은 사실이 있는 저작물 이용자 2명 이상에게 저작재산권자나 그의 거소를 조회하는 확정일자가 있는 문서를 보냈으나 이를 알 수 없다는 회신을 받거나 문서를 발송한 후 1개월이 경과되었어도 회신을 받지 못해야 한다. 셋째, 일간신문이나 저작물 권리자 찾기 정보시스템에 공고하고 10일이 지나야 한다. 넷째, 국내의 정보통신망 정보검색도구를 이용하여 저작재산권자나 그의 거소를 검색해야 한다. 법정허락을 받기 위해서는 이 네 가지를 모두 수행해야 하며, 이 네 가지 요건이 모두 충족되면 법정허락을 신청할 수 있는 요건이 갖춰지게 된다.

저작권법 제50조 제2항은 저작물 이용에 대한 법정허락을 받은 저작물 이용자는 저작물의 복제물에 그 뜻과 승인연월일을 함께 표시하여 공고해

제50조(저작재산권자 불명인 저작물의 이용)

① 누구든지 대통령령으로 정하는 기준에 해당하는 상당한 노력을 기울였어도 공표된 저작물의 저작재산권자나 그의 거소를 알 수 없어 그 저작물의 이용허락을 받을 수 없는 경우에는 대통령령으로 정하는 바에 따라 문화체육관광부장관의 승인을 얻은 후 문화체육관광부장관이 정하는 기준에 의한 보상금을 위원회에 지급하고 이를 이용할 수 있다. 〈개정 2008.2.29., 2019.11.26., 2020.2.4.〉

② 제1항의 규정에 따라 저작물을 이용하는 자는 그 뜻과 승인연월일을 표시하여야 한다.

③ 제1항의 규정에 따라 법정허락된 저작물이 다시 법정허락의 대상이 되는 때에는 제1항의 규정에 따른 대통령령으로 정하는 기준에 해당하는 상당한 노력의 절차를 생략할 수 있다. 다만, 그 저작물에 대한 법정허락의 승인 이전에 저작재산권자가 대통령령으로 정하는 절차에 따라 이의를 제기하는 때에는 그러하지 아니하다. 〈개정 2021.5.18.〉

④ 문화체육관광부장관은 대통령령으로 정하는 바에 따라 법정허락 내용을 정보통신망에 게시하여야 한다. 〈개정 2008.2.29., 2021.5.18.〉

⑤ 제1항에 따른 보상을 받을 권리는 위원회를 통하여 행사되어야 한다. 〈신설 2019.11.26., 2020.2.4.〉

⑥ 위원회는 제1항에 따라 보상금을 지급받은 날부터 10년이 경과한 미분배 보상금에 대하여 문화체육관광부장관의 승인을 얻어 제25조제10항 각 호의 어느 하나에 해당하는 목적을 위하여 사용할 수 있다. 〈신설 2019.11.26., 2020.2.4.〉

⑦ 제1항 및 제6항에 따른 보상금 지급 절차·방법 및 미분배 보상금의 사용 승인 등에 필요한 사항은 대통령령으로 정한다. 〈신설 2019.11.26.〉

야 함을 규정하고 있다.

제3항은 이미 법정허락을 받은 저작물에 대해서 다시 법정허락을 신청할 때에 저작재산권자가 이의제기를 한 사실이 없는 한 저작권자에 대한 정보를 얻기 위한 노력의 절차를 생략할 수 있도록 하여, 저작물 이용자의 불필요한 노고가 반복되는 것을 예방하기 위한 조항이다.

제4항은 법정허락이 이루어진 저작물에 대해서 문화체육관광부장관의 의무를 지정한 것으로, 법정허락의 내용을 정보통신망을 통해서 공지하도

록 규정하고 있는 것이다. 이 때 정보통신망의 문화체육관광부의 홈페이지나 한국저작권위원회의 홈페이지 등 일반인이 접근할 수 있는 상태에 있으면 충분하다.

제5항은 법정허락의 보상과 관련된 업무처리를 한국저작권위원회가 담당하도록 정하고 있다. 보상금을 지불하고 이용하고자 하는 기관은 한국저작권위원회에 수수료를 납부하고, 저작권료를 공탁해야 한다. 또한 추후 저작권자가 보상금을 지불받고 할 경우에도 한국저작권위원회를 통해 업무를 처리해야 한다.

제6항은 보상을 지급받고 10년이 경과해도 저작권자가 나타나지 않은 미분배보상금을 저작권 교육·홍보 및 연구, 저작권 정보의 관리 및 제공, 저작물 창작 활동의 지원 등에 활용할 수 있도록 정하고 있다.

(2) 공표된 저작물의 방송

이 규정은 방송의 공공적인 성격을 감안하여 방송사업자가 공표된 저작물을 방송하고자 저작재산권자와 협의했으나, 협의가 성립되지 못한 경우에 문화체육관광부장관의 승인을 얻은 후, 문화체육관광부장관이 지정하는 보상금을 저작재산권자에게 지급하거나 공탁한 후 저작물을 공익적인 목적으로 이용할 수 있도록 규정한 것이다.

제51조(공표된 저작물의 방송) 공표된 저작물을 공익상 필요에 의하여 방송하고자 하는 방송사업자가 그 저작재산권자와 협의했으나 협의가 성립되지 아니하는 경우에는 대통령령이 정하는 바에 따라 문화체육관광부장관의 승인을 얻은 후 문화체육관광부장관이 정하는 기준에 의한 보상금을 당해 저작재산권자에게 지급하거나 공탁하고 이를 방송할 수 있다. 〈개정 2008.2.29.〉

---

(3) 상업용 음반의 제작

이 규정은 상업용 음반의 제작자가 작곡가나 작사가 등과 전속계약을 체결해서 음악작품의 녹음을 독점하는 것을 예방하기 위해서 마련된 조항이다. 한국에서 처음으로 판매된 지 3년이 경과한 상업용 음반에 대해서만 적용이 된다. 이 경우도 문화체육관광부장관의 승인을 얻은 후, 문화체육관광부장관이 정하는 기준에 의한 보상금을 저작재산권자에게 지급하거나 공탁한 후에 또 다른 상업용 음반을 제작할 수 있다.

> **제52조(상업용 음반의 제작)** 상업용 음반이 우리나라에서 처음으로 판매되어 3년이 경과한 경우 그 음반에 녹음된 저작물을 녹음하여 다른 상업용 음반을 제작하고자 하는 자가 그 저작재산권자와 협의했으나 협의가 성립되지 아니하는 때에는 대통령령이 정하는 바에 따라 문화체육관광부장관의 승인을 얻은 후 문화체육관광부장관이 정하는 기준에 의한 보상금을 당해저작재산권자에게 지급하거나 공탁하고 다른 상업용 음반을 제작할 수 있다. 〈개정 2008.2.29., 2016.3.22.〉 [제목 개정 2016.3.22.]

(4) 실연, 음반 및 방송이용 등의 법정허락

저작권법 제89조의 규정에 따라 저작물 이용의 법정허락에 관한 사항은 실연, 음반, 방송의 이용에 대해서도 준용된다.

5. 저작재산권의 보호기간

저작재산권은 보호기간이 정해져 있는 권리이다. 이것은 일정 기간 동안만 권리가 인정되고, 그 이후에는 누구나 자유롭게 저작물을 이용할 수 있다

제39조(보호기간의 원칙)

① 저작재산권은 이 관에 특별한 규정이 있는 경우를 제외하고는 저작자가 생존하는 동안과 사망한 후 70년간 존속한다. 〈개정 2011. 6.30.〉

② 공동저작물의 저작재산권은 맨 마지막으로 사망한 저작자가 사망한 후 70년간 존속한다. 〈개정 2011.6.30.〉

제40조(무명 또는 이명 저작물의 보호기간)

① 무명 또는 널리 알려지지 아니한 이명이 표시된 저작물의 저작재산권은 공표된 때부터 70년간 존속한다. 다만, 이 기간 내에 저작자가 사망한지 70년이 지났다고 인정할만한 정당한 사유가 발생한 경우에는 그 저작재산권은 저작자가 사망한 후 70년이 지났다고 인정되는 때에 소멸한 것으로 본다. 〈개정 2011.6.30.〉

② 다음 각 호의 어느 하나에 해당하는 경우에는 제1항의 규정은 이를 적용하지 아니한다.

1. 제1항의 기간 이내에 저작자의 실명 또는 널리 알려진 이명이 밝혀진 경우

2. 제1항의 기간 이내에 제53조제1항의 규정에 따른 저작자의 실명등록이 있는 경우

제41조(업무상저작물의 보호기간) 업무상저작물의 저작재산권은 공표한 때부터 70년간 존속한다. 다만, 창작한 때부터 50년 이내에 공표되지 아니한 경우에는 창작한 때부터 70년간 존속한다. 〈개정 2011.6.30.〉

제42조(영상저작물의 보호기간) 영상저작물의 저작재산권은 제39조 및 제40조에도 불구하고 공표한 때부터 70년간 존속한다. 다만, 창작한 때부터 50년 이내에 공표되지 아니한 경우에는 창작한 때부터 70년간 존속한다. 〈개정 2011.6.30.〉

[제목개정 2011.6.30.]

제43조(계속적간행물 등의 공표시기)

① 제40조제1항 또는 제41조에 따른 공표시기는 책·호 또는 회 등으로 공표하는 저작물의 경우에는 매책·매호 또는 매회 등의 공표 시로 하고, 일부분씩 순차적으로 공표하여 완성하는 저작물의 경우에는 최종부분의 공표 시로 한다. 〈개정 2011.6.30.〉

② 일부분씩 순차적으로 공표하여 전부를 완성하는 저작물의 계속되어야 할 부분이 최근의 공표시기부터 3년이 경과되어도 공표되지 아니하는 경우에는 이미 공표된 맨 뒤의 부분을 제1항의 규정에 따른 최종부분으로 본다.

제44조(보호기간의 기산) 이 관에 규정된 저작재산권의 보호기간을 계산하는 경우에는 저작자가 사망하거나 저작물을 창작 또는 공표한 다음 해부터 기산한다.

는 의미이다. 우리 법이 정하는 저작재산권의 보호기간은 저작자가 생존하는 동안과 저작자가 사망한 후 70년까지이다. 이전 법률에서는 저작자 사후 50년까지만 저작재산권을 인정했으나, 한·EU자유무역협정 체결에 따른 후속조치로 이루어진 법률 개정에서 저작자 사망 후 70년까지로 권리의 보호기간이 연장되었다. 그러나 법률 개정이 이루어지기 이전에 저작자 사후 50년이 경과하여 이미 저작재산권이 소멸된 경우까지 권리가 되살아나는 것은 아니다.

한편 공동저작자가 있는 경우에는 맨 마지막으로 사망한 저작자가 사망한 후 70년까지 그 권리가 인정된다. 또한 무명이나 잘 알려지지 않은 이명으로 표시된 저작물에 대해서는 공표된 이후부터 70년간 저작재산권을 보호한다. 다시 말해서 신원을 확인할 수 있는 저작자에 비해서 권리 보호기간을 상대적으로 짧게 인정해준다. 그렇지만 권리 보호기간 중에 저작자의 실명이나 널리 알려진 이명을 확인할 수 있게 되면, 일반적인 저작자의 경우와 마찬가지로 생존기간과 저작자 사후 70년간 권리 보호가 이루어진다.

업무상저작물이나 영상저작물은 공표가 이루어지는 시점부터 70년간 저작재산권이 존속하지만, 창작한 때부터 50년 이내에 공표가 이루어지지 않은 경우에는 창작한 때부터 70년간 권리를 인정한다.

저작재산권의 보호기간은 저작자가 사망하거나 저작물이 창작된 때의 다음 해 1월 1일부터 기산하여 산정한다.

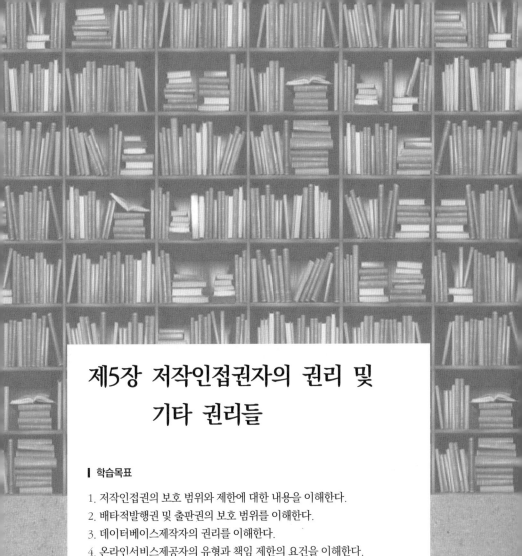

제5장 저작인접권자의 권리 및 기타 권리들

▌학습목표

1. 저작인접권의 보호 범위와 제한에 대한 내용을 이해한다.
2. 배타적발행권 및 출판권의 보호 범위를 이해한다.
3. 데이터베이스제작자의 권리를 이해한다.
4. 온라인서비스제공자의 유형과 책임 제한의 요건을 이해한다.

1. 저작인접권의 개념

　하나의 예술 작품을 독자나 관객 혹은 청중이 감상할 수 있게 되기까지에는 여러 사람의 노고가 필요하다. 예술 작품을 직접 만들어낸 창작자(작가, 작곡가, 작사가 등등)의 노고가 무엇보다 먼저 필요할 것이다. 그리고 음악, 연극, 무용 작품의 경우에는, 다른 사람이 보고 듣고 느낄 수 있도록 작품을 공연으로 만드는 수고가 필요할 것이다. 또한 보다 많은 사람들이 손쉽게 접할 수 있도록 작품을 책, 음반, 영상, 방송으로 만드는 노고가 필요할 수도 있다.

　예술 창작 활동과 그 대중적인 확산을 위해서는 이렇게 여러 사람의 노고가 필요하다. 저작권법은 예술 창조와 보급에 기여한 여러 사람의 노고를 보상하기 위해서 이들에게 부여되는 여러 가지 권리를 규율하고 있다. 저작물의 직접적인 창작자에게 부여되는 독점적이고 배타적인 권리를 통칭한 개념이 저작권임은 앞서 살펴본 바와 같다. 이들의 권리와는 별개로 저작물의 예술적 가치 창조에 기여한 실연자, 음반제작자, 방송사업자에게 부여되는 권리를 **저작인접권**(neighbouring rights) 또는 인접권이라 한다. 저작인접권은 저작권과 인접(이웃)하는 권리라는 의미로, 저작권과 유사한 권리를 보장하되 저작권과는 권리의 보장 범위가 약간 상이하다는 뜻을 내포하고 있다. 저작인접권은 저작권과 유사한 권리이지만, 저작권에 비해서 낮은 수준에서 권리를 보장한다는 특징이 있다. 저작인접권자가 저작물의 예술적 가치의 창조나 그 확산에 기여한 노고를 인정하지만, 이들은 원천적으로 저작물을 창작한 사람의 저작물을 이용하는 보완적인 역할을 한 것이기 때문에 저작자와 동일한 권리를 부여하지 않고 통상적으로 그보다는 낮은 수준의 권리만을 인정하는 것이다.

저작인접권을 별도의 권리로 보장하기 시작한 것은 비교적 최근의 일이다. 정보를 기록, 저장, 전달하는 기술이 발달하지 않았던 시절에는 공연을 감상할 수 있는 유일한 방법은 직접 공연이 이루어지는 장소를 방문하는 것이었고, 공연이 이루어지는 곳에서 출연료를 제공함으로써 실연자에 대한 적절한 보상이 이루어질 수 있었기 때문이다. 그러나 녹음, 녹화, 방송과 같은 정보기술이 발달하면서 군이 공연장을 찾지 않아도 음반이나 방송을 통해서 저작물을 이용할 수 있는 방법이 생겼고, 실연에 참여하는 사람들이 그에 대한 적절한 보상을 받을 수 있는 기회가 상대적으로 줄어들게 되었다. 또한 녹음이나 방송 등으로 저작물의 보급과 확산에 기여한 사람들에게도 적절한 권리를 보장할 필요가 발생하면서 이들의 권리를 저작인접권으로 규율하여 보장하기 시작한 것이다.

저작인접권은 실연자, 음반제작자, 방송사업자에게 부여되는 저작권과 유사한 권리를 뜻한다. 그렇지만 실연자, 음반제작자, 방송사업자 각각에게 부여되는 권리의 세부적인 내용은 조금씩 상이하다. 지금부터 실연자, 음반제작자, 방송사업자에게 부여되는 권리의 내용을 구체적으로 살펴보려고 한다.

2. 실연자의 권리

저작권법 제2조 제4호는 "실연자는 저작물을 연기·무용·연주·가창·구연·낭독 그 밖의 예능적 방법으로 표현하거나 저작물이 아닌 것을 이와 유사한 방법으로 표현하는 실연을 하는 자를 말하며, 실연을 지휘, 연출 또는 감독하는 자를 포함한다"고 정의한다. 저작권법에서 보호하는 실연은 반드시 저작물만을 대상으로 하는 것은 아니다. 저작물에 해당하지 않는 서커스나 기예, 새소리나 물소리 등과 같은 자연의 소리를 흉내 내는 행위, 리듬체조나 피겨 스케이팅과 같은 행위 등도 모두 실연으로 보호받을 수 있다. **실연자**는 이러한 실연에 해당하는 행위를 실행에 옮기는 사람을 의미하며, 이러한 행위를 지휘하거나 감독하는 사람도 실연자의 범위에 포함된다. 실연자의 권리는 저작권자의 허락 여부와 무관하게 발생한다. 저작권자의 허락 없이 이루어진 실연의 경우에도 실연자의 저작인접권이 발생하는 데에는 아무런 문제가 없다. 다만 이 경우 실연자가 저작권자의 저작권을 침해한 것에 대한 책임을 부담하게 될 뿐이다. 그렇지만 실연을 이용하기 위해서는 반드시 저작권자의 허락을 필요로 하기 때문에 저작권자의 허락을 받지 않은 실연에 대한 권리를 행사하기는 실질적으로 어렵다고 보아야 할 것이다.

한국에서 보호되는 실연은 대한민국 국민(대한민국 법률에 의하여 설립된 법인 및 대한민국 내에 주된 사무소가 있는 외국법인을 포함한다)이 행하는 실연, 대한민국이 가입 또는 체결한 조약에 따라 보호되는 실연, 보호를 받는 음반에 고정된 실연, 보호를 받는 방송에 의하여 송신되는 실연(다만, 송신 전에 녹음 또는 녹화되어 있는 경우는 제외한다), 이렇게 네 가지로 구성된다.

저작권이 여러 가지 분화된 권리로 이루어지는 것과 마찬가지로 저작인접권도 인격적인 측면의 권리와 재산적인 측면의 권리 등 여러 가지 세분화된 권리로 이루어진다. 실연자의 권리를 구체적으로 살펴보면 다음과 같다.

실연자의 인격적인 이익을 보호하기 위해서 성명표시권과 동일성유지권 등의 인격권이 인정된다. 이 조항은 2006년에 WIPO 실연·음반 조약에 따라 부여된 것이다. WIPO 실연·음반조약은 청각적 실연자의 인격권만을 다루고 있으나, 우리 저작권법은 청각적 실연자와 시청각 실연자를 구분하지 아니하고 그 모두에게 권리를 부여하고 있다(임원선, 2022: 310). 실연자는 저작인격권에 준하여 실연 또는 실연의 복제물에 자신의 실명 또는 이명을 표시할 권리를 가지며, 실연의 내용과 형식의 동일성을 유지할 권리를 가진다. 다만, 실연의 성질이나 그 이용의 목적 및 형태 등에 비추어 부득이하다고 인정되는 경우에는 예외를 인정하고 있다. 그렇지만 실연자에게는 저작자와는 달리 공표권을 인정하고 있지 않다.

실연자의 인격권은 저작인격권과 마찬가지로 실연자의 일신에 전속하는 권리이다. 따라서 양도나 상속의 대상이 될 수 없고, 실연자의 사망과 동시에 그 권리도 함께 소멸이 된다. 저작자의 경우와는 달리 실연자의 경우에는 사망 후의 인격적 이익에 대해서 별도의 보호 조치는 마련되어 있지 않다.

실연자에게는 인격적 이익에 대한 보호와 더불어 재산적인 측면의 권리도 함께 보장된다. 실연자에게는 복제권, 배포권, 상업용 음반에 대한 대여권, 실연방송권, 전송권과 상업용 음반의 방송 및 디지털 음성송신에 대한 보상청구권이 인정된다.

먼저, 실연자는 자신의 실연을 복제할 권리를 갖는다(제69조). 다시 말해서 실연자는 자신의 실연 그 자체를 녹음·녹화하거나 사진으로 촬영할 수 있는 권리를 가진다. 실연 그 자체를 유형물에 고정하는 행위뿐만 아니라 이미 유형물에 고정된 실연을 이용해서 또 다른 고정물로 제작하는 행위와 방송을 수신해서 고정물을 만드는 행위도 모두 복제권의 규율 대상이 된다. 여기서 권리를 가진다는 것은 실연을 복제할 수 있는 권리를 가진 사람은 오직 실연자뿐이며, 적법하게 실연을 복제하기 위해서는 실연자의 사전허락을 받아야 함을 의미한다. 다만, 영상저작물의 경우에는 영상제작자에게 실연자의 권리가 양도된 것으로 추정하기 때문에 권리를 행사하는 데 제약이 따를 수 있다. 유의할 것은 실연자의 복제권은 실연 그 자체의 복제에만 영향을 미치는 것이고, 다른 사람이 실연을 흉내 내거나 따라하는 것에까지는 그 권리가 미치지 않는다는 점이다.

둘째, 실연자는 자신의 실연을 배포할 권리를 가진다(제70조). 저작권의 경우와 마찬가지로 실연자의 배포권에도 최초판매의 원칙이 적용되어 실연자의 허락을 받아 판매 등의 적법한 방법으로 거래에 제공된 경우에는 그 복제물에 대한 배포권은 소진된다.

셋째, 실연자의 배포권에 대한 최초판매의 원칙 적용에도 불구하고 실연자는 자신의 실연이 녹음된 상업용 음반을 영리를 목적으로 대여할 권리를 가진다(제71조). 이 경우에 해당되려면 해당 실연은 상업용 음반에 고정되어 있어야 하며, 대여 행위 자체가 영리를 목적으로 이루어져야만 한다. 따라서 비상업용 음반의 대여나, 비영리적인 목적에서 이루어진 대여 행위에 대해서는 이러한 권리가 미치지 아니한다. 따라서 도서관에서 비영리적인 목적으로 무료로 이루어지는 이용자들에 대한 상업용 음반의 대여는 이 조항에 적용을 받지 않는다.

넷째, 실연자는 그의 고정되지 않은 실연을 공연할 권리를 가진다. 다만, 그 실연이 방송되는 실연인 경우에는 그렇지 않다(제72조). 실연의 공연이란 고정되지 않은 실연을 공중에게 공개하는 것을 말하며, 방송이나 전송의 경우를 제외하고 실연을 공중에게 전달되는 방법을 포괄적으로 표현한 것이다. 실연이 방송되는 경우를 보호의 대상에서 제외하고 있는 것은 방송을 별도의 권리로 보호하고 있기 때문에 권리를 중복해서 보장하지 않기 위해서이다.

다섯째, 실연자는 자신의 실연을 방송할 권리를 가진다. 다만, 실연자의 허락을 받아서 녹음된 실연에 대하여는 그렇지 않다(제73조). 여기에서 '방송'이라 함은 일반 공중이 동시에 수신하게 할 목적으로 무선 또는 유선 통신의 방법에 의하여 음성, 음향, 영상 등을 송신하는 것을 의미한다. 방송은 여러 사람이 원하는 시간에 수신할 수 있도록 제공하는 쌍방향 개념의 전송과는 구별된다. 실연의 방송은 다시 실연 그 자체의 생방송과 재방송, 그리고 실연의 고정물에 의한 녹음·녹화방송으로 구분할 수 있다. 실연자의 방송권이 미치는 범위는 실연 그 자체의 생방송과 그 실연 자체를 수신하여 이루어지는 재방송, 그리고 실연자의 사전허락을 받지 않고 녹음, 녹화된 고정물을 이용한 방송 등으로 국한된다. 다시 말하면 실연자의 사전허락을 받고 이루어진 녹음물로 이루어진 방송에 대해서는 실연자의 방송권이 인정되지 않는다. 따라서 사전에 실연자의 허락을 받아서 이루어진 녹음물을 이용해서 방송을 하는 것은 실연자의 별도의 허락을 필요로 하지 않는다. 다만, 이 경우에도 방송이 상업용 음반을 통해 이루어진 경우라면 후술하는 상업용 음반의 방송 사용에 대한 보상금을 청구할 수 있다.

여섯째, 실연자는 자신의 실연을 전송할 권리를 갖는다(제74조). 여기서 '전송'이라 함은 일반 공중이 개별적으로 선택한 시간과 장소에서 수신하거나 이용할 수 있도록 저작물을 무선 또는 유선 통신의 방법에 의하여 송신하거나 이용에 제공하는 것을 의미한다. 따라서 실연자는 인터넷 등을 이용한 네트워크에 실연을 업로드해서 여러 사람들이 원하는 장소와 시간에 이용할 수 있도록 제공할 수 있는 권리를 가진다. 전송권은 인터넷을 이용한 MP3 파일이나 스트리밍 서비스 등이 활성화됨에 따라 실연자의 권리를 보호하기 위해서 2004년에 추가된 권리이다. 이 경우도 복제권과 마찬가지로 적법하게 실연을 전송하기 위해서는 실연자의 사전허락을 받아야만 한다.

일곱째, 방송사업자가 실연이 녹음된 상업용 음반을 사용하여 방송하는 경우에는 상당한 보상금을 그 실연자에게 지급해야 한다(제75조 제1항). 따라서 방송사업자가 실연이 녹음된 상업용 음반을 사용하여 진행한 방송에 대하여 실연자는 보상을 청구할 수 있다. 실연자의 허락을 받아서 미리 녹음된 실연을 이용해서 방송을 할 경우에 실연자는 방송 사용을 허락할 권리를 가지지 못하고, 방송사업자는 실연자에게 별도의 허락을 받지 않고 상업용 음반을 이용해서 방송을 할 수 있다. 그렇지만 상업용 음반은 대개의 경우 개인용이나 가정용으로 사용될 것을 예상하고 만들어진 것으로, 이러한 음반을 이용해서 방송을 하게 될 경우 실연자는 실연을 할 수 있는 기회를 상당부분 잃어버릴 수 있다. 그렇기 때문에 이 경우에 방송사업자는 실연자의 허락을 받지 않고 실연을 방송할 수는 있지만, 이에 대해서 보상금을 지급할 것을 의무화하고 있는 것이다. 복제권, 배포권, 공연권, 방송권, 전송권이 실연자의 사전허락을 받아야만 하는 배타적인 권리인 것과는 달리 상업용 음반의 방송에 대한 권리는 보상금을 청구할 수 있을 뿐이라는 점에서 보다 제한적인 권리라고 이해할 수 있다. 방송사업자가 개별 저작인접권자와 모두 접촉하여 보상금을 협의하는 것이 실질적으로 매우 어렵기 때문에 교과용도서의 보상금에 대한 권리의 행사에 관한 규정을 준용하여, 문화체육관광부장관이 지정하는 저작인접권단체와 보상금을 협의하고, 이들 단체에게 보상금을 지불하도록 규정하고 있다. 협의가 원만하게 이루어지지 않을 경우에는 한국저작권위원회를 통해 조정의 절차를 거치도록 하고 있다. 현재 한국음악실연자연합회가 실연자의 저작인접권에 관한 보상금에 관한 사항을 처리하고 있다.

여덟째, 실연자는 디지털음성송신사업자가 실연이 녹음된 음반을 사용하여 송신하는 경우에 그에 대한 보상청구권을 가진다(제76조 제1항). 이 경우도 상업용 음반의 방송 사용에 대한 보상청구권과 마찬가지로 교과용 도서의 보상금에 대한 권리의 행사에 관한 규정을 준용하고 있으며, 방송사업자의 경우와는 달리 사업자와 실연자 단체 사이의 협의가 원만하게 이루어지지 않을 경우에는 문화체육관광부장관이 정하여 고시하는 금액을 지급하도록 하고 있다는 점에 차이가 있다. 이는 방송사업자와는 달리 디지털음성송신사업자가 일반적으로 규모가 작고 다수임을 고려한 것이다(임원선, 2022: 318).

아홉째, 실연자의 실연이 녹음된 상업용 음반을 사용하여 공연하는 경우에 그에 대한 보상청구권을 가진다(제76조의2). 실연자에게 자신의 실연을 공중에게 공개할 권리인 공연권을 부여했지만, 이는 고정되지 않은 실연에 국한된 것이고, 고정된 실연(음반)의 공연에 대해서는 보상청구권을 부여한 것이다. 보상금 청구권의 행사는 마찬가지로 교과용 도서의 보상금에 관한 규정을 준용한다. 다만 디지털음성송신사의 실연자에 대한 보상과 마찬가지로 매년 지정 단체가 공연자와 협의하여 보상금을 정하지만, 협의가 성립되지 않을 경우에는 문화체육관광부장관이 정하여 고시하도록 규정하고 있다.

3. 음반제작자의 권리

음반이란 음이 유형물에 고정된 것을 말하며, 음이 영상과 함께 고정된 것은 제외한다(제2조 제5호). 저작권법에서 이야기하는 음반은 LP나 CD와 같이 음악을 수록하고 있는 원반형 매체를 지칭하는 것이 아니고, 그 매체를 가리지 않고 음성이나 음향이 수록된 콘텐츠를 말한다. 최근에 활발하게 활용되는 MP3 파일과 같은 것들은 모두 저작권법상의 음반에 해당하는 것이다.

또한 저작권법의 음반은 반드시 그 고정된 내용이 음악이거나 그 밖에 다른 저작물일 필요는 없다. 즉, 새소리나 물소리 등 자연의 소리이거나 즉흥적으로 낭송되는 시를 녹음한 것도 음반에 해당한다. 다만, 음이 영상과 함께 고정된 것은 제외된다(임원선, 2022: 321).

한편 **음반제작자**란 음을 음반에 고정하는 데에 있어 전체적으로 기획하고 책임을 지는 사람을 말한다(제2조 제6호). 다시 말해서 음악이나 소리를 처음으로 녹음해서 음반에 고정한 자가 음반제작자이다. 그렇지만 물리적으로 음악이나 소리를 녹음한 기술자를 의미하는 것이 아니고 그러한 녹음을 전반적으로 기획하고 주도하면서 그에 대해서 책임을 지는 자를 의미한다.

음과 함께 영상이 함께 고정된 것은 음반의 범위에 포함되지 않는다. 따라서 영화 필름의 사운드트랙으로 제작된 것은 그 자체로는 음반이라고 할 수 없고, 그 제작자는 음반제작자가 될 수 없다. 하지만 이를 영상과 분리하여 사운드트랙만을 이용하는 경우에는 음반이 되고 따라서 그 제작자는 음반제작자로서의 권리를 행사할 수 있다(임원선, 2022: 322).

한국에서 보호되는 음반은 다음의 네 가지 경우에 속한다. 첫째, 대한민국 국민을 음반제작자로 하는 음반. 둘째, 음이 맨 처음 대한민국에서 고정된 음반. 셋째, 대한민국이 가입 또는 체결한 조약에 따라 보호되는 음반으로서 체약국 내에서 최초로 고정된 음반. 넷째, 대한민국이 가입 또는 체결한 조약에 따라 보호되는 음반으로서 체약국의 국민(당해 체약국의 법률에 의하여 설립된 법인 및 당해 체약국 내에 주된 사무소가 있는 법인을 포함한다)을 음반제작자로 하는 음반.

음반제작자에게는 실연자의 경우와 달리 인격권에 대한 보호는 이루어지고 있지 않다. 이는 대체로 음반제작자가 자연인인 경우보다는 음반을 기획하는 법인이거나 단체인 경우를 염두에 두고 있는 까닭이며, 또한 자연인의 존재가 드러나는 저작자나 실연자의 경우와는 달리 자연인으로서 음반제작자의 존재가 중요하지 않기 때문이다. 음반제작자에게는 재산적인 권리인 복제권, 배포권, 대여권, 전송권, 상업용 음반의 방송 사용에 대한 보상청구권, 디지털 음성송신에 대한 보상청구권, 공연에 대한 보상청구권이 부여된다.

음반제작자는 자신의 음반을 복제할 권리를 가진다(제78조). 음반제작자의 복제권은 자신의 음반을 직접적으로 복제하는 행위뿐만 아니라 음반을 활용한 방송이나 공연을 활용해서 복제물을 제작하는 행위에까지 영향을 미친다. 그렇지만 이 경우에도 음반에 수록된 저작물이나 실연을 모방하는 행위에까지 권리가 미치지 않는 것은 실연자의 경우와 같다. 다시 말해서, 음반에 수록된 동일한 곡을 다른 음반제작자가 새롭게 녹음해서 유사한 음반을 다시 제작하는 행위에는 음반제작자의 권리가 미치지 못한다. 드라마나 영화를 제작하는 과정에서 음악을 사용하는 경우에 음악을 실제로 연주해서 제작한다면 음반제작자의 권리가 미치지 않지만, 음반에 수록된 곡을 재생해서 활용한다면 음반제작자의 권리가 미치게 된다.

음반제작자는 자신의 음반을 배포할 권리를 가진다(제79조). 이 조항은 제네바음반조약에서 허락받지 않은 음반의 복제물에 대한 배포를 금지하도록 하고 있는 것에 상응하여 저작권법에 도입된 것이다(임원선, 2022: 325). 이 조항에 따라 음반제작자의 허락 없이 만들어진 불법복제물의 배포를 금지할 수 있는 권리가 보장된다. 배포권은 저작자나 실연자의 경우와 마찬가지로 음반제작자의 허락을 받아 판매 등의 방법으로 거래에 제공된 경우에는 최초판매의 원칙에 따라 그 권리가 소진된다.

그렇지만 최초판매의 원칙에 따라 자신의 음반이 판매 등의 방법으로 거래에 제공된 경우라고 하더라도, 영리를 목적으로 대여하는 경우에는 이를 허락할 권리를 가진다(제80조).

한편 음반제작자는 자신의 음반을 전송할 권리를 가진다(제81조). 따라서 음반제작자는 자신의 음반을 공중이 개별적으로 선택한 시간과 장소에서 접근할 수 있도록 이용에 제공하는 것을 허락할 권리를 지니게 된다. 음반제작자는 실연자와 마찬가지로 자신의 음반을 인터넷을 통해 스트리밍 방식 등을 활용해서 제공하는 것을 통제할 수 있다.

또한 음반제작자는 상업용 음반의 방송 사용에 대해 보상청구권과 음반의 디지털음성송신에 대한 보상청구권, 상업용 음반의 공연에 대한 보상청구권을 가진다(제82조, 제83조, 제83의2). 보상청구권의 행사는 실연자의 경우와 마찬가지로 교과용 도서의 보상금에 대한 권리행사의 규정을 준용하며, 보상금의 지급 및 금액 등에 대해서는 실연자의 권리에 관한 규정을 준용한다. 현재 음반제작자의 각종 보상금 청구와 관련된 업무를 수행하도록 지정된 단체는 한국음반산업협회이며, 이 단체를 통해 음반 이용에 대한 각종 보상금을 지불하고 이용할 수 있다.

4. 방송사업자의 권리

저작권법에서 정의하는 **방송사업자**는 방송을 업으로 하는 자(제2조 제9호)이다. 방송은 공중송신 가운데 공중이 동시에 수신하게 할 목적으로 음이나 영상 또는 음과 영상을 송신하는 것(제2조 제8호)을 말한다. 방송은 음이나 영상, 음과 영상을 공중이 동시에 수신하게 할 목적으로 제공하는 것이기 때문에 그 대상이 반드시 저작물로 제한되는 것은 아니다. 따라서 저작물에 해당되지 않는 스포츠 중계 등도 방송으로서 보호가 이루어진다. 방송사업자는 이러한 방송을 업으로 하는 자를 말하며, 단순히 방송 신호만을 송신하는 사람은 방송사업자가 아니다(임원선, 2022: 328).

한국에서 보호되는 방송은 다음의 세 가지 경우이다. 첫째, 대한민국 국민인 방송사업자의 방송. 둘째, 대한민국 내에 있는 방송설비로 실시하는 방송. 셋째, 대한민국이 가입 또는 체결한 조약에 따라 보호되는 방송으로서 체약국의 국민인 방송사업자가 당해 체약국 내에 있는 방송설비로 실시하는 방송이다.

방송사업자는 실연자의 경우와는 달리 인격적인 권리는 보호되지 않는다. 현재 우리 법에서 인정하고 있는 방송사업자의 권리는 복제권, 동시중계방송권, 공연권이다.

첫째, 방송사업자는 자신의 방송을 복제할 권리를 가진다(제84조). 방송사업자의 저작인접권으로서의 복제권은 방송 프로그램을 방송한 행위에 대해 부여되는 권리로, 방송프로그램 제작자로서 가지게 되는 저작권과는 구별되는 것이다. 방송사업자가 자체적으로 제작한 방송프로그램을 방송하는 경우에는 저작자로서의 권리와 함께 저작인접권으로서의 방송사업자의 권리가 중첩적으로 보호될 수 있다. 그렇지만 저작권과는 별도로 방송법의 규정에 의하여 KBS와 EBS의 동시중계방송권이 일부 제한되기도 한다.

둘째, 방송사업자는 자신의 방송을 동시중계방송할 권리를 가진다(제85조). 동시중계방송은 방송을 수신과 동시에 다른 지역이나 경로로 다시 재송신하는 것을 말한다. 따라서 방송을 동시에 중계방송하려면 원래 방송사업자의 허락이 필요하다. 그렇지만 수신과 송신의 시점을 달리하는 이시중계방송의 경우에는 별도의 권리를 보장하고 있지 않다. 이시중계방송의 경우에는 방송 콘텐츠의 녹음이나 녹화를 반드시 동반하게 되기 때문에 방송사업자의 복제권으로 통제가 가능한 까닭이며, 이 경우 방송 신호를 송신하는 것이라기보다는 복제물을 송신하는 것이기 때문에 이를 별도로 규율할 필요가 없기 때문이다.

셋째, 방송사업자는 공중의 접근이 가능한 장소에서 방송의 시청과 관련하여 입장료를 받는 경우에 그 방송을 공연할 권리를 가진다(제85조의2). 극장과 같은 문화시설에서 스포츠경기나 유명 콘서트 현장에 대한 방송을 상영하면서 입장객들에게 관람료를 받는 경우라면 해당 방송사업자로부터 허락을 받아야만 한다. 그러나 음식점 등과 같은 곳에서 고객들이 볼 수 있도록 방송 프로그램을 상영하는 행위와 같이 방송 시청 자체에 대해서 반대급부를 받지 않는 경우에는 방송사업자의 권리가 미치지 않는다.

5. 저작인접권의 발생과 소멸, 권리의 행사

실연자의 저작인접권은 실연 행위가 이루어짐과 동시에 발생한다. 마찬가지로, 음반제작자나 방송사업자의 저작인접권도 음반이 제작되거나 방송이 이루어짐과 동시에 발생한다. 저작인접권도 저작권과 동일한 방식으로 권리가 발생하기 때문에 권리 발생을 위한 별도의 법률적인 절차를 필요로 하지 않는다. 이렇게 해서 발생된 권리는 실연 행위나 음반 제작, 방송이 이루어진 그다음 해 1월 1일부터 기산하여 70년 동안 존속한다. 따라서 2006년 3월 2일에 실연 행위가 이루어졌다면 저작인접권은 2077년 12월 31일까지 유효하게 된다. 다만, 이전 저작권법에서는 저작인접권의 보호기간과 보호 내용이 조금씩 상이했고, 그에 대해서 각각 부칙으로 구법의 규정을 따르도록 규정하고 있기 때문에, 구법의 적용을 받는 경우라면 그 보호기간이 조금씩 상이할 수 있다.

저작인접권의 보호기간이 만료된 저작인접물은 사회 공유의 재산이 되어 누구라도 자유롭게 그것을 사용할 수 있다. 저작권이 저작자 사후 70년간 권리를 보장하는 것에 비해서 저작인접권은 권리 발생 후 70년 동안만 인정 된다는 점에서 저작권에 비해서 낮은 수준에서 권리가 보장되는 부분 가운 데 하나이다.

저작인접권도 저작권과 마찬가지 방법으로 행사하게 된다. 다시 말하면 저작인접권 가운데 재산권에 해당하는 부분은 거래의 대상이 되어 타인에 게 양도할 수 있으며, 상속의 대상이 된다. 권리행사의 가장 일반적인 방법 은 이용허락이며 이용허락에 따른 반대급부로 사용료를 지급받을 수 있다. 또한 보상금청구권을 통해 법률이 정하는 요건에 의한 사용에서 발생한 보 상금을 해당 분야의 저작인접권 지정 단체를 통해 지급받을 수도 있다.

실연자, 음반제작자, 방송사업자는 법률이 보장하는 저작인접권자로서의 권리를 행사할 수 있다. 음반제작자나 방송사업자의 경우는 개인이기보다 는 법인이나 단체인 경우가 대부분이기 때문에 권리 처리나 행사에 어려움 이 없겠지만, 실연자의 경우에는 자연인이고, 대체로 실연은 여러 사람들의 공동 작업으로 이루어지는 경우가 대부분이기 때문에 하나의 실연에 대해 서는 여러 명의 권리가 발생하게 된다는 점에서 권리의 행사와 관련해서 특 별한 고려가 필요하다. 이러한 사정을 감안하여 저작권법에서는 실연자의 재산적인 권리는 공동으로 실연하는 사람들이 선출한 대표자가 행사하도록 규정하고 있다. 만일 대표자를 선출하지 않은 경우에는 지휘자나 연출자 등 이 이를 행사한다. 이 때 지휘나 연출자라 함은 실연을 전체적으로 기획하고 지휘하여 완성한 자를 의미한다. 독창이나 독주가 함께 실연된 경우에는 독 창자나 독주자의 동의를 얻어야 한다. 실연자 개인 모두가 저작인접권을 행 사하게 되면 저작인접물을 사용하기 위해서는 그 실연에 관여했던 모든 사 람들로부터 허락을 받아야 하는 어려움이 예상되기 때문에, 저작인접물의 보다 원활하고 활발한 이용을 도모하기 위한 배려로 이해할 수 있다.

한편 공동실연자의 인격권의 행사에 대해서는 공동저작물의 저작인격권의 행사에 관한 사항이 준용된다(제77조).

6. 저작인접권의 제한

저작권은 문화와 예술 그리고 관련 산업의 향상 발전을 도모하는 데 그 궁극적인 목적이 있는 제도이다. 그렇기 때문에 저작권자에게 독점적인 권리를 부여하여 창작의 의욕을 고취시키지만, 다른 한편으로는 저작권자의 독점적인 권리에 일정한 제약을 가하여 저작물의 공정하고 원활한 이용을 꾀하고 있음은 앞서 살펴본 바와 같다. 이러한 원리는 저작인접권에도 마찬가지로 적용되어 저작인접권도 공익적인 목적인 경우 등에 대해 그 권리를 제한받는다.

저작인접권에 관한 제한은 일반적으로 저작권 제한에 관한 규정이 준용된다. 따라서 재판절차 등에서의 복제, 정치적 연설 등의 이용, 학교교육 목적 등에의 이용, 시사보도를 위한 이용, 공표된 저작물의 인용, 비영리적인 목적의 공연과 방송, 사적이용을 위한 복제, 도서관등에서의 복제와 전송, 시험문제로의 복제, 청각장애인의 이용에 제공하기 위해 공표된 저작물의 복제, 방송사업자의 일시적 녹음, 녹화 등의 경우에는 저작인접권이 제한된다. 이러한 경우에 해당된다면 저작인접권자에게 별도의 허락 없이 누구라도 자유롭게 저작인접물을 이용할 수 있다.

저작재산권에 대한 준용 이외에 디지털음성송신사업자가 실연이 녹음된 음반을 사용하여 송신 행위를 하는 경우에는 자체의 수단으로 실연이 녹음된 음반을 일시적으로 복제할 수 있도록 별도의 규정을 마련하고 있다(제87 조 제2항). 이 조항은 디지털음성송신사업자와 방송사업자의 지위를 명확하 게 구별하는 것으로 의미를 지니고 있다.

7. 배타적발행권과 출판권

저작물은 저작자의 창작적인 노고가 결실을 맺은 것이지만, 저작물을 다른 사람들이 손쉽게 이용할 수 있도록 제작하고 보급해서 저작자와 저작물 이용자 사이에 매개 역할을 필요로 한다. 저작물을 책이나 음반 등으로 제작해서 보급하는 일은 이러한 매개 역할의 대표적인 사례이다. 디지털 기술이 일반화되기 전까지는 이런 매개자로서의 역할에 대해서는 출판권이라는 독점적이고 배타적인 권리를 부여하여, 출판 투자에 대한 출판사의 권리를 안정적으로 보장할 수 있는 수단을 마련하고 있었다. 컴퓨터기술과 정보통신 기술이 발달하면서 오늘날의 저작물 보급 방법은 책이나 음반과 같은 물리적인 매체의 복제와 배포뿐만 아니라 온라인을 통한 디지털콘텐츠의 제공으로도 확대되고 있다. 그런데 지금까지의 출판권만으로는 디지털콘텐츠를 제작하고 발행한 사람에게 아무런 권리를 부여할 수도 없는 문제가 발생하게 되었기 때문에 저작권법에서는 배타적발행권이라는 권리 개념을 신설하여 출판뿐만 아니라 온라인상에서의 다양한 발행에 대해서도 일정한 권리를 독점적이고 배타적으로 주장할 수 있는 장치를 마련했다. 배타적발행권과 출판권은 그 취지나 맥락은 거의 동일한 것이지만, 출판권이 저작물을 인쇄 그 밖에 이와 유사한 방법으로 문서 또는 도화로 발행하는 것에만 적용되는 제한적인 권리인 반면에 배타적발행권은 저작물을 발행하거나 복제·전송하는 행위까지 그 권리가 보다 폭넓게 미치며, 출판권에 해당하는 부분은 제외된다는 점에서 구별된다.

배타적발행권은 저작물 이용에 대한 이용허락과는 성격을 달리하는 배타적이고 독점적인 권리이다. 배타적발행권자는 저작물을 발행할 수 있는 자신의 독점적이고 배타적인 권리를 다른 사람이 침해했을 경우에 저작권자의 도움 없이 침해자를 대상으로 직접 민·형사상의 구제를 청구할 수 있다는 점에서 이용허락과는 다른 법률적 개념이다.[1] 단순 이용허락의 경우에 저작물 발행자의 권리는 저작권자에게만 효력을 미치지만 배타적발행권을 설정하게 되면 저작권자뿐만 아니라 제3자에게도 자신의 권리를 독점적으로 주장할 수 있다는 점에서 차별화가 된다.

발행은 저작물 또는 음반을 공중의 수요를 충족시키기 위하여 복제·배포하는 것(제2조 제24호)을 말한다. 우리 저작권법에서는 이 발행 행위와 함께 저작물의 복제와 전송 행위까지를 포함하여 **배타적발행권**을 설정할 수 있도록 규정하고 있다. 한편 저작물을 인쇄와 그 밖에 이와 유사한 방법으로 문서 또는 도화로 발행할 경우에는 **출판권**을 설정하도록 규정하고 있다. 사실 배타적발행권은 출판권의 개념을 모두 수용하는 보다 폭넓은 개념이지만, 현행법에서는 이미 설정이 된 출판권을 지속적으로 이용할 수 있도록 출판권을 그대로 유지하여 2011년 법률이 개정되기 이전에 설정된 출판권도 여전히 유효하도록 안전장치를 마련해놓은 것이다. 출판권에 관한 상세한 사

---

[1] 저작물 이용허락이 채권적인 권리라고 한다면, 배타적발행권은 저작권이라는 준물권에 기하여 저작물 이용자에게 저작물을 배타적으로 사용·수익할 수 있는 권리로 설정해 준 '용익물권'과 유사한 권리로 볼 수 있다. 배타적발행권은 배타적 성질, 즉 모든 제3자에 대하여 독점적 권리를 주장할 수 있다는 점에서 이용허락을 준 상대방에 대하여서만 독점적 권리를 주장할 수 있는 채권적 권리인 '독점적 이용허락'과 다르다(오승종, 2020: 1022).

항은 배타적발행권의 내용을 그대로 준용하고 있기 때문에 이후에는 출판권에 관한 사항은 따로 언급하지 않는다.

배타적발행권이란 저작물을 발행하거나 복제·전송할 권리를 가진 자가 제3자(배타적발행권자)에게 설정 행위에서 정하는 바에 따라 그 저작물을 발행 등의 방법으로 이용하도록 설정하여준 배타적 권리(제57조 제1항)이다. 배타적발행권을 설정받은 자(배타적발행권자)는 그 설정 행위에서 정하는 바에 따라 배타적발행권의 목적인 저작물을 발행하거나 복제·전송의 방법으로 이용할 권리를 가진다(제57조 제3항).

배타적발행권을 설정하게 되면 저작자는 설정 기간 동안에는 더 이상 다른 사람들에게 저작물을 발행의 방법으로 이용할 수 있도록 허락해줄 수가 없기 때문에, 배타적발행권을 설정한 자에게도 몇 가지 의무를 부여하고 있다.

배타적발행권자는 그 설정 행위에 특약이 없는 때에는 저작물을 복제하기 위해 필요한 원고 또는 이에 상당하는 물건을 받은 날로부터 9월 이내에 이를 발행 등의 방법으로 이용하여야 한다(제58조 제1항). 또한 관행에 따라 그 저작물을 계속하여 발행 등의 방법으로 이용하여야 한다(제58조 제2항). 또한 특약이 없는 한 대통령령이 정하는 바에 따라서 저작재산권자의 표지를 하여야 한다(제58조 제3항). 또한 배타적발행권자는 배타적발행권의 목적물인 저작물을 발행 등의 방법으로 다시 이용하는 경우에 그 때마다 저작물의 저작자에게 그 사실을 알려야 하는 통지의 의무를 지닌다(제58조의2 제2항). 이것은 저작자의 저작물에 대한 수정·증감권을 보장하기 위해서 저작물의 발행에 앞서서 저작물의 발행 사실을 고지하여 저작자로 하여금 합리적인 범위 내에서 저작물을 수정하거나 증감할 수 있는 권리를 보장하기 위해서 부여되는 의무이다. 여기에서 발행이라 함은 단순히 저작물의 복제물을 만들어서 쌓아놓는 것을 의미하는 것이 아니라 이용자들이 저작물의 복제물을 구입할 수 있는 상태를 의미한다(임원선, 2022: 352).

배타적발행권은 설정 행위에 특약이 없는 때에는 맨 처음 발행 등을 한 날로부터 3년 동안 존속한다. 다만, 저작물의 영상화를 위하여 배타적발행권을 설정하는 경우에는 5년 동안 존속한다(제59조 제1항). 여기에서 "맨 처음 발행 등을 한 날"은 배타적발행권이 발생하는 시점이 아니라, 존속기간의 기산점을 의미하는 것으로 이해하여야 한다(오승종, 2020: 1028). 그렇지 않고 배타적발행권의 발생 시점으로 보게 되면, 설정 행위를 했다고 하더라도 저작물의 발행이 이루어지지 않으면 권리가 성립되지 않는 결과가 될 수 있기 때문에 부당하다. 배타적발행권이 만료되거나 소멸된 경우에 배타적발행권자는 배타적발행권 설정 행위에 특약이 있는 경우와 배타적발행권의 존속기간 중에 저작재산권자에게 저작물의 발행에 따르는 대가를 지급하고 그 대가에 상응하는 부수의 복제물을 배포한 경우를 제외하고는 배타적발행권의 존속기간 중에 만들어진 복제물을 배포할 수 없다(제61조).

배타적발행권도 저작재산권과 마찬가지로 공공의 이익과 원활한 이용을 위해 일정한 경우에 제한을 받게 된다. 배타적발행권은 저작물의 복제와 배포, 전송 등과 관련되는 권리이기 때문에 이와는 관련이 없는 공연이나 방송 등을 제외한 저작재산권의 제한 규정 대부분이 그대로 준용된다.

배타적발행권자가 배타적발행권의 목적인 저작물을 발행 등의 방법으로 이용하는 경우에는 저작자는 정당한 범위 안에서 그 저작물의 내용을 수정·증감할 수 있다(제58조의2 제1항). 이 권리는 저작자의 동일성유지권과 유사한 것으로, 적극적인 내용변경권이라고 해야 할 것이며(오승종, 2020: 1035), 일종의 인격적 이익을 보장하려는 취지에서 마련된 것이라고 이해할 수 있다. 그렇지만 저작자의 수정·증감권은 정당한 범위 내에서 행해지는 것이어야지, 배타적발행권자의 경제적 부담을 가중시키는 전면적인 수정이나 증감을 의미히는 것은 아니며, 적절한 시기에 저작물을 발행할 수 있도록 정당한 기간 내에 이루어질 필요가 있다. 수정·증감권은 일종의 인격권의 성격을 지닌 것으로 저작인격권과 마찬가지로 저작자 일신에만 권리가 발생한다. 따라서 저작자가 사망한 경우에는 권리 자체도 함께 소멸되는 것으로 보아야 한다.

한편 배타적발행권 설정 기간 중에 저작자가 사망한 경우에 배타적발행권의 설정에도 불구하고, 저작재산권자가 저작자를 추모하기 위한 저작자의 전집이나 그 밖의 편집물에 수록하여 발행 등의 방법으로 이용할 수 있다. 저작자가 사망한 후에 유족이나 지인들이 고인을 추모하기 위해서 저작물을 재출간하는 경우 등을 고려해서 저작재산권자에게 인정하는 권리이다. 그렇지만, 이 조항은 배타적발행권이 설정된 기간 중에 저작자가 사망한 경우에만 적용되는 것이며, 저작자가 사망한 후에 설정된 배타적발행권 등에 대해서는 적용되지 않는다.

한편 배타적발행권자가 9월 이내에 저작물을 발행할 의무를 이행하지 않거나 발행을 계속하지 않을 경우에 저작재산권자는 6월 이상의 기간을 정하여 그 이행을 촉구하고, 그 기간 내에도 의무를 이행하지 않을 경우에는 배타적발행권의 소멸을 통고할 수 있다(제60조). 또한 저작재산권자는 배타적발행권자가 그 저작물을 발행 등의 방법으로 이용하는 것이 불가능하거나 이용할 의사가 없음이 명백한 경우에는 이행 촉구 기간 없이 즉시 배타적발행권의 소멸을 통고할 수 있다. 발행 등이 불가능하거나 이용할 의사가 없음이 명백한 경우는 통상 배타적발행권자의 파산이나 폐업 등과 같이 누가 보아도 그렇게 생각할 만한 객관적으로 명백한 사유가 있는 경우로 제한적으로 해석되어야 할 것이다(오승종, 2020: 1037). 저작재산권자가 배타적발행권자에게 권리의 소멸을 통고하게 되면, 배타적발행권자가 그 통고를 받은 때에 배타적발행권은 소멸된 것으로 본다.

8. 데이터베이스제작자의 권리

인터넷 환경이 일상화되면서 보다 많은 정보들을 편리하게 찾고 이용할 수 있도록 다양한 데이터베이스들이 개발되어 보급되고 있다. 데이터베이스는 여러 곳에 흩어져 있던 각종 데이터들을 한데 모아서 다양한 접근 경로를 통해서 손쉽게 검색하고, 활용할 수 있도록 도움을 제공하기 때문에 인터넷이 일반화된 시대에 정보 이용을 위해서는 필수적인 도구이다. 데이터베이스의 구축을 위해서는 데이터베이스의 구동을 위한 각종 장비와 소프트웨어 그리고 방대한 데이터들을 필요로 한다. 이러한 작업을 원만하게 수행하기 위해서는 상당한 규모의 예산, 시설, 인력 투자를 필요로 한다.

그런데 우리 저작권법에서 **데이터베이스**는 소재를 체계적으로 배열 또는 구성한 편집물로서 개별적으로 그 소재에 접근하거나 그 소재를 검색할 수 있도록 한 것을 말한다(제2조 제19호)고 규정하고 있어 데이터베이스의 경우에는 소재나 구성에 있어서 창작성을 지닌 경우에 한해서만 저작권을 보호하고 있다. 편집저작물에 해당되지 않는 데이터베이스의 경우에는 저작권을 인정받을 수가 없다. 이렇게 되면 데이터베이스를 제작하는 데에 따르는 비용 투자를 보호할 장치가 없어서 어려움을 겪을 수 있다. 데이터베이스제작자의 권리는 이러한 사정을 감안하여 편집저작물에 해당되지 않는 데이터베이스의 경우라고 하더라도 저작인접권에 준하는 데이터베이스제작자의 권리를 보호하기 위해서 마련된 규정이다. 데이터베이스제작자의 권리는 창작성에 기반을 두고 그 권리를 인정하는 것이 아니라, 데이터베이스라는 재화를 만들어내는 데 투입된 인적·물적 투자에 따르는 권리라고 이해할 수 있다. 따라서 창작성에 기반을 둔 저작물로서의 저작권과는 다른 종류의 권리로 이해할 수 있다. 만일 소재의 구성과 배열에 창작성이 있는 데이터베이스의 제작자의 경우에는 편집저작물의 저작권과 동시에 데이터베이스제작자의 권리를 인정받을 수 있다.

데이터베이스제작자는 데이터베이스의 제작 또는 그 소재의 갱신·검증 또는 보충에 인적 또는 물적으로 상당한 투자를 한 자를 말한다(제2조 제20호). 어느 만큼의 인적 또는 물적 투자가 상당한 투자에 해당하는 것인지에 대한 특별한 규정은 마련되어 있지 않다. 다만, 특정한 종류의 데이터베이스와 그것을 구성하는 정보의 사회적·경제적 중요성과 그 수집·조직의 용이성, 그 보호가 시장에 미치는 영향, 그리고 그 데이터베이스를 구성하는 개별 정보에 대한 접근의 중요성 등을 고려하여 판단해야 하며, 질적인 면과 양적인 면이 모두 고려되어야 할 것이다(오승종, 2020: 1065).

우리 법에서는 모든 데이터베이스제작자에 대해서 권리를 보장해주는 것이 아니고, 다음 두 가지 조건 가운데 하나에 해당되는 데이터베이스제작자에게만 권리를 인정하고 있다. 첫째, 대한민국 국민, 둘째, 데이터베이스의 보호와 관련하여 대한민국이 가입 또는 체결한 조약에 따라 보호되는 외국인(제91조 제1항)이다. 외국인의 경우에는 해당 국가에서 대한민국 국민의 데이터베이스를 보호하지 않을 경우에는 그에 상응하여 제1항에 따르는 체약국의 국민이라고 하더라도 이 법에 따르는 권리를 제한할 수 있도록 규정하고 있다.

한편 데이터베이스의 제작·갱신·검증 또는 보충이나 운영에 이용되는 컴퓨터프로그램, 무선 또는 유선 통신을 기술적으로 가능하게 하기 위해 제작되거나 갱신 등이 되는 데이터베이스의 경우에는 비록 그것이 데이터베이스라고 하더라도 보호의 범위에서 제외하고 있다. 첫 번째 데이터베이스의 경우에는 이미 컴퓨터프로그램으로 보호가 이루어지고 있는 것이기 때문에 데이터베이스제작자의 권리가 별도로 인정되지 않도록 한 것이고, 두 번째 데이터베이스는 이런 경우에까지 권리를 보호하게 되면 인터넷이나 정보통신망 이용이 매우 불편해질 수 있기 때문에 이를 미연에 방지하기 위한 것으로 이해할 수 있다.

데이터베이스제작자는 자신의 데이터베이스의 전부 또는 상당한 부분을 복제·배포·방송 또는 전송할 권리를 가진다(제93조 제1항). 그렇지만 데이터베이스제작자의 복제권은 다른 사람이 데이터베이스를 모방하여 유사한 데이터베이스를 제작하는 데에는 미치지 않는다. 다만, 자신의 데이터베이스의 전부 또는 상당한 부분을 이용하는 경우에만 권리가 미칠 뿐이다. 모방으로부터의 보호는 데이터베이스가 편집저작물로서 보호되는 범위에 국한된다(임원선, 2022: 342). 그렇지만 데이터베이스제작자의 권리가 데이터베이스를 구성하는 개별 소재에까지 미치는 것은 아니다. 다만, 데이터베이스의 개별 소재를 반복적이거나 특정한 목적을 위해 체계적으로 복제함으로써 데이터베이스제작자의 통상적인 이용과 충돌하는 경우나 데이터베이스의 제작자의 이익을 부당하게 침해하는 경우(제93조 제2항)에는 이를 상당한 부분의 복제 등으로 보기 때문에 데이터베이스제작자의 권리가 미치지만, 데이터베이스의 구성 부분이 되는 개별 소재는 권리의 대상에 해당되지 않으며, 개별 소재의 저작권에 아무런 영향을 줄 수 없다.

데이터베이스제작자의 권리는 데이터베이스 제작을 완료한 때부터 발생하며, 그다음 해부터 기산하여 5년간 보호된다(제95조 제1항). 또한 데이터베이스의 갱신을 위해 인적 또는 물적으로 상당한 투자가 이루어진 경우에 당해 부분에 대한 데이터베이스제작자의 권리는 그 갱신 등을 한 때부터 발생하며, 그다음 해부터 기산하여 5년간 보호된다(제95조 제2항). 제2항의 규정은 소규모의 갱신 등으로 데이터베이스제작자의 권리를 지속적으로 유지할 수 없도록 하기 위한 것으로, 갱신 등을 위해서는 상당한 투자가 이루어져야 할 것을 요건으로 하고 있으며, 데이터베이스제작자의 권리가 무한히 연장되는 것이 아니라, 갱신 등이 이루어진 부분에 한해서 권리가 새롭게 인정된다는 것을 선언하고 있는 것이다.

데이터베이스제작자의 권리도 저작권 제한의 규정을 준용해서 그 권리가 제한될 수 있으며, 특히 비영리 목적의 교육, 학술 또는 연구를 위해 이용하는 경우나 시사보도를 위한 경우에는 데이터베이스의 전부 또는 상당한 부분을 복제 등을 할 수 있도록 권리를 제한하고 있다. 한편 데이터베이스제작자의 권리도 제50조에 따르는 법정허락의 대상이 된다.

9. 온라인서비스제공자의 책임 제한

인터넷 환경에서의 저작물의 제공과 활용 과정에서 우리는 다양한 온라인서비스제공자들의 도움을 받게 된다. 인터넷이라는 가상의 공간에 저작물을 업로드하거나 전송하기 위해서는 이러한 서비스를 제공하거나 시설을 운영하는 사람들의 도움을 반드시 필요로 하게 된다. 인터넷 공간에서의 저작물 제공과 활용은 불특정 다수의 사람들에 의해서 이루어지기 때문에 저작권 침해가 상당히 빈번하게 이루어질 수 있으며, 이 경우 온라인서비스제공자의 책임과 과실의 요건을 어떻게 규정할 수 있을 것인가는 변화된 기술 환경이 만들어낸 새로운 과제였다.

저작권법에서는 **온라인서비스제공자**(OSP: Online Service Provider)를 이용자가 선택한 저작물등을 내용의 수정 없이 이용자가 지정한 지점 사이에서 정보통신망을 통해 전달하기 위해 송신하거나 경로를 지정하거나 연결을 제공하는 자 또는 이용자들이 정보통신망에 접속하거나 정보통신망을 통해 저작물등을 복제·전송할 수 있도록 서비스를 제공하거나 그를 위한 설비를 제공 또는 운영하는 자(제2조 제30호)라고 정의하고 있다.

대체로 온라인서비스제공자가 제공하는 것은 저작물을 업로드하고 전송할 수 있는 기술적인 플랫폼이거나 통신회선일 뿐이며, 저작물의 복제와 전송은 해당 서비스를 이용하는 사람들에 의해서 이루어진다. 복제와 전송에 대한 직접적인 책임은 저작물 이용자에게 존재하는 것이겠지만, 이러한 침해 행위가 이루어지는 것을 온라인서비스제공자가 알고도 이를 방조하거나 묵인했다고 한다면 저작권 침해 행위에 간접적으로 기여한 것으로 인정되어 침해의 책임으로부터 자유로울 수 없게 된다. 온라인서비스제공자는 서비스 과정에서 발생하는 일시적 복제를 제외하고는 일반적으로 침해의 직접적인 주체는 아니지만 이를 유발하거나 가능하게 한다는 점에서 그 침해에 대해 민·형사상의 책임을 지게 되는 경우가 있다. 그러나 다른 한편으로 온라인서비스제공자는 이러한 침해를 가장 효과적으로 방지, 억제하거나 또는 중단시킬 수 있는 위치에 있다(임원선, 2022: 432). 온라인서비스제공자의 책임의 한계가 명확하게 제시되어 있지 않으면, 온라인서비스제공자는 이용자들의 저작권 침해 행위에 어떤 방식으로 대처해야 할 것인지에 대한 확실한 처리 지침을 마련하지 못해서 어려움을 겪을 수도 있을 것이다. 이 조항은 온라인서비스제공자가 저작물이나 실연·음반·방송 또는 데이터베이스의 복제·전송과 관련된 서비스를 제공하는 것과 관련하여 다른 사람에 의한 권리침해행위와 관련되는 온라인서비스제공자의 책임을 감경 또는 면제하도록 하기 위한 요건 등을 정하기 위한 것이다(오승종, 2020: 1521). 온라인서비스제공자에게 저작권 침해를 방지하거나 중단시키는 데 일정한 역할을 담당하게 하고, 그에 상응하게 저작권 침해에 대한 책임 부담으로부터 자유로울 수 있도록 근거 조항으로 마련된 것이다. 온라인서비스제공자로 하여금 저작권 침해에 대한 불확실성을 감소시켜서 온라인서비스제공자가 안정적으로 사업을 운영할 수 있도록 보장하고, 다른 한편으로는 온라인서비스제공자가 저작권 침해를 예방·억제하는 데에 보다 적극적인 역할을 수행하도록 독려하려는 것이 이 조항의 취지이다.

1998년 미국의「디지털 밀레니엄 저작권법」에서 처음으로 도입되었고, 한국에서는 2003년에 온라인 게시판이나 웹하드와 같은 호스팅 서비스를 중심으로 도입이 되었고, 2011년 한·EU자유무역협정과 한·미자유무역협정의 비준에 따른 저작권법 개정 과정에서 두 차례 개정되어 지금의 체제를 갖추게 되었다.

저작권법에서는 온라인서비스제공자를 인터넷접속(단순도관)서비스, 캐싱서비스, 저장서비스, 정보검색도구서비스 이렇게 네 가지로 나누고, 각 서비스 유형에 따른 면책의 요건을 구체화하고 있다. 이제부터 온라인서비스가 제공하는 서비스의 유형을 살펴보고, 각각의 행위의 유형별 책임 제한의 구체적인 요건을 살펴보려고 한다.

저작권법에는 온라인서비스제공자의 책임을 제한할 수 있는 행위 유형을 네 가지로 구분하고 있다.

먼저, **인터넷접속**(단순도관)**서비스**란 온라인서비스제공자가 내용에 대한 아무런 수정 없이 저작물등을 송신하거나 경로를 지정하거나 연결을 제공하는 행위 또는 그 과정에서 저작물등을 그 송신을 위해 합리적으로 필요한 기간 내에서 자동적, 중개적, 일시적으로 저장하는 행위를 뜻한다. 네트워크와 네트워크 사이에 통신을 하기 위해서, 서버까지의 경로를 설정하고 이를 연결해주는 서비스를 말한다. KT나 SK와 같이 인터넷망 사업자가 제공해주는 서비스가 바로 이 유형에 해당된다.

둘째, 서비스 이용자의 요청에 따라 송신된 저작물등을 후속 이용자들이 효율적으로 접근하거나 수신할 수 있게 할 목적으로 그 저작물등을 자동적·중개적·일시적으로 저장하는 **캐싱서비스**이다. 일반적으로 캐싱이란 정보처리의 효율성과 안정성을 높이기 위해 자주 이용되는 디지털 정보를 캐시(cache)라 불리는 저장 공간에 임시적으로 저장한 후에 이를 다시 이용하고자 하는 경우 그 정보의 원래 출처로 다시 가지 않고 임시 저장된 정보를 활용하도록 하는 것을 말한다(임원선, 2022: 435).

셋째, 복제·전송자의 요청에 따라 저작물등을 온라인서비스제공자의 컴퓨터에 정하는 **저장서비스** 유형이다. 카페나 블로그 또는 웹하드 등 일정한

표 5-1 | 온라인서비스제공자의 유형별 책임 제한 요건

서비스 유형 책임 제한 요건	인터넷 접속	캐싱 서비스	저장 서비스	정보검색 도구
저작물 송신을 시작하지 않을 것	○	○	○	○
저작물이나 그 수신자를 지정하지 않을 것	○	○	○	
반복적 침해자의 계정 해지 정책	○	○	○	
표준적 기술조치의 수용	○	○	○	
저작물등을 수정하지 않을 것		○		
일정 요건을 충족하는 이용자만 캐싱된 저작물에 접근 허용		○		
복제·전송자가 제시한 현행화 규칙 준수		○		
저작물 이용 정보를 얻기 위해 업계에서 인정한 기술의 사용을 방해하지 않을 것		○		
본래의 사이트에서 접근할 수 없게 조치된 저작물에 접근할 수 없도록 조치		○		
침해 행위 통제 권한이 있는 경우, 직접적, 금전적 이익이 없을 것			○	○
침해 행위 인지 시 해당 저작물의 복제·전송 중단			○	○
복제·전송 중단 요구의 수령인 지정 및 공지			○	○

자료를 하드디스크나 서버에 저장하여 다른 사람들이 이에 접근하여 이용할수 있도록 제공되는 서비스가 이 유형에 해당된다. 도서관등이 제공하는 공개 게시판이나 이용자와의 쌍방향 소통을 위해서 서평 등을 게시할 수 있도록 제공되는 서비스도 이러한 유형의 서비스에 해당될 수 있다.

넷째, 정보검색도구를 통해 이용자에게 정보통신망상에 저작물등의 위치를 알 수 있게 하거나 연결하는 정보검색도구서비스 유형이다. 정보검색을위해서 일반적으로 활용되는 네이버, 다음, 구글 등이 이 유형에 해당하는정보서비스이다.

〈표 5-1〉은 온라인서비스제공자의 서비스 유형별 책임 제한의 요건을 정리한 것이다. 각각의 서비스 유형마다 법률이 제시하고 있는 요건들을 모두충족하는 경우에는 온라인서비스제공자는 저작권 침해가 발생했다고 하더라도 해당 침해 행위에 대해서는 책임을 지지 않는다.

한편 이러한 책임의 제한과 관련해서 온라인서비스제공자는 자신의 서비스 안에서 침해 행위가 일어나는지를 모니터링하거나 침해 행위에 대해서적극적으로 조사할 의무를 지지는 않는다. 온라인서비스제공자가 저작권침해와 관련된 책임을 면제받기 위해서 자신의 서비스를 모니터링하거나 저작권 침해의 징후를 보이는 사실을 적극적으로 찾아야 하는 것은 아니다(임원선, 2022: 437~438).

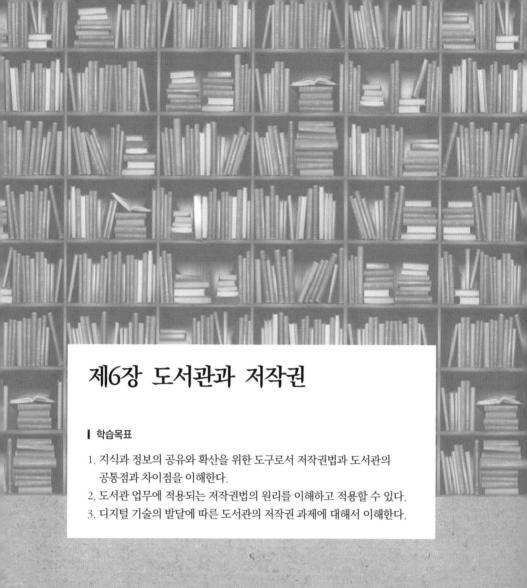

제6장 도서관과 저작권

▎학습목표

1. 지식과 정보의 공유와 확산을 위한 도구로서 저작권법과 도서관의
   공통점과 차이점을 이해한다.
2. 도서관 업무에 적용되는 저작권법의 원리를 이해하고 적용할 수 있다.
3. 디지털 기술의 발달에 따른 도서관의 저작권 과제에 대해서 이해한다.

1. 지식과 정보의 공유와 확산을 위한 두 개의 날개

　저작물은 인간의 사상 또는 감정을 창작적으로 표현한 것이다. 인류는 저작물을 공유하면서 사상과 감정을 교류하고, 이를 바탕으로 새로운 지식을 축적하고 공감대를 형성하면서 공동체와 그 문화를 성숙·발전시켜왔다.

　저작물 속에 담긴 인간의 사상과 감정은 일종의 지식과 정보로, 타인과 공유할 만한 문화적·사회적·경제적 가치를 지닌 것이다. 학문과 예술 그리고 문화의 발전은 저작물 속에 담긴 다양한 지식과 정보를 함께 나누고 교환하면서 비로소 가능해진다. 저작권은 저작물 속에 담긴 지식과 정보의 공유와 유통을 통제할 수 있는 권리를 의미한다. 공공적인 필요성이 있는 특별한 경우에는 권리가 제한되기도 하지만, 그렇지 않은 경우에는 저작자에게 그 권리를 온전히 남겨놓는다. 저작물을 다른 사람과 공유할 것인가의 여부는 온전히 저작권자의 몫이다. 저작권자는 자신에게 부여된 독점적이고 배타적인 권리를 활용해서 저작물 속에 담긴 지식과 정보를 독점할 것인지 아니면 공유해서 그에 따르는 경제적·사회적 이익을 확보할 것인지 결정하게 된다. 저작권은 저작자의 독점적인 이익을 보장함으로써, 저작물 속에 담긴 지식과 정보의 사회적인 공유와 유통을 촉진함으로써 문화의 향상과 발전을 도모하기 위한 제도로 마련되었다.

그렇지만 이렇게 그 권리가 보장되기 시작한 것의 역사는 비교적 짧다. 인쇄기술의 등장으로 다른 사람의 저작물을 비교적 손쉽게 복제할 수 있게 되기 전까지는, 권리 자체가 아예 인정되지 않았다. 인쇄기술이 본격적으로 활용되기 전까지 다른 사람의 저작물을 복제할 수 있는 유일한 방법은 그것을 베껴 적는 것이었다. 이러한 작업은 꽤나 많은 시간과 노력이 필요했기 때문에, 저작물 자체가 상업적인 거래나 이윤 추구의 대상이 되기 어려웠다. 따라서 저작물의 복제와 배포를 법률로 규율할 필요가 그리 크지 않았다. 그렇지만 인쇄기술의 등장은 이러한 사정을 아주 빠른 속도로 바꿔놓았다. 인쇄기술에 힘입어서 성장한 출판업은 지식과 정보를 상업적인 가치를 지닌 상품으로 새롭게 변화시킨다. 저작권은 바로 거래가 가능한 상품으로서 지식과 정보의 가능성에 주목하면서 탄생했다. 저작물의 창작자에게 저작물 속에 담긴 지식과 정보의 공유와 유통을 통제할 권리를 부여함으로써 경제적인 이익의 독점을 보장하면서 새로운 창작과 저작물의 원활한 유통을 독려하기 위한 제도가 바로 저작권인 것이다.

그렇지만 지식과 정보의 상품화는 비용을 지불할 수 없는 사람을 소외시키는 결과를 초래할 수 있다는 점에서 매우 위험한 것이기도 하다. 지식과 정보는 단순한 소비재가 아니라 인간다운 삶을 영위하고, 지적 성장의 기회를 마련하는 데 필수적인 재료이기 때문이다. 이런 까닭에 저작권법은 저작물 창작자의 권리를 보장하면서, 동시에 공공적인 필요를 지닌 일정한 경우에는 그 권리를 제한하면서 공공의 이익과 사적 이익 사이의 조화와 균형을 도모한다.

이런 대표적인 경우가 바로 도서관에 대한 저작권 면책이다. 도서관은 인간의 지적 활동의 결과물인 저작물을 빠짐없이 수집하고 세대를 이어서 보존하며 이를 공중이 쉽게 접할 수 있도록 제공하는 기능을 담당한다(임원선, 2022: 252~253). 도서관은 이렇게 수집한 다양한 저작물을 시민에게 제공하여, 학문적인 연구나 개인적인 취미 등에 활용할 수 있도록 서비스를 제공한다. 도서관은 대출과 반납, 자료의 검색과 제공, 연구 지원, 문화프로그램 제공 등 다양한 서비스를 제공하고 있다. 이를 통해서 도서관은 시민의 지식 수준을 높이고, 문화적인 즐거움을 제공하는 공공 영역으로서의 역할을 수행한다. 특히 근대 이후의 도서관은 책 속에 담긴 지식과 정보를 비용을 지불하고 이용하기 어려운 사람도 자유롭게 이용할 수 있는 기회를 보장해왔다. 도서관은 공공재로서 지식과 정보에 대한 자유로운 접근을 보장하는 일종의 사회적 안전망으로 기능을 수행한다. 이런 까닭에 저작권법은 도서관이 그 공공적인 기능을 원활히 수행할 수 있도록 일정한 요건을 갖춘 경우에는 저작권자의 허락 없이도 저작물을 자유롭게 이용할 수 있도록 보장한다. 예컨대 저작권법 제31조 제1항 제1호는 도서관 이용자의 조사·연구가 원활하게 이루어질 수 있도록 도서관에서의 저작물의 복제가 저작재산권자의 허락 없이도 이루어질 수 있도록 허용함으로써, 사익과 공익의 조화를 도모한다(오승종, 2022: 821). 또한 같은 조 제2항과 제3항은 도서관이 보관된 도서등을 디지털 형태로 복제하여 전송할 수 있는 요건을 아주 세밀하게 규정하고 있다. 저작권법에 이렇듯 도서관에 관한 면책이 매우 까다롭고 상세하게 규정된 까닭은 바로 이를 통해서 공동체의 지적 성장을 돕는 도서관의 기능이 원만히 이루어질 수 있도록 지원하는 공적인 이익과 저작물 창작자의 사적인 이익 사이에 조화와 균형을 이루기 위한 것이다. 또한 이를 통해서 문화가 향상되고 발전할 수 있는 환경을 마련하기 위한 것이다.

도서관은 문자가 탄생한 이래로 인류의 역사 속에 늘 함께 존재해왔다.

고대 메소포타미아 지방에서 발견된 점토판 유적에서, 알렉산드리아 도서관을 둘러싼 흥미로운 이야기에서 옛날 도서관의 흔적을 찾기는 그리 어렵지 않다. 그렇지만 이런 도서관은 오늘날 우리가 익히 알고 있는 도서관과는 달리 왕이나 귀족과 같은 일부 특권층의 전유물이었다. 도서관은 국가와 사회를 유지하는 데 필요한 통치 사상을 개발하는 전초 기지였고, 소수의 제한된 사람이 지식과 정보를 통제하고 독점할 수 있도록 마련된 장치에 지나지 않았다.

오늘날 우리에게 익숙한, 누구나 지식과 정보에 자유롭게 접근할 수 있는 도서관이 등장한 것은 근대 이후의 일이었다. 프랑스 대혁명이나 명예혁명 등을 거치면서 고양된 시민의식은 근대적인 공공도서관이 탄생하도록 이끈 사상적 바탕이었다. 아울러 인쇄기술이 본격적으로 활용되기 시작하면서 급속도로 성장한 출판업은 근대적인 공공도서관이 탄생하는 또 다른 바탕을 이룬다. 근대 도서관은 이런 사회적인 배경과 필요성에 의해서 탄생했다.

저작권과 도서관은 이렇게 인쇄기술의 발달에 힘입어 탄생했지만, 그 바탕을 이루던 인쇄기술이 디지털 기술로 급속하게 대체되면서 커다란 변화에 직면하고 있다. 저작물의 복제와 유통이 그 어느 때보다 손쉬워진 디지털 환경은 저작권 보호를 위한 새로운 패러다임을 요구하고 있으며, 이에 따라 저작권법의 잦은 개정이 이루어지고 있다. 도서관도 종이책뿐만 아니라 디지털 형태의 정보와 자료를 구축하여 정보통신매체를 통해서 이용할 수 있는 '전자도서관' 구축에 힘을 기울이고 있으며(이해완, 2012: 473), 새로운 형태의 저작물을 수용하면서 디지털 환경에 적응하기 위해 노력하고 있다.

저작권과 도서관은 지식과 정보의 공유를 촉진함으로써 문화의 향상과 발전을 이끄는 서로 다른 두 개의 날개이다. 저작권이 저작물 창작자의 이익을 지켜주는 오른쪽 날개라면, 도서관은 저작물의 공정한 이용을 촉진하는 왼쪽 날개가 될 것이다. 도서관과 저작권은 저작자의 정당한 권리를 보호하고, 한편으로는 저작물의 공정하고 원활한 이용을 촉진할 의무를 함께 나누고 있다.

2. 도서관 업무와 저작권의 구체적인 관계

도서관은 세상 어느 곳보다도 많은 저작물을 보관하고 있는 장소이다. 도서관이 소장한 도서 대부분은 저작권의 보호를 받는 저작물이다. 이 저작물을 적법하게 이용하기 위해서는 저작권법이 정하는 일정한 요건에 해당하는 경우를 제외하고는 모두 저작권자의 허락이 필요하다. 저작권자의 허락이 필요한 영역이 많아질수록, 도서관의 행정적인 부담은 커지고 서비스의 제공은 위축될 수밖에 없을 것이다. 반면에 저작권자의 허락 없이 이용할 수 있는 부분이 많아질수록 저작권자가 취할 수 있는 이익은 감소할 것이다. 따라서 저작권법은 도서관의 공공 서비스가 원활하게 이루어지면서도, 저작재산권자의 권리가 지나치게 제한되지 않는 적절한 균형의 지점을 찾아야만 한다.

오늘날의 도서관은 도서의 수집과 보존뿐만 아니라 다양한 서비스를 제공하면서, 시민의 지적 성장과 문화적인 삶을 지원하고 있다. 도서의 열람과 대출, 복사물 제공, 다른 도서관으로의 상호대차, 온라인서비스, 문화프로그램의 제공 등 다양한 업무를 수행하고 있다. 그렇다면 도서관 업무 가운데 저작권자의 허락 없이 자유롭게 이루어질 수 있는 부분은 과연 무엇이고, 그것은 어떤 원리나 법 조항에 근거해서 이루어지는 것일까?

기본적으로 도서관은 인류가 남긴 다양한 지적 유산을 광범위하게 수집해서, 공동체 구성원과 후세대에게 전달하는 역할을 수행한다. 수집한 도서를 공동체 구성원이 열람하고 대출할 수 있도록 제공하는 것은 그중에서도 도서관의 가장 대표적인 서비스이다. 도서의 대출과 열람이 도서관의 대표적인 기능으로 자리 잡을 수 있게 된 것은 저작권법의 최초판매의 원칙(first sale doctrine)이 작용한 결과이다. 최초판매의 원칙은 판매 등의 적법한 방법으로 제공된 저작물이나 그 복제물에 대해서는 저작권자의 배포권이 더 이상 영향을 미치지 않는다는 저작권법의 기본 원리이다. 적법한 방법으로 구매한 저작물이나 그 복제물에 대해서까지 배포권을 인정하면, 구매자는 저작재산권자의 허락 없이는 그것을 마음대로 처분할 수 없다. 이렇게 되면 저작물이나 그 복제물을 소유한 사람의 소유권은 커다란 제약을 받을 수밖에 없다. 이렇게 소유권과 저작권이 충돌하게 되는 문제를 예방하기 위해서 저작권법에서는 최초 판매 행위 이후에는 저작재산권자의 배포권은 소멸하게 됨을 선언하고 있다. 저작권법 제20조는 저작자의 배포권을 규율하고 있다. "저작자는 저작물의 원본이나 그 복제물을 배포할 권리를 가진다. 다만, 저작물의 원본이나 그 복제물이 해당 저작재산권자의 허락을 받아 판매 등의 방법으로 거래에 제공된 경우에는 그러하지 아니하다." 이 조항의 단서에 해당하는 규정이 바로 '최초판매의 원칙'이다. 저작자에게 부여된 배포권은 적법하게 이루어진 최초의 판매 행위를 통해서 소멸해버리기 때문에, 최초 판매 이후에 저작물이나 그 복제물을 취득한 사람은 저작권자의 허락 없이도 해당 저작물이나 그 복제물을 타인에게 배포하는 데에 아무런 지장이 없다. 이러한 원리에 의해서 도서를 소유한 사람은 저작재산권자의 허락 없이도 해당 도서를 중고로 판매하거나 처분할 수 있다. 도서관의 대출은 최초판매의 원칙을 적용해서 이루어지는 공공 서비스이다. 도서의 대출은 도서의 점유를 일시적으로 이전하는 행위로, 도서의 물리적인 이동을 수반하는 배포 행위의 일종이다. 따라서 도서관의 대출은 저작재산권자에게 아무런 허락을 받지 않고 자유롭게 이루어질 수 있다.

그렇지만 도서관의 수가 점차 늘어나고, 도서관을 이용하는 도서 대출이 증가하면서, 이러한 저작물 이용 방식이 저작재산권자의 권리를 지나치게 제한하는 것이라는 주장이 제기되고 있다.[1] 도서관의 도서 대출로 말미암아 도서의 판매가 감소되고 있다는 주장이다. 이러한 주장을 수용해서, 유럽의 국가를 중심으로 이른바 공공대출(보상)권이라는 제도가 도입되고 있기도 하다. 미국과 일본 등에서도 공공대출(보상)권을 도입하려고 시도했으나, 최초 판매의 원칙과 충돌한다는 이유와 도서관의 대출이 도서 판매의 감소를 가져온다는 주장이 근거 없는 것이라는 이유 등으로 도입되지 않았다. 한국에서도 공공대출(보상)권의 도입을 수차례 시도했으나, 아직 도입되지 않았다. 그러나 2022년에 공공대출(보상)권 도입을 주요한 내용으로 하는 저작권법 개정안이 발의되어 있어, 향후 그 도입 여부를 주목할 필요가 있다. 당시 도서관계에서는 도서관의 대출이 도서 판매에 부정적인 영향을 미친다는 것은 근거 없는 주장이라며 반대 의사를 분명히 했다. 문화체육관광부(2020)와 한국저작권위원회(2020)의 보고서에 따르면 도서관 이용을 통해서 오히려 도서에 대한 홍보 효과가 발생하여 도서 판매에 긍정적인 영향을 미치는 것으로 조사된 바 있다. 공공대출보상제도의 도입은 자칫하면 도서관의 도서 구입 예산을 잠식해서, 모두에게 부정적인 영향을 끼칠 우려가 있다는 점도 도서관계가 제도 도입을 반대하는 주된 이유 가운데 하나였다.

---

[1] 어린이책작가연대 등 작가 단체들과 대한출판문화협회, 한국출판인연대 등 출판계의 주요한 단체들은 도서관의 대출로 도서 판매가 감소하고 있다고 주장하면서, 공공대출 보상제도의 도입을 촉구하고 있다. 이러한 주장을 수용해서 2022년 4월에는 더불어민주당 김승원 의원실에서 '공공대출보상제도' 도입을 위한 저작권법 개정안(의안번호 2115055, 2022.4.1. 제안)을 제출했다.

도서관은 도서 대출뿐만 아니라 도서의 복제 등이 활발하게 이루어지는 장소 가운데 하나이다. 그렇다면 도서에 대한 복제도 대출과 마찬가지로 저작권자의 허락 없이 이루어질 수 있는 것일까? 복제는 저작물을 유형물이나 유형의 매체에 고정하는 행위로, 배포와는 달리 최초판매 이후에도 저작자의 권리가 사라지지 않는다. 따라서 도서에 대한 복제는 원칙적으로 저작권자의 허락이 필요한 영역이다. 그렇지만 도서관에서 이루어지는 모든 복제에 대해서 저작권자의 허락을 받아야만 한다면, 다른 사람의 저작물을 이용해서 조사나 연구를 하는 것이 매우 까다롭고 번거로워질 우려가 있는 것도 사실이다. 이런 까닭에 세계 대부분의 국가는 일정한 요건을 갖춘 도서관의 복제는 저작권자의 허락 없이도 자유롭게 이루어질 수 있도록 허용하고 있다. 한국도 저작권법 제31조에서 저작권자의 허락 없이도 도서관이 저작물을 복제할 수 있는 경우를 구체적으로 열거하여 제시하고 있다. 도서관이 저작권자의 허락 없이 이용자에게 소장 자료를 복제해서 제공하거나, 다른 도서관으로 원문 복사 서비스를 제공할 수 있는 것은 이 조항에 근거한 것이다. 그렇지만 이 경우는 반드시 법률이 정하는 일정한 요건의 범위 내에서 이루어진 복제에 해당해야 한다. 그렇지 않은 경우에는 저작권자의 허락을 받은 후에 저작물의 복제가 이루어져야 한다. 이에 대해서는 뒤에 다시 상술한다.

한편 오늘날의 도서관은 비단 도서뿐만 아니라 음반이나 비디오 등 다양한 자료를 구비하여 제공하고, 또한 영화상영회나 공연, 강좌 프로그램 등을 제공하면서 지역의 문화센터로 그 역할을 확장하고 있다. 이렇게 음악이나 영화 등을 공중에게 공개적으로 상연 또는 상영하는 행위는 저작권법의 공연에 해당된다. 공연의 경우도 복제와 마찬가지로 저작권자의 허락을 얻은 후에 이루어져야 하는 행위임에 틀림이 없지만, 저작권법 제29조는 국민의 문화향유권을 보장하기 위해서, 일정한 요건을 갖춘 경우에는 저작권자의 허락 없이도 자유롭게 저작물을 공연할 수 있도록 허용하고 있다. 도서관도 법률이 허용하는 요건을 갖춘 경우에는 저작권자의 허락 없이 저작물을 자유롭게 공연할 수 있다. 저작권법 제29조 제1항 및 제2항의 규정에 따라 저작물을 활용할 수 있다. 저작권법 시행령 제11조 제8호의 규정에 따라 발행일로부터 6개월이 경과한 상업적 목적으로 공표된 영상저작물을 저작권자의 허락 없이도 자유롭게 공연할 수 있다. 이에 대해서는 뒤에 다시 상술한다.

　도서관은 수많은 저작물을 보관하고 이용하는 공간으로 도서관 업무의 많은 부분은 저작권과 긴밀한 관련을 맺고 있다. 따라서 도서관 서비스를 제공하는 사서는 저작권법의 관련 내용을 숙지할 필요가 있다.

3. 정보기술의 발전에 대한 대응

　도서관은 인쇄기술의 발전에 힘입어서 탄생한 사회적인 제도이다. 이런 까닭에 저작권법의 도서관 관련 규정은 인쇄기술과 이를 활용한 저작물 이용에 초점을 맞추어서 규율이 이루어져 왔다. 그렇지만 저작물을 담는 미디어가 급속하게 디지털화되면서 이전과는 다른 방식의 대응과 규율이 필요해졌다. 도서관은 변화하는 미디어 환경을 수용하면서 사회적인 수요를 반영할 필요가 있었다. 특히 도서관이 소장한 방대한 자료를 디지털화해서 제공함으로써, 지식 자원에 시민들이 보다 편리하게 접근할 수 있도록 지원해야 할 필요에 직면하고 있다. 이러한 변화와 사회적인 요구를 수용할 수 있도록 저작권법도 도서관이 저작권자의 허락 없이도 일정한 요건에서는 저작물을 디지털화(복제)하고, 이를 전송할 수 있도록 허용하는 내용으로 수차례 개정되었다. 그러나 디지털 기술은 인쇄기술에 비해서 그 파급력이 훨씬 강력하고, 전파의 속도도 거의 광속에 가까워서 면책의 범위와 요건도 매우 조심스럽고, 제한적인 내용으로 구성되었다. 한국 저작권법이 허용하는 도서관의 저작물 복제와 전송은 도서관 관내와 다른 도서관의 내부로 매우 제한된 장소에서만 허용되는 것으로 엄격하게 제한되고 있다. 이런 까닭에 디지털도서관, 안방도서관에 대한 사회적인 요구를 실질적으로 수용하지는 못하고 있는 형편이다.

그런데 도서관이 소장한 저작물 가운데 상당수가 저작권자로부터 적절한 이용허락을 받을 수 없는 '권리자불명 저작물(Orphan Works)'에 해당한다. 저작물의 이용에 대해서 실질적으로 허락할 수 있는 사람이 존재하지 않는 저작물이 대국민 서비스에 커다란 장애물이 되고 있는 형편이다. 이러한 사정을 반영해서 2019년에는 '상당한 조사'를 거쳐도 저작재산권자나 그의 거소를 파악할 수 없는 '권리자불명 저작물'의 경우에는 저작권자의 허락 없이도, 도서관이라는 제한된 범위를 벗어나서 서비스가 이루어질 수 있도록 저작권법이 개정되었다. 다만 이 조항은 저작권법 시행령이 정하는 매우 소수의 도서관등의 문화시설로 그 범위가 제한된다. 도서관의 저작물 복제와 전송, 권리자불명 저작물의 이용 등에 대해서는 뒤에 다시 상술하도록 한다.

한편 디지털 형태로 발행되는 저작물을 구매하고 서비스하는 과정에서는 보다 섬세한 대응이 필요하다. 전자책이나 데이터베이스의 형태로 발행되는 저작물이 급증하면서 도서관은 이러한 매체에 담긴 저작물을 수용하고, 서비스할 수 있는 방안을 마련할 필요에 직면했다. 도서관은 변화하는 미디어 환경을 적극 수용하면서 디지털 매체를 도서관 장서와 서비스에 적극 포함시키고 있다. 디지털 매체는 종이책과 달리 굳이 도서관을 방문하지 않아도 이용할 수 있다는 장점이 있다. 그렇지만 저작권법은 이렇게 상업적으로 판매되는 디지털저작물을 도서관이 자유롭게 이용할 수 있도록 면책을 인정하지는 않는다. 도서관에 면책을 부여하면 자칫 관련 산업의 성장에 상당한 걸림돌로 작용할 수 있다는 우려가 반영된 까닭일 것이다. 따라서 이러한 저작물을 도서관이 서비스하기 위해서는 저작권자로부터 그 이용에 대한 허락을 받아야만 한다. 학술데이터베이스를 구독하거나, 전자책을 구입하는 과정에서 판매처와 체결하는 라이선스 계약이 바로 저작물을 복제와 전송의 방법으로 도서관 외부로 서비스할 수 있도록 허락을 구하는 과정이다. 계약의 구체적인 내용에 따라서 도서관이 해당 저작물을 이용할 수 있는 범위와 방법은 달라지게 된다. 따라서 도서관 담당자들은 매우 세심하게 이에 대비할 필요가 있다. 최근 들어 상업적인 학술데이터베이스 제작사들은 그 독점적인 지위를 이용해서, 학술지 구독료의 대폭적인 인상을 요구하거나, 전자책의 서비스 범위에 대해 도서관을 상대로 소송을 제기하는 등 적지 않은 분쟁이 발생하고 있다는[2] 점을 유념할 필요가 있다. 따라서 라이선스 계약을 체결할 때에는 이용 대상이 되는 저작물의 구체적인 내용과 함께 저작

---

2 2021년 2월 대한출판문화협회는 전국의 공공도서관에 도서관의 전자책 대출이 저작권법을 위반한 것이라면서 서비스의 즉각적인 중단을 요청한 바 있다. 이에 대한 후속 조치로 2021년 5월에는 경기도사이버도서관을 대상으로 전자책 서비스의 중단을 요청하는 소송을 제기했다. 2023년 6월 서울중앙지방법원은 이런 출판사들의 주장은 이유 없는 것이라며, 원고 패소 판결을 내렸다. 출판계에서는 이에 불복하여 항소를 제기했다.

물을 이용할 수 있는 주체, 이용의 범위와 요건 등을 상세하게 서면으로 작성할 필요가 있다.

이뿐만 아니라 디지털 기기와 소프트웨어의 활용이 일상화되면서, 홈페이지에 도서 소개를 위한 서평 게시글을 올리거나, 문화 프로그램의 영상을 유튜브 등 온라인 플랫폼을 통해서 공유하는 경우도 저작권 문제를 피해 갈 수 없는 형편이다. 도서관 업무 전반, 특히 디지털과 관련된 업무를 수행하기 위해서는 사서도 이제 저작권의 전반적인 개요와 세부적인 내용을 이해할 필요에 직면하고 있다.

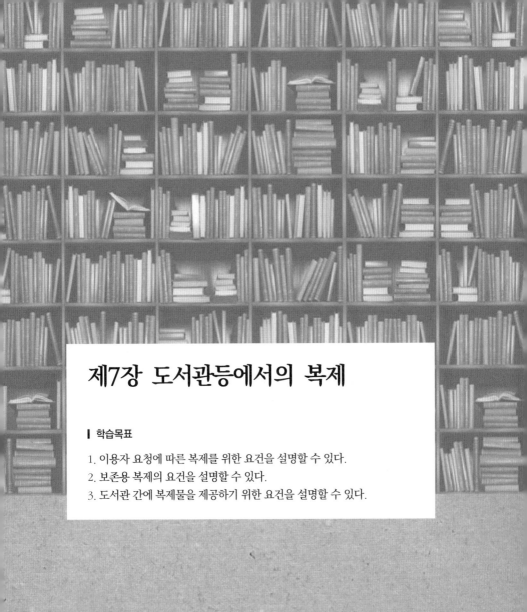

제7장 도서관등에서의 복제

▌학습목표

1. 이용자 요청에 따른 복제를 위한 요건을 설명할 수 있다.
2. 보존용 복제의 요건을 설명할 수 있다.
3. 도서관 간에 복제물을 제공하기 위한 요건을 설명할 수 있다.

   문정이는 기업의 부설 연구소 도서관에 근무하는 사서이다. 도서관에는 이용자들이 직접 복사할 수 있는 카드 복사기도 있고, 연구소 건물 내에 복사서비스를 전문으로 하는 센터도 있다. 연구소의 연구원 한 명이 연구보고서를 작성하는 데 참고하기 위해 도서관 자료 중 소량의 페이지를 카드 복사기에서 복사하고자 할 때 저작권법 제31조 제1항 제1호가 적용될 수 있을까? 또한 문정이는 해당 자료에서 복사할 부분이 많을 경우 이용자에게 건물 내 복사서비스 센터를 이용하도록 권했는데 이 경우에도 위 조항을 적용하여 저작권자로부터 허락을 받지 않고 복사할 수 있을까?

1. 도서관등에서의 복제등을 위한 일반적 요건

   현행 저작권법 제31조는 크게는 1986년 도입 당시부터 존재했던 이용자 요구에 따른 복제와 도서관의 자체 보존을 위한 복제 그리고 절판 자료를 다른 도서관에 제공하기 위한 복제에 대한 규정(제31조 제1항)과 2000년 이후 개정을 통하여 도입된 디지털도서관서비스를 위한 자료의 복제 및 전송에 대한 규정(제31조 제2항~제8항)으로 구분된다. 물론 이 규정이 도서관의 모든 업무에서 복제 또는 전송이 가능하다고 정하고 있는 것은 아니다. 제31조의 각 항은 도서관이 복제와 전송을 할 수 있는 매우 까다로운 요건들을 제시하고 있다. 이 장에서는 도서관 면책 규정의 기본에 해당하는 제31조 제1항을 중심으로 살펴보고, 디지털도서관과 관련한 규정들은 장을 달리하여 제8장에서 다룬다.

   저작권법 제31조 제1항은 도서관이 복제할 수 있는 경우를 **이용자 요구에 따른 복제**(제1호), **자체 보존을 위한 복제**(제2호), **다른 도서관의 요구에 따른 복제**(제3호) 등 세 가지로 정하고 있다. 제1항의 본문은 이러한 복제를 할 수 있는

> **제31조(도서관등에서의 복제 등)**
> ① 「도서관법」에 따른 도서관과 도서·문서·기록 그 밖의 자료(이하 "도서등"이라 한다)를 공중의 이용에 제공하는 시설 중 대통령령으로 정하는 시설(해당 시설의 장을 포함한다. 이하 "도서관등"이라 한다)은 다음 각 호의 어느 하나에 해당하는 경우에는 그 도서관등에 보관된 도서등(제1호의 경우에는 제3항에 따라 해당 도서관등이 복제·전송받은 도서등을 포함한다)을 사용하여 저작물을 복제할 수 있다. 다만, 제1호 및 제3호의 경우에는 디지털 형태로 복제할 수 없다. 〈개정 2021.5.18.〉
> 1. 조사·연구를 목적으로 하는 이용자의 요구에 따라 공표된 도서등의 일부분의 복제물을 1명당 1부에 한하여 제공하는 경우
> 2. 도서등의 자체보존을 위하여 필요한 경우
> 3. 다른 도서관등의 요구에 따라 절판 그 밖에 이에 준하는 사유로 구하기 어려운 도서등의 복제물을 보존용으로 제공하는 경우

주체가 누구인지, 그리고 어떤 자료를 복제할 수 있는지에 대해 명시하고 있다. 우선 이러한 일반적 요건을 살펴본 후 도서관이 복제할 수 있는 세 가지 경우에 대하여 자세히 살펴볼 것이다.

1) 복제의 주체

제31조는 '도서관등에서의 복제 등'인데 여기서 '도서관등'이 구체적으로 어떤 기관을 말하는지 살펴볼 필요가 있다. 제31조 1항은 "「도서관법」에 따른 도서관과 도서·문서·기록 그 밖의 자료를 공중의 이용에 제공하는 시설 중 대통령령이 정하는 시설"로 이 조항의 적용 대상을 한정하고 있다. 「도서관법」은 도서관을 "국민에게 필요한 도서관자료를 수집·정리·보존·제공함으로써 정보이용·교양습득·학습활동·조사연구·평생학습·독서문화진흥 등에 기여하는 시설"로 정의하고 있다(「도서관법」 제3조 제1호). 저작권법 시행령

제12조 제1항에서는 「도서관법」에 따른 국립중앙도서관, 공공도서관, 대학도서관, 학교도서관, 전문도서관 및 특수도서관이 제31조 제1항 본문에서 언급한 "대통령령이 정하는 시설"에 해당한다고 보았다. 그러나 전문도서관의 경우 영리를 목적으로 하는 법인이나 단체에서 설립하여 그 소속원만을 대상으로 도서관 봉사를 하는 것을 주된 목적으로 하는 도서관은 "대통령령이 정하는 시설"에서 제외한다고 정하고 있다. 영리를 목적으로 하는 기업체에 부설된 전문도서관이 그 소속 직원만을 대상으로 서비스하는 것은 기업의 영리활동을 지원하는 것이 주된 목적이므로 사회 구성원에 대한 정보 제공이나 지적 성과물의 향유, 교육의 기회 제공 등과 같은 도서관의 공적인 가치 추구와는 거리가 있다. 따라서 영리 목적의 기관에 부설된 전문도서관을 제31조 적용 대상 도서관에서 제외하고 있다. 그러나 만일 그 전문도서관이 소속 직원만이 아니라 관련 분야 학생, 연구자에게까지 도서관을 개방하고 서비스를 제공하면서 이를 그 전문도서관의 중요한 목적으로 삼고 있을 경우 제31조의 적용 대상이 될 수 있다.

「도서관법」에 따른 도서관뿐만이 아니라 국가, 지방자치단체, 영리를 목적으로 하지 아니하는 법인 또는 단체가 도서·문서·기록과 그 밖의 자료를 보존·대출하거나 그 밖에 공중의 이용에 제공하기 위하여 설치된 시설도 제31조의 적용을 받는 기관이다(시행령 제12조 제2항). 예컨대 공공기록물관리기관이 이에 해당하는 대표적인 기관이며, 주민센터 등에 설치되어 있는 자료실 등도 포함된다. 중요한 것은 해당 시설을 비영리 목적의 기관이 설치한 것이어야 하며, 해당 자료를 모든 사람이 자유롭게 이용할 수 있도록 개방하고 있어야 한다는 점이다. 요컨대 제31조에서 복제의 주체가 되는 기관의 핵심 요건은 **개방성**과 **비영리성**이라고 할 수 있다.

2) 복제 대상

제31조에 근거하여 복제할 수 있는 자료는 "도서, 문서, 기록 그 밖의 자료 (도서등)"이므로 사실상 도서관이 소장하고 있는 모든 유형의 자료가 이에 해당한다. 저작권법 제4조는 저작물을 어문저작물, 음악저작물, 연극저작물, 미술저작물, 건축저작물, 사진저작물, 영상저작물, 도형저작물, 컴퓨터프로그램저작물 등으로 예시하고 있다. 도서관의 경우 일반적으로 소장 자료를 도서 자료와 비도서 자료로 구분한다. 도서관 자료의 대다수를 차지하고 있는 단행본이나 정기간행물은 어문저작물에 해당되며 그 외 악보, 음반, 사진, 미술품, 영상 자료 등의 비도서 자료와 CD나 DVD 등의 전자 자원도 역시 저작권법 제4조에 예시되어 있는 저작물의 어느 하나에 해당될 수 있다. 즉, 인간이 자신의 감정이나 생각을 글이나, 그림, 음, 사진 등으로 표현한 것이라면 제31조에 의거한 복제의 대상이 된다. 요컨대 제31조에 의거한 복제의 대상에 포함되는지에 대한 판단의 기준은 저작권법의 보호를 받을 수 있는 저작물의 요건이지 도서관 자료의 물리적 형태가 아니다.

다만 이러한 자료가 복제하려는 그 도서관에 '보관'되어 있어야 한다. 저작권법은 '보관'의 의미를 정의하고 있지는 않다. '보관'의 사전적 의미는 "물건을 맡아서 간직하고 관리하는 것"으로 도서관이 해당 자료에 대한 소유권을 가지고 있다는 것과 다른 의미이다. 따라서 도서관이 일시적 혹은 장기적으로 보관하고 있는 경우라면 복제의 대상이 될 수 있다(오승종, 2020: 824). 또한 이용자의 요청에 의하여 저작물 일부분을 복제해줄 경우(제31조 제1항 제1호) 제31조 제3항에 의거하여 다른 도서관으로부터 복제 및 전송받은 자료도 그 도서관에 보관된 도서로 간주하여 복제의 대상이 된다. 다만, 이용자가 외부에서 가지고 온 자료는 도서관에 보관된 것으로 볼 수 없으므로 제31조 제1

항에 따라 복제할 수 있는 자료에 해당하지 않는다.

여기서 복제란 단순히 복사기에 의한 복사만을 의미하지 않고 저작권법 제2조 제22호에 따른 복제 즉, 인쇄, 사진 촬영, 녹음, 녹화 그 밖의 방법으로 일시적으로 또는 영구적으로 유형의 물체에 고정하거나 다시 제작하는 것도 모두 포함된다. 그러나 제31조 제1항의 단서규정에 따라 이용자 요구에 따른 복제(제1항 제1호)와 다른 도서관의 요구에 따른 복제(제1항 제3호)의 경우에는 디지털 형태의 복제는 허용되지 않는다.

2. 이용자 요구에 따른 복제의 요건

제31조 제1항 제1호는 도서관이 조사 및 연구를 목적으로 하는 이용자의 요구에 따라 공표된 도서등의 일부분의 복제물을 1인 1부에 한하여 제공할 수 있다고 정하고 있다. 다만 이 경우 디지털 형태로 복제할 수는 없다. 위 규정은 첫째, 복제의 목적이 조사 또는 연구를 위한 것이어야 하고, 둘째, 이용자가 그 복제를 요구해야 하며, 셋째, 복제하려는 자료가 공표된 것이어야 하며, 넷째, 도서등의 일부분 복제이어야 하고, 다섯째, 1인에게 1부만 제공해야 하고, 여섯째, 디지털 형태로 복제물을 제공하지 않아야 한다는 여러 가지 조건을 동시에 충족할 것을 요구하고 있다.

1) 조사 및 연구 목적

우선 이용자가 복제를 요구하는 목적이 조사 및 연구여야 한다. 이때 조사 및 연구는 전문연구자에 의해 이루어지는 높은 수준의 어떤 것이라기보다 초중등학교 및 대학교의 학생이 과제를 위해 수행하는 조사나 연구도 포함된다. 그런데 도서관 이용자가 복제를 요청할 때 도서관이 이들의 본연의 목적이 조사 및 연구인지 아니면 그 외의 오락적인 것인지 명확하게 판단하는 것은 어렵다. 또한 오락과 조사 및 연구를 명확히 구분하는 것도 쉽지 않으므로 이 요건은 선언적 의미 이상의 중요성은 없다는 견해도 있다(이형하, 1992: 388). 그러나 소설, 시, 악보, 회화, 영화, 사진 등을 감상용으로 복제하는 것은 위 요건을 충족하지 못한다는 해석도 있다(오승종, 2020: 824). 소설이나 시 등의 문학 자료나 그림이나 악보 등의 예술 분야의 자료들은 일반적으로는 연구보다는 감상용으로 사용되기 쉽다. 그러나 학교도서관이나 대학도서관에서 수업과 관련한 과제나 연구를 위해 이들 자료의 복제를 요구하는 경우도 많다. 따라서 문학이나 예술자료에 대한 복제 요청이라고 하여 이를 단순히 오락이나 감상용이라고 단정하기도 어려운 형편이다. 또한 설령 이용자가 그러한 목적을 가졌다고 하더라도 이를 숨길 경우 도서관이 그 속내까지 파악하기는 어렵다. 따라서 이 조건은 실질적인 요건이라기보다 선언적 의미를 가진 것으로 볼 수밖에 없다. 다만, 이때 조사 및 연구 목적이 반드시 비영리 목적이어야 한다는 제한이 없으므로 기업체에 소속된 이용자가 업무와 관련한 어떤 연구를 위해 복제를 요청했을 경우에도 도서관은 복제물을 제공할 수 있다.

2) 공표된 저작물

복제의 대상은 공표된 저작물로 한정된다. 발행되지 않았거나 공중에게 공개되지 않은 미공표저작물 예컨대, 발표되지 않은 작가의 원고, 개인의 편지나 사진, 학부모가 운동회에서 찍은 동영상 자료 등이 이에 해당된다. 미

공표저작물은 도서관보다는 기록관리기관에 소장되어 있는 경우가 많을 것

이다. 공표된 저작물로 복제를 제한한 것은 도서관이 이용자인 공중의 구성

원을 대상으로 복제물을 제공함으로써 저작자가 의도하지 않은 공표가 이

루어지는 것을 제한하기 위한 것이다. 그런데 저작권법 제11조 제5항은 미

공표저작물을 저작자가 도서관등에 기증한 경우 별도의 의사를 표시하지

않는 한 기증한 때에 공표에 동의한 것으로 추정한다고 정하고 있다. 미공표

자료는 주로 저작자의 기증에 의하여 도서관이나 기록관리기관에 입수되는

경우가 많은데 이때 복제물 배포 등을 금한다는 특별한 의사를 표시하지 않

았을 경우 공표된 저작물과 동일하게 취급할 수 있다. 도서관이나 기록관리

기관 등은 불특정 다수가 이용하는 기관이므로 저작자가 자신의 저작물을

이러한 기관에 기증한다는 것은 다수에게 그것이 공개될 수 있음을 예측한

것으로 볼 수 있다. 이러한 추정에 의거해 특별한 의사를 밝히지 않은 미공

표저작물을 공표된 자료와 마찬가지로 취급하는 것이다.

3) 일부분

복제의 범위는 도서등의 일부분이다. 도서등의 일부분이란 '저작물'의 일

부분과 달리 여러 개의 저작물로 이루어진 정기간행물이나 시집 등의 경우에 일부분을 판단하는 대상이 개별 저작물이 아니라 이들이 묶여 있는 도서가 된다는 것이다.[1] 따라서 정기간행물에 수록된 논문 한편이나 시집, 사진집, 회화집에 수록된 1편의 저작물도 '일부분'이 될 수 있다(박성호, 2017: 599). 그런데 일부분이 명확히 어느 정도인지는 모호하다. 호주를 제외한 국외의 도서관 면책 규정에서도 일부분을 구체적으로 명시한 경우는 없는 것으로 보인다. 호주 저작권법[2]은 정의 규정에서 인쇄본과 전자본으로 나누어 **합리적 부분**에 대하여 정하고 있다(제10조). 즉, 10페이지를 초과하는 인쇄본의 경우 10%, 장(chapter)이 구분된 경우 전체의 10%를 넘지 않는 범위에서 한 장, 전자본의 경우 총 단어의 10%를 넘지 않는 범위에서 한 장이라고 명시하고 있다. 영국 저작권법[3]은 어문저작물이나 음악저작물의 일부분 혹은 정기간행물의 경우 논문 1건으로만 정하고 있다(제39조). 여기서 '일부분'은 일반적으로 단행본(monograph)의 10% 또는 한 개의 장(chapter)으로 해석되고 있다(Cornish, 2015). 『국립중앙도서관 복제업무규정』에서는 일부분을 1/3(제6조)로 규정하고 있으나 이것이 저작물의 1/3인지, 도서의 1/3인지에 대하여 언급하고 있지 않다.

'일부분'이라는 기준을 모든 저작물에 동일하게 적용하는 것도 어렵다. 예를 들어 사진이나 그림 등은 일부분을 복제할 경우 이를 사용하기 어려울 뿐더러 동일성유지권 침해의 문제도 있을 수 있다. 이와 달리 낱개로 된 지도

---

[1] 도서관에서의 조사·연구 목적 이용 시 '저작물'의 일부분의 복제를 허용했던 취지는 판매되고 있는 도서 전체를 복제하여 저작자나 출판사의 경제적 권리를 부당하게 해치지 않도록 하는 것에 있고, 정기간행물이나 논문집에 수록된 학술논문의 경우 논문 자체가 하나의 전체적인 저작물이므로 현실적인 복제 관행과 일치하지 않는 점을 고려하여 '저작물'의 일부분 복제에서 '도서등'의 일부분 복제로 개정되었다(김태훈, 2000: 4~5).

[2] Copyright Act 1968.

[3] Copyright, Designs and Patents Act 1988.

나 악보 등의 경우는 단행본과 마찬가지로 일부분의 개념이 적용되어야 할 것으로 보인다.

한편 여러 명의 이용자들이 서로 분담하여 일부분 복제물을 제공받거나 한 명의 이용자가 여러 차례에 걸쳐 동일 저작물의 서로 다른 부분을 복제함으로써 궁극적으로 전체 복제에 이르게 되는 것은 일부분 복제에 해당하지 않는다. 왜냐하면 일부분 복제의 취지가 도서등의 전체 복제를 제한하기 위한 것이기 때문이다. 이와 관련하여 미국 저작권법상 도서관 면책 규정인 108(g)는 동일한 자료의 복제물은 서로 다른 시기에 서로 연관됨이 없이 분리되어 이루어져야 한다고 명시하고 있다. 그러나 도서관이 수많은 이용자의 복제 요구 중에서 이와 같이 궁극적으로 전체 복제물을 만드는 요구를 식별해내는 것은 매우 어렵다. 또한 이용자 요구에 따른 복제는 대부분 도서관 내에 설치된 복사기기에서 이용자에 의해 이루어지는 경우가 많으므로 더욱 그러하다. 따라서 일부분 복제의 취지와 그 범위를 지속적으로 이용자에게 안내하여 이용자 스스로 일부분 복제를 지킬 수 있도록 할 필요가 있다.

4) 이용자 요구와 1인 1부

이용자 요구에 따른 복제여야 한다. 빈번히 이용되는 자료라고 판단하여 미리 사서가 다수의 복제물을 제작해놓고 이용자에게 이를 배포하거나 판매하는 것은 이용자 요구에 따른 복제에 포함되지 않는다. 또한 복제물은 1인에게 1부만 제공해야 한다. 이용자 1명이 다른 이용자를 대신하여 여러 부의 복제물을 요청하는 경우에도 1부만을 제공해야 한다(오승종, 2020: 826). 1인 1부 원칙은 최소한의 복제물만을 제공하기 위한 것으로서, 설령 특정 이용자가 다른 이용자를 대신하여 다수의 복제물을 수령하는 경우라고 하더라도 그것이 사실인지 여부를 도서관이 판단하는 것은 현실적으로 매우 어렵다는 것을 고려한 원칙이라고 할 수 있다.

5) 디지털 형태가 아닌 복제

제31조 제1항 본문의 단서규정에 따라 디지털 형태로 복제하지 않아야 한다. 소장하고 있는 자료를 일부분이라도 스캐너로 복제한 다음 이용자의 USB에 저장해주거나 이메일로 제공해주는 것은 저작권법 제31조 제1항 제1호에서 허용하는 범위를 넘어서는 것이므로 저작재산권자로부터의 허락이 필요하다. 이러한 제한을 둔 것은 아날로그 복제물에 비하여 디지털 형태의 복제물은 온라인을 통해 빠르고 광범위하게 배포될 가능성이 있어 저작권자의 재정적 이익에 부정적 영향을 미칠 수 있기 때문이다. 한편, 팩스를 통해 일부분 복제물을 제공하는 것도 가능하나 만일 해당 팩스가 디지털 형태의 복제물을 만든 후 이를 송신하는 것이라면 이 역시 디지털 형태의 복제이므로 제1호의 허용범위에 포함되지 않는다.

> **┃ 토의문제 13**
>
> 문정이는 대학도서관 사서이다. 코로나 기간에 학생들로부터 도서관에 소장된 자료 중 몇 페이지를 복제하여 이메일로 전달하거나 클라우드 서버에 업로드해 달라는 요청을 많이 받았다. 문정이는 이용자 요청이 있을 때 도서의 일부분을 디지털로 복제한 후 도서관 클라우드 서버에 업로드하고 요청한 이용자에게 일주일 정도 사용할 수 있는 계정을 제공하려고 한다. 이용자는 업로드한 파일을 출력만 할 수 있도록 제한하고 일주일 후에는 해당 파일이 자동으로 클라우드 서버에서 삭제되도록 할 예정이다. 문정이가 계획하는 서비스는 제31조 어느 조항에 근거하여 가능할까? 혹은 불가능할까?

3. 자체 보존을 위한 복제의 요건

도서관등은 보관된 도서등을 사용하여 자체 보존을 위해 복제할 수 있다. 이는 당대와 미래 세대를 위해 지적문화유산을 보존할 책임을 지고 있는 도서관의 중요한 기능을 뒷받침하는 규정이다. 그런데 여기서 보존을 위한 복제라는 것은 보존의 필요성이 있을 때 이루어지는 복제라는 의미이지 이용은 하지 않고 보존만을 위한 복제라는 것은 아니다. 도서관 소장 자료 중에서 빈번하게 이용되지 않는 자료는 있을 수 있으나 보존만을 위한 자료는 없으므로 보존만을 위한 복제라는 의미는 성립되지 않는다. 보존을 위한 복제가 필요한 경우는 도서관의 공간 부족 문제를 해결하거나, 특정한 미디어를 통해서 볼 수 있는 자료를 새로운 버전의 소프트웨어나 하드웨어에서 읽을 수 있도록 하거나, 이미 상당한 정도의 훼손이 이루어졌으나 이를 대체할 자료를 구매할 수 없는 경우 등이다. 보존을 위한 복제는 보존 기술의 변화와 밀접한 관련이 있다. 20세기 초반부터 도서관은 보존과 이용을 위해 많은 공간을 차지하는 인쇄 자료를 마이크로필름 형태로 복제했으나 현재는 디지털 형태의 복제가 주로 이루어진다. 또한 디지털 형태의 도서관 소장물도 그것을 볼 수 있는 하드웨어나 소프트웨어가 갱신되어 종종 더 이상 볼 수 없는 상황이 발생하기도 하므로 새로운 미디어를 통해 이용할 수 있도록 복제하는 일이 계속 이루어지고 있다.

이용자를 위한 복제의 경우와 달리 보존을 위한 복제에는 일부분이라는 제한이 없다. 보존을 위한 복제일 경우 일부분으로 제한한다면 그 의미가 상실되므로 저작물 전체를 복제하도록 한 것이다. 또한 앞서의 이용자 요구에 의한 복제와 달리 디지털 형태의 복제도 허용된다. 이용자 요구에 의한 복제는 도서관이 일부분의 복제물을 이용자에게 전달하여 인터넷에 광범위하게 유포될 가능성이 있으므로 저작권자의 경제적 이익을 침해할 수 있다. 그러나 자체 보존을 위한 복제는 보존을 위한 복제이므로 그와 같은 가능성은 매우 낮다. 그러나 만일 해당 자료가 디지털 형태로 판매되고 있다면 그 도서 등을 디지털 형태로 복제할 수 없다(제31조 제4항). 예컨대 비디오테이프로 소장하고 있던 영상저작물을 보존을 위해 디지털화하려고 할 경우 그 저작물이 DVD로 판매되고 있다면 도서관이 보존을 목적으로 하더라도 이를 디지털 형태로 복제할 수 없다. 도서관의 고유한 기능을 수행하는 것에 앞서 이러한 복제가 저작권자의 재산적 이익을 침해할 수 있기 때문이다. 이 경우라면 도서관은 해당 DVD를 구매하여 보존해야 한다.

또한 도서관이 보존을 목적으로 한 디지털 형태의 복제를 하는 경우에는 저작권법 제31조 제7항에 따라 저작권 침해를 방지하기 위해 저작권법 시행령 제13조에 따른 기술적 조치와 도서관 직원 교육, 컴퓨터 등에 저작권보호 경고표지 부착 등을 해야 한다.

4. 다른 도서관등의 요구에 따른 복제

도서관은 다른 도서관의 요청에 따라 절판 및 그 밖에 이에 준하는 사유로 구하기 어려운 도서등의 복제물을 보존용으로 제공할 수 있다(제31조 제1항 제3호). 이 규정에 따른 요건은 첫째, 다른 도서관등의 요청이 있어야 한다는 것, 둘째, 절판 및 그에 준하는 사유가 있어야 한다는 것, 셋째, 보존용으로 제공해야 한다는 것, 넷째, 디지털 형태로 제공할 수 없다는 것이다.

1) 다른 도서관의 요청

다른 도서관등의 요청이 있어야 한다. 이는 제31조 제1항 제1호에서와 마찬가지로 수요를 예측하고 미리 복제함으로써 동일한 자료를 지나치게 자주 복제하지 않도록 하기 위한 것이다. 예컨대 도서관이 소장하고 있는 희귀본 자료를 널리 배포하기 위해 다수의 복제물을 제작한 후 다른 도서관에 기증하는 것은 이에 해당하지 않는다. 또한 요청의 주체는 복제를 행하는 주체와 마찬가지로 제31조 제1항 본문에서 정하고 있는 도서관등이어야 한다. 따라서 영리를 목적으로 하는 회사 등에 소속된 도서관으로서 소속 직원에게만 봉사하는 도서관이나 일반적인 교육기관 또는 공공기관 등은 이 규정에 따른 요청의 주체가 될 수 없다. 본 규정은 공중에게 공개된 도서관등 공익 목적을 가진 지적문화유산기관들이 그들의 역할을 충실히 수행하는 것을 지원하기 위한 것이기 때문이다.

2) 구하기 어려운 도서

구하기 어려운 도서등이어야 한다. 이에 대한 예시로 제3호는 절판이나 그에 준하는 사유를 들고 있다. 절판이란 출판했던 책을 어떤 사유에서이든 더 이상 간행하지 않는 것을 말한다. 처음 출판된 이후에 더 이상 간행되지 않는 자료들은 상당히 많을 것이다. 그러나 이 규정은 절판되었다는 것만을 복제의 사유로 들지는 않고 있다. 이는 절판이 된 자료라 하더라도 아직 발행 연도가 얼마 지나지 않아 서점 혹은 헌책방 등에서 비교적 쉽게 구할 수 있는 경우도 있기 때문이다. 다만 발행 연도가 오래된 절판 도서는 시중에서 구매하기 어려우므로 제3호의 대표적인 예시가 된 것으로 보인다. 절판에 준하는 사유가 무엇인지는 모호하다. 해석상 가격이 비싸거나 국외에서 출판된 자료이어서 이를 구입하는 데 시간이 오래 걸린다는 것은 구하기 어려운 사유에 포함되지 않는다(박성호, 2017: 600; 오승종, 2020: 828). 요컨대 구하기 어렵다는 것은 해당 자료를 일반적인 유통경로를 통해 구할 수 없으므로 시간의 경과나 가격과 무관하게 이를 구매할 수 없는 상황을 의미한다.

3) 보존용

보존용으로 제공해야 한다. 보존용이라는 것은 두 가지 의미로 해석할 수 있다. 우선 열람용이 아니라 보존을 위한 용도라는 의미다. 앞서도 언급했듯이 귀중본이나 희귀본이어서 일반적인 자료와 다른 장소에 보관하면서 사서의 감독하에 이용하는 경우는 있어도 도서관에 소장된 자료 중에서 보존을 위해서만 존재하는 자료란 없다. 따라서 보존용이라는 문구는 제3호에 따른 복제가 최근 발행된 자료이거나 일반적인 유통기관에서 유통되는 자료가 아니어서 빈번하게 이용되지 않는 자료에 대한 복제라는 점을 강조하기 위한 선언적 문구에 그치는 것으로 해석할 수 있다. 또 다른 의미로는 제3호에 따라 복제물을 제공받은 도서관이 이를 일시적으로 열람하기 위해 관간 대출을 하는 정도가 아니라 이를 자관의 도서관에 영구히 소장하면서 이용자에게 서비스할 수 있다는 의미로 파악할 수도 있다. 도서관 이용이 아닌 보존만을 위해 자료를 소장하지는 않는다는 점을 고려해볼 때 보존용이라는 문구를 후자의 의미로 해석하는 것이 타당할 것으로 보인다.

4) 비 디지털 형태의 복제

제31조 제1항 본문의 단서에 따라 디지털 형태로 복제할 수 없다. 따라서 제3호에 따라 타 도서관으로부터 복제 요청을 받은 도서관은 해당 자료를 복사기 등을 이용하여 인쇄물로 제작한 후 제공해야 한다. 만일 요청받은 도서관이 이미 해당 자료를 디지털화해 보존하고 있는 경우라도 이를 출력하여 제공해야 한다. 이 복제물을 제공받은 도서관은 필요한 경우 이를 다시 디지털 자료로 복제할 수 있을 것이다. 이러한 제한을 둔 이유는 이에 대한 디지털 복제를 허용할 경우 해당 자료가 향후 전자책 등의 방법으로 서비스될 가능성을 제약하기 때문이라는 해석도 있다(정상조, 2007: 570; 임원선, 2022: 253). 또한 제3호에 대하여 디지털 복제물 제공을 허용할 경우 발행 후 5년이 경과한 자료에 대한 관간 전송 규정과 구분이 모호해지면서 자칫 도서관보상금 부과 대상이 되는 이용 행위가 될 가능성도 있다. 이러한 점을 고려하여 디지털 형태로의 복제를 제한하는 것이다.

제8장 도서관 자료의
대량 디지털화와 저작권

❙ 학습목표

1. 도서관이 소장 자료를 디지털화할 수 있는 요건을 설명할 수 있다.
2. 도서관이 디지털화한 자료를 도서관내 혹은 도서관간에 복제 및 전송할
   수 있는 요건을 설명할 수 있다.
3. 도서관보상금을 지급해야 하는 경우를 설명할 수 있다.
4. 도서관보상금제도의 의미와 한계를 설명할 수 있다.

1. 도서관 자료의 대량 디지털화와 저작권법 개정

1990년대 중반부터 인터넷은 그 이전과 달리 쉽게 이용할 수 있는 브라우저가 널리 보급되면서 대중화되었고 수많은 사람들이 각자의 요구에 맞게 이를 활용하기 시작했다. 인터넷은 누군가에게는 소통의 도구가 되었고, 누군가에게는 상거래의 공간, 또는 홍보의 공간이나 음악과 영화 등 문화예술을 즐기는 공간이 되었다. 무엇보다 인터넷은 정보가 넘치는 공간이기도 했다. 대량의 수준 높은 자료를 소장하고 있는 도서관도 물리적 공간을 넘어 인터넷 공간으로 이용자를 만나러 들어오기 시작했다. 소위 디지털도서관 시대가 열린 것이다. **디지털도서관**은 인터넷과 관련한 여러 가지 세련된 정보기술을 활용하여 이용자들이 도서관 소장 자료를 활용할 수 있도록 지원하는 도서관이다. 따라서 무엇보다 그 기술을 활용해 이용할 수 있는 디지털자원이 충분히 있어야 한다. 도서관은 다양한 방법으로 디지털자원을 확보했다. 예컨대 CD나 DVD 등 디지털 형태의 비온라인 자료를 구매하거나 전자저널(E-journal), E-Book, 다양한 학술데이터베이스 등과 같이 온라인으로 접근할 수 있는 디지털자원을 라이선스 방식으로 확보하거나 또는 도서관에 소장된 자료를 대량으로 디지털화했다. 이 중에서 라이선스 체결을 통해 확보하는 자료는 판매자와 도서관 간의 저작권 계약에 따라 이용하게 되므로 도서관이 자관의 요구를 잘 반영하여 계약을 체결했다면 저작권의 측면에서는 크게 문제가 되지 않았다. 그런데 도서관이 대량으로 디지털화한 자료는 디지털화한 자체는 물론이고 이를 이용자에게 공개하고자 하면서 다양한 저작권 문제에 부딪혔다.

이에 따라 한국은 2000년에 저작권법 제31조를 개정하여 일부 도서관이 소장 자료를 디지털화할 수 있도록 하고 이를 다른 도서관의 관내로 전송할 수 있는 조항을 추가했다. 2003년에는 대량 디지털화가 가능한 도서관을 법 제31조 적용 대상이 되는 모든 도서관으로 확대하는 대신 디지털화한 자료를 이용하는 범위에 대해 다양한 제한을 부여하고 보상금을 부과하는 제도를 도입했다.

2019년에는 제31조와 별도로 제35조의4 '문화시설에 의한 복제등'을 신설하여 도서관등 일부 문화유산기관이 소장 자료 중에서 상당한 노력을 기울였음에도 불구하고 저작권자를 찾을 수 없는 자료를 디지털화하여 이용할 수 있는 규정을 마련했다. 그동안 제31조에 근거하여 도서관등이 디지털화한 자료는 도서관 내에서만 이용할 수 있을 뿐이었다. 그러나 제35조의4에 의거하여 디지털화한 자료는 도서관 울타리를 넘어 어디서나 접근할 수 있도록 했다는 점에서 매우 의미 있다. 다만, 이 규정도 디지털화할 수 있는 도서관을 국립중앙도서관 등 극히 일부 기관으로 한정했다는 점 등 몇 가지 한계는 있다.

이 장에서는 우선 법 제31조 제2항~제7항에 명시된 도서관 자료의 디지털화 및 그 이용과 관련된 규정을 자세히 살펴볼 것이다. 그런데, 사실 이 규정이 반드시 도서관이 디지털화한 자료에만 적용되는 것은 아니며, 구매나 라이선스 체결을 통해 확보한 디지털 자료에도 적용될 수 있다. 그러나 이러한 자료는 실제로는 구매 및 라이선스 협약에서 정한 범위 내에서 이용되는 경우가 많으므로 법 제31조의 디지털 자료 복제 및 전송과 관련한 규정이 이들 자료에 그다지 의미 있는 것은 아니다. 도서관보상금제도가 기본적으로 도서관등이 디지털화한 자료에 적용하기 위해 설계된 것이므로 의미를 명확히 하기 위해 제31조 제2항~제7항을 도서관 자료의 디지털화와 관련된 규정이라고 부르는 것이 적절해 보인다. 또한 국립중앙도서관의 보존용 온라인 자료에 대한 규정(법 제31조 제8항)도 함께 살펴본다. 제35조의4에 따라 도서관

등 문화유산기관이 디지털화할 수 있는 자료와 그 이용 범위 등에 대해서는 제9장에서 상세하게 살펴본다.

2. 관내 및 관간 전송을 위한 디지털화 관련 규정

1) 도서관 내 열람을 위한 복제와 전송

제31조 제2항에 따라 도서관등은 컴퓨터를 이용하여 이용자가 그 도서관 등의 안에서 열람할 수 있도록 보관된 도서등을 복제하거나 전송할 수 있다. 이 규정은 도서관이 소장한 자료이고 동시에 그 도서등이 디지털 형태로 판매되고 있지만 않다면(제31조 제4항) 유형, 발행 연도, 서점 등의 일반 도서 유통기관을 통해 현재 구입할 수 있는지의 여부를 불문하고 어떤 것이든 모두 디지털화할 수 있도록 한 놀라운 조항이다. 설령 공익을 목적으로 한 도서관이라고 하더라도 소장 자료를 디지털화해 이를 이용자에게 무제한으로 제공할 경우 도서등의 판매량을 떨어뜨려 저작권자의 경제적 이익에 부정적 영향을 미칠 수 있다. 따라서 이 규정은 도서관등이 무제한으로 디지털화는 할 수 있도록 허용하되, 이를 이용하는 조건을 매우 까다롭게 정해놓고 있다. 즉, 이 규정은 첫째, 복제의 목적이 열람이어야 한다는 것, 둘째, 복제의 대상이 보관된 도서등이라는 것, 셋째, 열람의 공간이 그 도서관등의 안이라는 것, 넷째, 동시에 열람할 수 있는 이용자의 수가 보관된 도서의 부수와 저작권자로부터 이용허락 받은 부수로 제한된다는 점 등의 요건을 명시하고 있다.

> **제31조(도서관등에서의 복제 등)**
>
> ② 도서관등은 컴퓨터를 이용하여 이용자가 그 도서관등의 안에서 열람할 수 있
> 도록 보관된 도서등을 복제하거나 전송할 수 있다. 이 경우 동시에 열람할 수 있
> 는 이용자의 수는 그 도서관등에서 보관하고 있거나 저작권 그 밖에 이 법에 따
> 라 보호되는 권리를 가진 자로부터 이용허락을 받은 그 도서등의 부수를 초과
> 할 수 없다. 〈개정 2009.4.22.〉

(1) 그 도서관등에 보관된 도서등

복제의 대상은 그 도서관에 보관된 도서등이다. 보관의 의미와 도서등에 대해서는 7장에서 면밀하게 살펴보았듯이 '도서등'에는 도서관에 소장된 모든 유형의 자료 즉, 인쇄본 도서나 비디오테이프 등의 아날로그 형태의 자료뿐만 아니라 전자책, DVD, CD 등의 디지털 자료도 포함된다. 그러나 제31조 제2항에서 도서관 내에서 열람할 수 있도록 복제할 수 있다고 명시한 것으로 보아 입법 당시 어문저작물을 주 대상으로 한 것으로 보인다. 또한 문화체육관광부의 『도서관의 저작물 복제·전송이용 보상금 기준』에도 출력과 전송에 대한 보상금이 단행본과 정기간행물에만 부과된 것으로 보아도 어문저작물에만 적용된다고 보는 견해도 있다(홍재현, 2011a: 365). 실무에서 도서관이 관내 열람을 위해 디지털로 복제하는 자료는 주로 단행본과 정기간행물일 것이다. 그러나 도서관에 따라 소장하고 있는 비디오테이프나 LP 음반, 카세트테이프에 저장된 녹음 자료 등이 디지털 형태로 판매되고 있지 않을 경우 이를 디지털로 복제할 가능성은 얼마든지 있다. 이러한 자료는 특성상 단행본이나 정기간행물처럼 출력하여 이용할 수는 없으나 관내에서 시청, 즉 열람하는 것은 가능하다. 따라서 제31조 제2항에 따른 복제의 대상을 어문저작물로 한정하기보다 제31조 본문의 도서등에 따라 해석하는 것이 타당할 것으로 보인다.

(2) 열람을 위한 복제

열람을 위한 복제여야 한다. 사전적 의미로 열람이란 책이나 문서를 훑어보는 것을 말한다. 그러나 도서관에 소장된 자료가 도서만은 아니므로 열람을 단지 어문저작물에만 한정할 것이 아니라 사진이나 미술저작물을 보는 것에도 적용해야 할 것이다. 또한 영상저작물은 시각적으로 보는 동시에 듣는 행위가 발생하고, 음악저작물은 듣는 행위가 도서를 보는 행위에 해당한다는 점을 고려해볼 때 열람의 의미에는 청취나 시청하는 것도 포함되는 것으로 해석해야 할 것이다(오승종, 2020: 830). 따라서 열람의 의미는 이용자가 도서등을 내려받아 디지털 매체에 저장할 수 있도록 한다는 것이 아니라 컴퓨터를 이용해 일시적으로 보거나 듣도록 하는 것만을 위해 복제해야 한다는 의미로 해석할 수 있다.

(3) 그 도서관등의 안에서 열람

열람은 그 도서관등의 안에서만 이루어져야 한다. 즉, A 도서관이 소장자료를 디지털화했을 경우 그 자료는 A 도서관 내에서만 열람할 수 있고, 이용자의 집이나 연구실, 교실 등에 전송될 수 없다는 의미이다. 공익을 목적으로 하는 도서관이라 할지라도 소장 자료를 디지털화한 후 모든 이용자가 어디서나 이용할 수 있도록 할 경우 해당 저작물이 판매될 기회를 현격하게 떨어뜨림으로써 저작권자의 재산상의 이익에 큰 영향을 미칠 수 있으므로 열람의 범위를 도서관 건물 내부로 제한한 것이다. 그런데, 대학도서관처럼 한 캠퍼스 내에서도 몇 개의 분관이 있는 경우, 한 대학이 캠퍼스를 달리하는 경우 다른 캠퍼스 내에 위치한 분관, 공공도서관처럼 여러 개의 분관을 가지고 있는 경우 등 분관을 그 도서관등의 안으로 볼 것인가의 문제가 있다. 만일 분관이 물리적으로 떨어져 있으면서 중앙도서관의 지휘나 감독을 받지 않고, 자료의 입수나 서비스 등을 독립적으로 할 경우 이는 분관이 아니라 독립된 별개의 도서관이라고 할 수 있다(정상조, 2007: 572~573). 따라서 자료의 입수나 서비스를 독립적으로 행하는 경우가 아니면 건물이 다르더라도 하나의 도서관으로 보아야 할 것이다. 이 문제가 중요한 이유는 분관을 별개의 도서관으로 해석할 경우 중앙도서관이 디지털화한 자료를 분관에 전송하기 위해서는 제31조 제3항의 규정에 따라 발행 후 5년이 지난 자료에 대해서만 전송이 가능하고, 이에 대해 보상금도 지불해야 하기 때문이다.

(4) 동시이용자 수의 제한

동시에 열람할 수 있는 이용자의 수는 그 도서관등에서 보관하고 있거나 저작권 그 밖에 이법에 따라 보호되는 권리를 가진 자로부터 이용허락을 받은 그 도서등의 부수를 초과할 수 없다. 만일 도서관이 디지털화한 도서가 그 도서관에 3부 소장되어 있다면 이를 동시에 열람할 수 있는 이용자는 3명이라는 것이다. 또한 도서관이 구입한 전자책 등은 구매 당시 권리자가 이 자료의 열람에 대하여 허용한 동시이용자 수를 넘지 못한다. 흔히 도서관은 특정 도서에 대한 열람 및 대출 요구가 빈번할 경우 예컨대, 대학도서관에서 특정 수업의 과제 도서로 지정된 경우이거나 공공도서관에서 이용자 요구가 많은 베스트셀러인 경우 등에는 여러 부를 구매하여 동시에 여러 명이 열람하거나 대출할 수 있도록 한다. 만일 도서관이 이와 같은 자료를 더 이상 여러 부 구매하지 않고 1부만 구매한 후 관내에서 동시에 여러 명이 열람할 수 있도록 한다면 도서관 측에서는 구매 비용을 절약할 수 있지만, 저작권자 입장에서 보면 그만큼 판매되는 저작물의 수가 감소하여 경제적인 피해를 입게 될 수 있다. 따라서 도서관이 특정 자료를 디지털화해 동시이용자 수를 늘리고 싶다면 해당 자료의 인쇄본 자료도 그만큼 많이 구매함으로써 저작재산권자가 입을 수 있는 피해를 일정한 정도로 줄이고자 한 것이 동시이용자 수에 제한을 둔 이유이다. 이러한 제한은 만일 해당 자료가 절판되지 않고, 서점 등의 일반 도서유통기관을 통해 판매되고 있을 경우 매우 타당해 보인다. 저작권자 입장에서 보면 제31조 제2항은 오늘 출판한 자료도 도서관이 구매하여 바로 디지털화하는 것을 허용한 규정이므로 만일 이러한 제한을 두지 않을 경우 앞서 언급한 대로 도서관마다 도서등을 1부 이상 구매하지 않을 수 있기 때문이다.

그러나 해당 자료가 이미 절판되었거나, 저작권자를 확인하기도 어려운 권리자불명 저작물이라면 도서관이 해당 자료를 구매하고자 해도 구매할 수 없는 상황이 된다. 이러한 경우 동시이용자 수 제한은 저작권자에게 실익이 되지 못하고, 도서관 입장에서도 비용을 들여 디지털화한 자료를 매우 제한된 범위에서만 서비스하게 되므로 디지털화한 의미를 상실하게 될 수 있다. 이러한 상황은 제31조 제2항에서 도서관이 디지털화할 수 있는 자료를 절판 자료나 고아저작물 등으로 제한하지 않고 도서관이 소장한 모든 자료로 허용한 후 그 이용 범위를 제한하여 저작권자의 손해를 최소화하려고 접근한 결과이다.

(5) 디지털 형태로 판매되고 있는 자료 및 기술적 조치

디지털 형태로 판매되고 있을 경우 디지털 형태로 복제할 수 없다(제31조 제4항). 도서관이 디지털로 복제하고자 하는 자료가 이미 디지털 형태로 판매되고 있다면 해당 자료는 디지털로 복제할 수 없다. 디지털 형태로 판매되고 있는 자료에 대해서까지 도서관이 디지털로 복제할 수 있도록 할 경우 해당 디지털 저작물의 판매가 저하되어 저작권자의 경제적 손실을 초래할 수 있기 때문이다. 그러나 도서관이 특정 자료를 디지털화했을 당시 디지털로 판매되지 않던 자료가 이후 새롭게 디지털 형태로 제작되어 판매될 경우 문제가 될 수 있다. 이에 대해서는 제31조 제4항에 대한 설명에서 자세히 기술한다.

한편 제31조 제2항에 따라 도서관이 디지털 형태로 복제할 경우에 제31조 제7항 및 동법 시행령 제13조에 따라 저작권등의 권리침해를 방지하기 위한 복제방지조치 등 필요한 조치를 취해야 한다.

2) 도서관 간의 전송

제31조 제3항에 따라 도서관은 컴퓨터를 이용해 이용자가 다른 도서관등의 안에서 열람할 수 있도록 보관된 도서등을 복제하거나 전송할 수 있다. 다만, 그 전부 혹은 일부가 판매용으로 발행된 도서등은 그 발행일로부터 5년이 경과한 후에 전송할 수 있다.

어떠한 도서관이든 생산된 모든 자료를 소장할 수는 없을 것이다. 그것은 자료 구입 비용이 제한되어 있기 때문이기도 하고 그다지 많이 이용되지 않으므로 구입할 필요성이 없거나 또는 보존 공간이 협소하기 때문일 수 있다. 그러나 소장하지 않은 자료도 이용자가 이를 요청할 수 있으므로 도서관은

> **제31조(도서관등에서의 복제 등)**
>
> ③ 도서관등은 컴퓨터를 이용하여 이용자가 다른 도서관등의 안에서 열람할 수 있도록 보관된 도서등을 복제하거나 전송할 수 있다. 다만, 그 전부 또는 일부가 판매용으로 발행된 도서등은 그 발행일로부터 5년이 경과하지 아니한 경우에는 그러하지 아니하다. 〈개정 2009.4.22.〉

동일한 관종 혹은 유형을 달리하는 관종 간에 협력 규정을 맺고 그에 따라 상호대차 혹은 협력수서 등의 방식으로 자원을 공유한다. 이러한 자원 공유는 도서관의 오래된 전통이기도 하다. 아날로그 자료에 대한 도서관 협력은 주로 이용자가 요구한 도서등을 도서관 간에 대출해주거나 필요한 부분의 복제물을 요구한 도서관에 제공해주는 방식으로 이루어졌다.

도서관이 소장한 자료를 디지털화했을 경우에도 위와 같은 도서관 간의 자원 공유가 이루어져야 함은 당연하다. 그런데 아날로그 형태의 자료와 다르게 디지털화한 자료는 도서관 간의 자원 공유 즉, 상호 간에 복제물을 제공하는 것이 매우 쉽고 빠르게 이루어질 수 있으므로 자칫 도서관이 자체 구입보다 복제물에 지나치게 의존함으로써 저작권자의 경제적 이익에 부정적 영향을 미칠 가능성도 있다. 따라서 관간 전송에 대하여 몇 가지 제한을 두고 있다. 첫째, 다른 도서관등의 안으로만 전송할 수 있고 둘째, 전부 또는 일부가 판매용으로 발행된 도서등은 발행일로부터 5년이 경과한 후에 전송할 수 있다. 셋째, 관간 전송 후 이루어지는 열람과 출력에 대해서는 저작재산권자에게 보상금을 지급해야 한다.

(1) 다른 도서관등의 안에서 열람을 위한 복제, 전송

도서관등은 컴퓨터를 이용해 이용자가 다른 도서관등의 안에서 열람할 수 있도록 보관된 도서등을 복제하거나 전송할 수 있다. 다른 도서관등의 안이란 저작권법 제31조 본문에 언급된 도서관등을 의미하는 것이지 그 외의 기관 또는 이용자의 집이나 연구실, 교실 등에 전송할 수 있다는 것이 아니다. 실무상으로는 제31조의 도서관등에 해당하는 모든 도서관으로 전송할 수 있는 것은 아니고, 관간 전송 후 이루어지는 열람이 보상금 지급 대상이므로 저작권법 시행령 제13조 제4호에 따른 보상금을 산정하는 장치를 설치하고 보상금을 징수하는 단체와 보상금 납부와 관련한 계약을 한 도서관에만 전송할 수 있다.

(2) 발행일로부터 5년이 경과한 도서등

전부 또는 일부가 판매용으로 발행된 도서등은 그 발행일로부터 5년이 경과한 후에 전송할 수 있다. 제31조 제2항에 따라 도서관은 디지털로 판매되고 있지 않은 경우라면 보관하고 있는 자료를 모두 디지털화할 수 있다. 그러나 디지털화한 자료 중 발행일로부터 5년이 지나지 않은 판매용 자료는 다른 도서관으로 전송할 수 없다. '판매용' 자료라고 했으므로 실제로 특정 도서가 판매되고 있는지와 무관하게 그것이 판매용으로 발행되었다면 발행일로부터 5년이 경과해야 관간 전송할 수 있다.

전부 또는 일부가 판매용으로 발행되었다는 것은 예컨대 발행부수 전체 중에서 일부는 비매용이고 일부는 판매용으로 발행되는 경우이거나 또는 비매용으로 발행된 자료가 그중 일부분만 다시 판매용으로 발행되었을 경우이다. 예컨대 정부기관에서 연구보고서를 비매용으로 발행한 후 그 보고서 중 일부를 판매용으로 발행했다면 기존의 비매용 연구보고서 역시 발행 후 5년이 경과한 후에 관간 전송할 수 있다. 이러한 제한은 전부 또는 일부가 판매용으로 발행된 도서등에만 적용되므로 전부가 비매용으로 발행된 도서등은 발행일과 무관하게 관간 전송할 수 있다.

그런데 5년이라는 기간이 어떠한 기준으로 설정된 것인지는 모호하다. 2000년 저작권법 개정 시 일부 도서관이 소장 자료를 디지털화한 후 이를 모든 도서관 간에 제한 없이 복제 전송할 수 있도록 했다. 따라서 실제로는 이러한 일이 발생하지 않겠지만, 규정상으로는 특정 도서관이 며칠 전에 출판된 자료를 구입하여 이를 디지털화한 후 모든 도서관과 공유하는 것이 가능한 상황이었다. 이에 대해 출판계는 디지털화한 자료를 모든 도서관이 관간 전송을 통해 공유하게 된다면 출판된 도서가 1권 이상 판매되지 않을 것이라고 비판했다. 이러한 의견을 수용하여 도서관등이 최근에 발행된 자료가 필요할 경우 관간 전송보다는 이를 구매해 이용하도록 유도한 것으로 보인다. 또는 출판사가 인쇄본으로 도서를 발행한 후 다시 이를 전자책으로 발행할 수 있으므로 이를 존중하기 위해 5년의 기간을 부여했다는 해설도 있다(임원선, 2022: 256). 이처럼 5년이라는 기준은 관간 전송에 대한 출판계의 의견을 반영해 그것이 가능한 기간을 절충한 결과이지 어떤 논리에 따른 것은 아니다.

(3) 관간 전송에 따른 보상금

관간 전송은 법 제31조 제5항에 따라 보상금을 지급해야 하는 대상이며, 제31조 제2항에 따른 복제 및 전송의 경우와 마찬가지로 제31조 제7항 및 동법 시행령 제13조에 따라 저작권 등의 권리침해를 방지하기 위한 복제방지조치 등 필요한 조치를 취해야 한다.

3) 디지털 형태로 판매되고 있는 자료에 대한 예외

제31조 제4항은 도서관등은 제31조 제1항 제2호에 따른 도서등의 복제나

제2항과 제3항에 따른 복제의 경우 그 도서등이 디지털 형태로 판매되고 있을 때 그 도서를 디지털 형태로 복제할 수 없다고 정하고 있다. 즉, 도서관이 보존을 목적으로 소장 자료를 디지털로 복제하거나(제31조 제1항 제2호), 도서관 내 열람을 목적으로 디지털로 복제 및 전송하거나(제31조 제2항) 다른 도서관 내로 복제 및 전송하고자 할 경우(제31조 제3항) 해당 자료가 디지털 형태로 판매되고 있다면 위의 각각의 복제는 저작권자로부터 허락을 얻어야 가능하다. 제31조 제4항은 도서관이 디지털로 복제 및 전송할 수 있는 경우에 대한 예외 규정이라고 할 수 있다. 디지털 형태로 판매된다는 것은 출판사에서 전자책을 발행했거나, 학술지에 수록된 논문이 상업용 데이터베이스를 통해 전자저널로 제공되거나, 영상저작물이 DVD로 발매되어 판매되거나 혹은 VOD 방식으로 제공되는 것 등을 말한다. 판매되고 있는 자료에 대한 예외이므로 디지털화된 자료가 비영리 기관을 통해서 제공되고 있거나 비매용으로 유통되고 있을 경우 도서관은 이를 디지털로 복제하거나 전송할 수 있다. 그러나 실제로 이용할 수 있는 비매용 디지털 자료가 있다면 도서관이 이를 디지털로 다시 복제할 필요성은 없을 것이다. 디지털 형태로 판매되고 있는 경우에 대한 예외를 둔 것은 도서관이 판매용 디지털 자료를 구매해서 이용하도록 함으로써 저작권자의 이익을 보호하기 위한 것이다. 만일 디지털로 판매되고 있는 자료를 도서관이 디지털화하여 관내 이용 및 관간 전송을 한다면 해당 자료를 발행한 기관이 비용을 들여 제작한 디지털 자료의 판

제31조(도서관등에서의 복제 등)
 ④ 도서관등은 제1항제2호의 규정에 따른 도서등의 복제 및 제2항과 제3항의 규정에 따른 도서등의 복제의 경우에 그 도서등이 디지털 형태로 판매되고 있는 때에는 그 도서등을 디지털 형태로 복제할 수 없다.

매율이 저하될 수 있다. 도서관이 이용자에게 정보 자료 서비스를 제공하는 것을 주된 목적으로 하지만 동시에 출판된 도서등을 구매하여 저작물의 출판과 유통이 활발하게 이루어지도록 함으로써 궁극적으로 그 사회의 지식의 발전에 기여하는 것 또한 도서관의 역할이라는 점에서 이러한 제한은 매우 타당해 보인다.

그런데, 도서관이 특정 소장 자료를 디지털화했던 시점에서는 그 자료가 디지털로 판매되고 있지 않았는데 얼마간의 시간이 경과한 후에 출판사에서 해당 자료를 전자책(E-book)으로 판매하게 되었을 경우 문제가 될 수 있다. 제31조 제4항은 디지털로 판매되고 있는 도서등을 디지털 형태로 '복제'할 수 없다고만 하고 전송에 대해서는 제한을 두지 않고 있다. 한국 저작권법은 일시적인 복제도 '복제'에 포함된다고 정의하고 있다(제2조 제22호). 따라서 실제로 도서등을 복제하지 않더라도 이미 디지털 복제한 자료를 관내 혹은 관간 전송할 때 일시적인 복제가 수반되므로 전송 또한 불가하다고 할 수 있다. 그러나 일시적 복제에 대해서는 저작권법 제35조의2에서 포괄적인 예외를 인정하고 있으므로 관내 전송과 관간 전송에 따른 일시적인 복제는 제35조의2에 따라 가능하다. 요컨대, 특정 자료가 디지털 형태로 판매되기 이전에 도서관이 디지털화해 복제 및 전송 서비스를 하고 있을 경우 그 자료가 이후 디지털 형태로 판매된다고 하더라도 관내 전송과 관간 전송이 가능하다고 보아야 할 것이다.

4) 보상금을 지급해야 하는 복제 및 전송

도서관등은 제1항 제1호의 규정에 따라 디지털 형태의 도서등을 복제하는 경우 및 제3항의 규정에 따라 도서등을 다른 도서관등의 안에서 열람할 수 있도록 복제하거나 전송하는 경우에 문화체육관광부장관이 정하여 고시하는 기준에 의한 **보상금**을 해당 저작재산권자에게 지급해야 한다. 그러나 국가나 지방자치단체 또는 「고등교육법」 제2조의 규정에 따른 학교를 저작재산권자로 하는 도서등(그 전부나 일부가 판매용으로 발행된 도서등을 제외한다)에 대해서는 보상금을 지급하지 않아도 된다(제31조 제5항).

제1항 제1호의 규정에 따라 디지털 형태의 도서를 복제하는 경우란 도서관이 소장 자료를 디지털화하거나, 전자책 등 디지털 자료를 구매하거나 또는 제3항에 따라 다른 도서관으로부터 일시적으로 전송받아 해당 자료를 복제하는 것을 말한다. 그러나 이 경우 제31조 본문의 단서에 따라 디지털 형태의 복제물을 제공할 수 없으므로 결국 디지털 형태의 자료를 출력하여 제공하는 것을 말한다. 또한 제3항에 따라 도서관이 다른 도서관 안에서 열람할 수 있도록 보관된 도서등을 복제하거나 전송할 경우에도 보상금을 지급해야 한다. 정리하자면, A 도서관이 특정 자료를 디지털화하여 관내에서 열람하도록 제공하거나 열람 후 출력물을 제공할 수 있는데 이 경우에는 출력에 대해 보상금만 지급하면 된다. 이와는 달리 A 도서관이 디지털화한 특정 자료를 B 도

제31조(도서관등에서의 복제 등)

⑤ 도서관등은 제1항제1호에 따라 디지털 형태의 도서등을 복제하는 경우 및 제3항에 따라 도서등을 다른 도서관등의 안에서 열람할 수 있도록 복제하거나 전송하는 경우에는 문화체육관광부장관이 정하여 고시하는 기준에 따른 보상금을 해당 저작재산권자에게 지급하여야 한다. 다만, 국가, 지방자치단체 또는 「고등교육법」 제2조에 따른 학교를 저작재산권자로 하는 도서등(그 전부 또는 일부가 판매용으로 발행된 도서등은 제외한다)의 경우에는 그러하지 아니하다. 〈개정 2008.2.29., 2021.5.18.〉

⑥ 제5항의 보상금의 지급 등에 관하여는 제25조제7항부터 제11항까지의 규정을 준용한다. 〈개정 2020.2.4.〉

서관에 전송하고 B 도서관 내에서 이를 열람한 후 출력했다면 전송과 출력에 대한 보상금을 모두 지급해야 한다.

5) 불법복제 방지를 위한 조치

저작권법 제31조 제7항은 제1항~제3항에 따라 도서관이 도서등을 디지털 형태로 복제하거나 전송하는 경우에 도서관등은 저작권이 침해되지 않도록 저작권이나 그 밖에 이 법에 따라 보호되는 권리가 침해되지 않도록 복제방지조치 등 동법 시행령에서 정하고 있는 조치를 하도록 정하고 있다.

앞서 살펴보았듯이 저작권법 제31조는 도서관이 특정한 경우에 복제하거나 전송하는 것에 대해 면책을 부여한 것인데 그 요건이 매우 까다롭다. 따라서 도서관이 저작권자의 권리를 침해하지 않도록 법에서 정하고 있는 범위 내에서 복제와 전송을 해야 할 것이다. 그런데 특히 아날로그 형태의 복제보다 디지털 형태의 복제와 전송은 그 기술의 속성상 복제물이 재복제되거나 재전송되기 쉽고 그 전달 범위도 매우 광범위해 저작권자의 재산상의 피해가 이루어질 가능성이 높다. 이러한 점을 고려하여 도서관이 보관된 도서등을 디지털 형태로 복제하거나 이를 그 도서관 내 혹은 다른 도서관등으로 전송하는 경우 복제방지조치 등의 권리침해 방지를 위한 조치를 하도록

> **제31조(도서관등에서의 복제 등)**
> ⑦ 제1항 내지 제3항의 규정에 따라 도서등을 디지털 형태로 복제하거나 전송하는 경우에 도서관등은 저작권 그 밖에 이 법에 따라 보호되는 권리의 침해를 방지하기 위하여 복제방지조치 등 대통령령으로 정하는 필요한 조치를 하여야 한다. 〈개정 2021.5.18.〉

정하고 있다.

복제방지조치 등의 필요한 조치란 불법 이용을 방지하기 위해 도서관 이용자가 열람하는 것 이외의 방법으로 도서등을 이용할 수 없도록 하는 복제방지조치, 도서관등의 이용자 외에 도서등을 이용할 수 없도록 하는 접근 제한 조치, 도서관등의 이용자가 도서관등의 안에서 열람하는 것 외의 방법으로 도서등을 이용하거나 그 내용을 변경한 경우 이를 확인할 수 있는 조치 등의 기술적 조치, 판매용으로 제작된 전자기록매체의 이용을 방지할 수 있는 장치의 설치 등이다(저작권법 시행령 제13조 제1호).

이러한 조치들은 도서관이 소장된 자료를 디지털로 복제하여 도서관 내에서 또는 도서관 간 전송을 통해 이용자들이 이를 컴퓨터 화면상으로 열람하고 출력할 수 있도록 한 제31조의 범위를 넘어서는 이용이 일어나지 않도록 기술적인 조치를 취해야 한다는 것이다. 예를 들어 이용자가 도서관 내에서 디지털 자료를 컴퓨터 화면으로 열람한 후 USB 등에 복사해 가거나 이용자의 집 등에서 도서관의 디지털 자료에 접근할 수 있는 등의 행위가 이루어지지 않도록 하는 조치를 취하는 것을 말한다. 그러나 저작재산권자와의 계약이나 이용허락에 의해 관외 전송이나 디지털 복제가 허용된 자료에 대해서도 이러한 조치를 취해야 하는 것은 아니다.

또한 도서관은 저작권 침해를 방지하기 위하여 도서관 직원을 교육하고(제2호), 컴퓨터 등에 저작권 보호 관련 경고표지를 부착하고(제3호), 도서관보상금을 산정하기 위한 장치를 설치해야 한다(제4호).

3. 도서관보상금제도[1]

1) 의미와 도입 배경 및 과정

한국에서 도서관의 소장 자료 디지털화 및 그 이용에 대한 저작권법상 면책의 근간은 **도서관보상금제도**이다. 도서관보상금제도란 원칙적으로 도서관등이 저작자로부터 이용허락을 받아야 하는 특정 이용 행위에 대해 사전의 이용허락 없이도 저작물을 복제 또는 전송할 수 있도록 하되, 이용 후에 일정한 보상금을 지급하도록 한 제도(이영아, 2003: 21)를 말한다. 이 제도는 법정허락제도의 하나이다. 저작물의 이용이 공익적 성격이 클 때 저작권자로부터 허락을 받지 못했더라도 이용할 수 있도록 하되, 이로 인해 권리자의

---

1 이 절은 정경희, 「도서관보상금제도 운영성과에 대한 분석」, ≪한국문헌정보학회지≫, 제49권 제4호(2015.11), 265~288쪽을 기초로 작성했다.

정당한 이익이 부당하게 저해되지 않도록 일정한 보상금을 권리자에게 지급하도록 한 제도를 **법정허락**(statutory) 또는 **강제허락**(non-voluntary license) 제도라고 한다. 특히 저작권자와의 협의 과정 없이 보상금을 지급하거나 공탁하고 이용할 수 있는 경우를 법정허락제도라고 한다(오승종, 2020: 929~930).[2]

도서관보상금제도는 도서관에 소장된 자료를 디지털화해 자관 이용자뿐만 아니라 도서관 간에도 이를 공유할 수 있도록 한 것으로 도서관이 디지털 정보서비스를 확대할 수 있는 기반을 마련해준 제도라고 할 수 있다. 이 제도는 도입 당시 세계 최초로 도서관이 소장 자료를 디지털화할 수 있도록 했다는 점에서도 주목받았다(홍재현, 2011a: 345). 도서관이 소장 자료의 출판 연도를 불문하고 권리자로부터 허락을 얻지 않고 디지털 형태로 구매할 수 없는 자료를 디지털화하여 도서관 간에 공유할 수 있도록 한 것은 동시이용자 수나 관외 전송 불가, 발행 후 5년 경과 등의 제한 요건은 있지만 그 당시로서는 디지털도서관서비스를 위한 획기적인 조치였다고 할 수 있다.

도서관보상금제도가 공포된 것은 2003년 5월이었으나 6개월간의 시행 준비 및 한 차례 시행 준비 기간 연장을 거쳐 실제로 이 제도가 실시된 것은 2004년 7월이었다. 그런데 이 제도는 2000년에 개정된 저작권법의 도서관 면책 규정을 둘러싼 이해당사자들의 갈등과 연결되어 있고, 제도 도입 후에도 상당한 논란과 진통이 있었다.[3] 2000년 개정된 도서관 면책 규정은 전자도서관 구축을 위해 도입되었다고는 하나 사실 IMF로 인해 국립중앙도서관이 정보화기금을 활용하여 소장 자료를 대량으로 디지털화한 후 이를 활용하기 위한 방안을 모색하는 과정에서 비교적 성급하게 도입되었다. 주요 개

---

[2] 한국 저작권법에서는 이러한 구분 없이 제5절에서 저작물 이용의 법정허락이라는 용어를 사용하고 있다.
[3] 상세한 사항은 곽동철(2013: 239~243), 홍재현(2011a: 401) 참고.

표 8-1 | 대량 디지털화 관련 도서관 면책 규정 주요 개정 사항

내용	2000년 개정	2003년 개정
보관된 도서등의 디지털화	5개 유형의 도서관만 가능	모든 도서관 가능
도서관 내 전송	모든 도서관 가능	모든 도서관 가능 동시열람자 수 제한
도서관 간 전송	모든 도서관 가능	모든 도서관 가능 발행 후 5년 경과 후 가능
도서관 내 출력	규정 없음	모든 도서관 가능
도서관보상금	규정 없음	도서관 내 출력 및 관간 전송 시 보상금 지급 의무

정사항은 도서관이 소장한 자료를 디지털화할 수 있고(2000년 개정 저작권법 제 28조 제1항) 도서관 간에 이를 전송할 수 있도록 한 것(제28조 제2항)이다. 그런 데 이 규정은 저작권자 단체로부터 모든 도서관이 소장 자료를 디지털 복제 할 수 있고, 이를 도서관 간에 전송할 수 있도록 했다는 점에서 지나치게 저 작권자의 권리를 침해할 소지가 있다는 비판을 받았다. 이에 따라 2000년 7 월 개정된 동법 시행령 제3조에서 디지털 복제를 할 수 있는 도서관의 유형 을 국립도서관, 한국교육학술정보원도서관, 한국과학기술원도서관, 산업기 술정보원 및 연구개발정보센터도서관으로 제한했다. 여기에서 제외된 사립 대학도서관은 디지털 복제를 할 수 있는 도서관을 선정한 기준이 비합리적 이며 이로써 사립대학교 학생들이 디지털 정보에 접근할 기회를 상실했다 며 헌법이 보장한 평등권을 침해한 것이라고 크게 반항했다.

이에 2001년부터 개정안이 제출되어 여러 차례의 개정 노력 끝에 도서관 보상금제도가 도입되었다. 따라서 이 제도는 2000년 개정된 도서관 면책 규 정에 대한 이해당사자들의 요구사항을 최대한 반영하는 방향으로 개정되었 다. 권리자 측에서 제기한 과도한 권리침해 가능성에 대한 요구를 수용하기

위해 특정한 이용에 대해 보상금을 부과했고, 사립대학도서관 등의 요구를 반영하여 디지털로 복제할 수 있는 시설의 범위를 도서관 면책 규정이 적용되는 모든 도서관으로 확대했다.

그러나 도서관보상금제도는 다시 대학도서관계의 반대에 부딪히게 된다. 2004년 7월 국립대학도서관협의회와 사립대학도서관협의회 및 전문도서관협의회가 전국의 국공립대학의 학위논문 원문을 디지털화해 공동으로 이용하기 위해 결성된 '학위논문원문공동이용협의회'와 공동으로 '저작권법 공동대책위원회'('대학도서관 디지털복제전송 공동 대책 위원회')를 결성하여 저작권법 재개정을 요청하기 시작했다. 이 단체가 제기한 보상금제도 개선 요청 사항은 다음과 같았다. 제도 시행 이전에 충분한 교육과 홍보 실시, 제도의 취지를 명확히 할 수 있도록 제도 명칭 변경, 제도 시행에 따른 제반 비용을 국고 및 대학에서 지원할 수 있는 근거 마련, 표준화된 보상금 과금 및 배분시스템을 국가가 개발하여 도서관에 무상 제공, 대학도서관의 비매용 학술논문 및 학위논문에 대한 보상금 예외, 보상금 징수 단체와의 계약 체결의 문제, 팩스를 이용한 관간 전송 시 보상금 예외, 한 대학 캠퍼스 내의 도서관 간 전송을 관내 전송으로 보아야한다는 점 등이 그것이다.[4]

이러한 문제를 해결하기 위한 대학도서관의 활동을 계기로 2007년 12월 현재의 대학도서관연합회가 결성되었고 이 단체의 명의로 2007년 '저작권법 개정 방향(안)'이 발표되기도 했다. 이 안에서는 도서관보상금제도 자체가 위헌적 요소가 있고, 보상금 징수 단체가 신탁받지 않은 재산권을 행사하는 것의 문제, 징수된 보상금이 미분배되어 징수 단체만 이익을 취한다는 점, 제도 명칭의 부적절함, 비영리 목적의 도서에 대한 보상금 제외 등 2004

---

4   2004년 8월 3일 대학도서관 디지털복제·전송 공동대책위원회 성명서.

년에 발표한 성명서와는 또 다른 문제를 제기하기도 했다.

보상금 징수 단체 역시 제도 도입 초기부터 대학도서관의 이러한 문제 제기에 강하게 맞대응했다. 이 단체는 2005년 11월 '학위논문원문공동협의회'를 대상으로 신탁된 학위논문의 서비스 중단 요청을 위해 저작권심의조정위원회에 저작권 분쟁 조정을 신청하고, 이후 이 협의회가 학위논문을 복제 전송하는 데 적법한 기관이 아니라는 것을 이유로 고소하고, 2006년 8월에는 보상금 징수 단체에 권리가 신탁된 일부 저자의 학위논문이 권리자의 허락 없이 출력 및 전송되고 있다고 서울대학교총장을 고소하기도 했다(학위논문원문공동이용협의회, 2008). 이러한 보상금 징수 단체의 분쟁 조정 신청과 고소는 대학도서관 단체들이 당시까지 보상금제도에 반대하며 이 단체와 보상금 약정 체결을 하지 않는 것에 대한 매우 강압적인 조치였다고 보인다.

이러한 갈등의 과정에서 문화관광부는 저작권법 제28조 개정을 위한 연구 과제를 진행하고(문화관광부, 2005a), 대학도서관 단체와 학위논문에 대한 도서관보상금 협의(2007년 6월)도 진행했다. 또한 대학도서관 단체는 도서관정보정책위원회와 원문전송 범위, 상호대차 전송 방법 확대, 도서관보상금제도 폐지 등을 중심으로(2007년 12월) 저작권법 개정 방향에 대한 협의도 진행했다. 이러한 노력의 결과로 대학도서관연합회와 보상금 징수 단체가 '대학도서관 간 상호대차에 있어서 자료 복제에 관한 협정서(2008년 12월)'를 체결했고, 2010년부터 문화관광부장관이 고시하는 보상금 기준의 명칭이 '도서관의 저작물 복제·전송이용 보상금'[5]으로 변경되기도 했다.

---

5 문화체육관광부 고시 제2010-9호.

2) 도서관보상금 규정

제31조 제5항은 도서관등이 제1항 제1호의 규정에 따라 디지털 형태의 도서등을 복제하는 경우 및 제3항의 규정에 따라 도서등을 다른 도서관등의 안에서 열람할 수 있도록 복제하거나 전송하는 경우에 문화체육관광부장관이 정하여 고시하는 기준에 의한 보상금을 해당 저작재산권자에게 지급하도록 정하고 있다. 그러나 국가나 지방자치단체 또는 「고등교육법」제2조의 규정에 따른 학교를 저작재산권자로 하는 도서등(그 전부나 일부가 판매용으로 발행된 도서등을 제외한다)은 보상금을 지급하지 않아도 된다. 이 조항에서 정하고 있는 보상금 부과 대상이 되는 이용 행위, 보상금 부과 대상이 되는 저작물 유형, 보상금액과 보상금 지급처, 보상금 지급 주체를 아래에서 상세하게 살펴본다.

(1) 보상금 부과 대상 이용 행위

제1항 제1호의 규정에 따라 디지털 형태의 도서등을 복제하는 경우와 제3항의 규정에 따라 도서등을 다른 도서관등의 안에서 열람할 수 있도록 복제하거나 전송하는 경우에 보상금을 지급해야 한다. 제1항 제1호의 규정에 따른 복제란 조사, 연구 목적을 가진 이용자가 요구했을 때 공표된 도서의 일부분을 1인에게 1부 제공하기 위한 복제를 말한다. 그런데, 제31조 본문의 단서에 제1호와 제3호의 경우는 디지털 형태로 복제할 수 없다고 했으므로 아날로그 복제물 제공만 가능하다. 일반적으로는 출력의 형태로 제공하는 것을 말한다. 물론 출력 이외에 영상저작물이나 음악저작물의 일부분을 비디오테이프나 오디오테이프 등의 아날로그 형태의 매체에 수록하여 제공하는 것도 포함되나 더 이상 사용되지 않는 이들 매체를 통한 복제물 제공이 도서관 실무에서 발생하지는 않을 것으로 보인다. 디지털 형태의 자료에 대

한 출력물 제공은 두 가지 경우가 있다. 하나는 자관에 보관된 자료를 출력하는 경우와 다른 하나는 다른 도서관등으로부터 전송받은 자료를 도서관 내에서 출력하는 경우이다. 인쇄본 도서등의 아날로그 형태의 도서등을 복사기로 복사하여 이용자에게 제공하는 경우에 대해서는 보상금을 부과하지 않고 디지털 형태의 도서등을 출력물 형태로 제공하는 것에 대해서만 보상금을 부과하는 이유는 복제의 편의성과 복제물의 질이 기존의 복사기를 통한 복사와 매우 다르므로 이와 같은 형태의 복제가 아날로그 복제보다 빈번하게 이루어질 가능성이 크므로 저작권자의 경제적 이익을 침해할 가능성이 높기 때문이다(김현철, 2007: 97).

제3항의 규정에 따라 도서등을 다른 도서관등의 안에서 열람할 수 있도록 복제하거나 전송하는 경우에도 보상금을 지급해야 한다. 만일 A 도서관이 보관된 도서를 디지털화했을 경우 A 도서관의 이용자가 그 관내에서 이를 열람한 경우는 보상금이 부과되지 않지만, 이를 B나 C 등 다른 도서관으로 전송할 경우 B나 C 도서관 내에서의 열람에 대해서는 보상금이 부과된다. 이것은 관간 전송에 따른 보상금을 부과하는 것이다. A 도서관 내의 열람에 대해 보상금을 부과하지 않은 것은 일반적으로 도서관이 인쇄 자료를 구매할 경우 이용자가 도서관 내에서 열람하는 것은 매우 당연한 행위로서 그것이 디지털화된 자료나 혹은 전자책 등에 대해서 이루어지는 것도 당연하기 때문이다. 그러나 A 도서관이 디지털화한 자료나 구매한 전자책 등을 B나 C 등 수많은 다른 도서관으로 전송할 경우 해당 자료를 B나 C 등의 도서관에서 구매할 가능성이 현저하게 저하될 것이다. 또한 도서등의 발행자도 도서관 한 곳에서의 이용을 전제하여 그 도서의 가격을 책정한 것이지 수많은 도서관이 이를 공유하며 함께 열람하는 것을 전제하여 가격을 책정한 것이 아니므로 저작권자에게 경제적 피해를 줄 수 있다. 따라서 다른 도서관으로 전

송하여 열람시키는 행위에 대하여 일정한 보상금을 저작권자에게 지불하도록 함으로써 그 피해를 보완하도록 한 것이다.

(2) 보상금 부과 대상 저작물

보상금 부과 대상이 되는 저작물은 디지털 형태의 도서등이다. 어문저작물이나 영상저작물 등 저작물의 유형이 어떠하든 그것이 디지털 형태인 경우에 대해서만 보상금이 부과된다. 그러나 실무에서는 도서관이 보관된 도서등을 디지털화한 경우에 적용될 가능성이 높다. 왜냐하면 구매한 전자책 등은 구매 당시 저작권자와 체결한 라이선스에 따라 이용하기 때문이다. 즉, 저작권자가 전자책을 도서관 내에서 출력하거나 다른 도서관 또는 이용자의 집이나 교내의 연구실 등 관외로 전송하는 것을 허락했다면 보상금을 지불하지 않고 이용할 수 있다. 그러나 구매한 디지털 자료에 대해 저작권자가 이용 범위를 정해놓지 않았다면 이 자료 역시 도서관이 디지털화한 자료와 마찬가지로 보상금 규정이 적용된다.

보상금 부과 대상 저작물에서 중요한 사항은 보상금이 부과되지 않는 자료가 있다는 점이다. 국가나 지방자치단체 또는 「고등교육법」 제2조의 규정에 따른 학교를 저작재산권자로 하는 도서 중 그 전부 또는 일부가 판매용으로 발행된 도서가 아닐 경우 보상금 지급 대상이 아니다. 「고등교육법」 제2조의 규정에 따른 학교란 대학, 산업대학, 교육대학, 전문대학, 방송대학·통신대학·방송통신대학 및 사이버대학(원격대학), 기술대학 등을 말한다. 이 학교에는 국가가 설립·경영하거나 국가가 국립대학 법인으로 설립하는 국립학교, 지방자치단체가 설립·경영하는 공립학교, 학교법인이 설립·경영하는 사립학교가 모두 포함된다(「고등교육법」 제3조). 위와 같은 학교와 국가 및 지방자치단체가 발행한 자료가 아니라 이들 기관이 저작재산권자인 도서라는 점이 중요하다. 이들 기관에서 작성한 업무상저작물인 경우 당연히 해당 기관이 저작재산권자일 수 있지만, 기관 외부에 의뢰하여 작성한 경우라면 해당 저작자로부터 저작재산권을 양도받은 상태여야 위 기관이 저작재산권자가 될 수 있을 것이다. 예컨대 기관에서 발행한 정기간행물 등에 기고된 논문이나 외부에 의뢰하여 작성한 위탁연구보고서 등은 외부 필자가 작성한 것이므로 국가나 지방자치단체, 학교 등이 이 글에 대하여 저작재산권을 양도받지 않았다면 저작권은 그 글을 창작한 저작자에게 귀속되므로 보상금 제외 대상 자료가 아니다.

그런데 보상금이 부과되지 않는 자료 중에서 국가나 지방자치단체가 저작재산권자인 저작물은 저작권법 제24조의2 공공저작물의 자유이용 규정과 연관하여 살펴볼 필요가 있다. 동조 제1항에 따르면 국가나 지방자치단체가 업무상 작성하여 공표한 저작물이나 계약에 의하여 저작재산권의 전부를 보유한 저작물은 허락 없이 사용할 수 있다(2013.12.30. 신설, 2014.7.1. 시행). 다만, 그 저작물에 국가안전보장에 관련된 정보가 포함되어 있거나, 개인의 사생활 또는 사업상 비밀에 해당하거나, 다른 법률에 따라 공개가 제한되는 정보를 포함하고 있거나, 저작권법 제112조에 따른 한국저작권위원회에 등록된 저작물로서「국유재산법」에 따른 국유재산 또는「공유재산 및 물품관리법」에 따른 공유재산으로 관리되는 경우(저작권법 제24조의2 제1항 제1호~제4호)는 제24조의2에 따른 자유이용 대상 저작물이 아니다. 이 규정은 해당 저작물이 일부 또는 전부가 판매용으로 발행된 것에 불문하고 적용된다. 따라서 국가나 지방자치단체가 저작재산권을 보유하고 있는 저작물을 도서관이 소장하고 있을 경우 그것이 설령 판매되고 있더라도 이 자료는 도서관보상금 부과대상 자료가 아니다. 제24조의2 제1항에는 공표된 저작물이어야 한다는 조건이 있으나, 이는 저작권법 제11조 제5항 즉, 공표하지 않은 저작

표 8-2 | 공공저작물 자유이용저작물과 도서관보상금 예외 저작물 비교

	자유이용저작물(제24조의2 제1항)	보상금 제외 대상(제31조 제5항)
저작재산권자	국가, 지방자치단체	국가, 지방자치단체, 각종 대학
공표 여부	공표된 저작물	조건 없음
판매 여부	조건 없음	비판매용
예외	국가안보, 사생활, 비공개 정보 등이 포함된 저작물	조건 없음

▍토의문제 17

국회도서관은 합동군사대학교에서 발간하는 ≪해양전략≫이라는 학술지를 디지털화하여 국회도서관과 협정을 체결한 도서관 내에서 열람할 수 있도록 하고 있다. 협정을 체결한 도서관 내에서 이용자가 국회도서관의 ≪해양전략≫에 수록된 논문을 열람하고 출력하려면 도서관보상금을 지불해야 할까?

물을 저작자가 도서관등에 기증한 경우 별도의 의사 표시가 없는 한 기증한 때에 공표에 동의한 것으로 추정한다는 규정에 따라 공표된 저작물과 동일하게 적용할 수 있다. 다만, 그 저작물이 제24조의2 제1항 제1호~제4호에 해당하지 않아야 할 것이다.

(3) 보상금 지급 주체

제31조 5항에 따르면 도서관등이 보관된 도서등을 복제하거나 다른 도서관등으로 전송하는 경우 보상금을 저작재산권자에게 지급해야 한다. 즉, 법에서 명시한 보상금을 지불할 의무가 있는 주체는 복제가 이루어지는 도서관과 전송을 행한 도서관이다. 복제가 이루어지는 도서관은 디지털 자료를 소장하고 있는 도서관과 관간 전송을 통해 디지털 자료를 전송받은 도서관이다. 만일 A 도서관이 소장 자료를 디지털화했을 경우 이용자가 A 도서관

내에서 그 자료를 열람한 후 출력한다면 보상금 지급 주체는 A 도서관이며, A 도서관이 그 자료를 B 도서관으로 전송한 후 B 도서관 내에서 출력이 이루어진다면, 보상금 지급 주체는 B 도서관이다. 또한 전송에 해당하는 보상금 지급 주체는 전송을 행한 A 도서관이다.

그런데 도서관 내에서 복제 즉, 출력을 실제로 하는 사람은 이용자이고 디지털화한 도서관으로부터 전송을 받는 사람도 이용자이다. 또한 관간 전송에 따른 수혜자는 A 도서관이라기보다 B 도서관이다. 그럼에도 불구하고 복제를 행하는 도서관과 전송을 행하는 도서관이 보상금을 지급하도록 정하고 있다. 이것은 저작권자 입장에서 보면 저작물을 디지털화한 도서관 그리고 이를 다른 도서관에 전송해준 도서관이 저작물의 1차적 이용자이기 때문이다. 그러나 실제로 도서관에서 보상금 지불은 다양한 방식으로 이루어지고 있다. 관간 전송에 따른 보상금은 전송받은 측의 도서관 또는 실제 이용자가 지불하는 경우도 있다. 또한 출력에 따른 보상금은 도서관이 이용자를 대신하여 지불하거나 출력을 행한 이용자가 지불하기도 한다.

(4) 보상금 지급 기준 및 금액

도서관보상금은 문화체육관광부장관이 정하여 고시하는 기준에 따라 해당 저작재산권자에게 지급해야 한다(제31조 제5항). 이에 따라 문화체육관광부는 2003년 이후 도서관보상금을 정하여 고시해왔다.

2003년 7월에 고시된 '도서관보상금 기준'[6]에 의하면 도서 및 정기간행물을 출력할 경우 판매용 자료는 1면당 5원, 비매용 자료는 면당 3원이고, 전송할 경우 판매용 자료는 1파일당 20원, 비매용 자료는 0원이었다. 이 금액

---

6   문화관광부 고시 제2003-9호.

표 8-3 | 도서관의 저작물 복제·전송 이용 보상금(2023년 4월 기준)

구분		이용 형태 및 보상금 기준	
		출력	전송(전송을 위한 복제 포함)
단행본/ 정기간행물	판매용	1면당 6원	1파일당 25원
	비매용	1면당 3원	1파일당 0원

은 2012년까지 유지되었다. 2013년 3월 고시된 '도서관의 저작물 복제·전송 이용 보상금 기준'[7]에 의하면 2013년 7월부터 적용할 도서관보상금 기준이 출력의 경우 판매용 자료는 1면당 6원, 비매용 자료는 면당 3원, 전송의 경우 판매용 자료는 1파일당 25원, 비매용 자료는 0원이다. 즉, 10년간 적용해 오던 보상금을 판매용 자료에 대해서만 출력의 경우 20%, 전송의 경우 25% 인상했다. 가장 최근에 개정된 고시[8]에서도 동일한 기준이 적용되었으며, 이 기준을 차후 개정 시까지 적용한다고 명시하고 있다. 따라서 2023년 4월 기준으로 적용되고 있는 보상금 기준은 〈표 8-3〉과 같다.

'도서관보상금 기준'에서 보상금은 단행본과 정기간행물로 구분되어 있으나 금액은 동일하다. 보상금액이 달리 적용되는 기준은 자료의 유형이 아니라 판매용인가의 여부이다. 이는 도서관의 복제 및 전송으로 인한 저작재산권자의 경제적 손실을 일정한 정도로 보전할 수 있도록 한 것으로 판매용 자료가 비매용 자료보다 손실의 정도가 더 클 수 있다는 판단에 기인했다고 보인다.

도서관보상금 고시는 출력과 전송의 의미를 명확히 하기 위해 관련 용어를 정의하고 있다. 2003년 고시는 출력을 '아날로그 형태로 복제하는 것'으

7　문화체육관광부 고시 제2013-12호.
8　문화체육관광부 고시 제2016-20호, 2016.7.29., 일부개정

로만 정의했는데, 2010년 고시부터 '아날로그 형태(프린트아웃)'로 수정했다.

제7장에서도 언급했듯이 제31조 제1항에 따라 디지털 형태의 도서등을 복제하는 것은 단순히 출력만을 의미하는 것이 아니라 비디오테이프 등으로의 복제 등 다양한 형태의 비디지털 미디어로의 복제도 포함하며, 열람 역시 단행본이나 정기간행물 등의 도서 자료를 열람하는 것만이 아니라 영상 자료나 오디오 자료 등을 시청하는 것도 포함한다. 그럼에도 불구하고 도서관보상금이 단행본과 정기간행물에 대한 출력과 전송으로 제한된 것은 실무에서 도서관보상금 부과 대상 자료의 복제와 전송이 이 두 자료에 한정될 것이라고 전제했기 때문인 것으로 보인다. 또한 1파일에 대한 정의를 단행본은 1권 전체로 하고, 정기간행물은 개별 기사라고 한 것은 정기간행물의 특성상 1권 단위보다 기사 단위로 이용되기 때문이다. 따라서 도서관보상금부과에서 일반적으로 기사 단위로 이용되지 않고 전권이 이용되는 백서나 연감 등의 간행물은 정기간행물로 간주하지 않고 있다(이영아, 2003: 21).

4. 국립중앙도서관의 온라인 자료 수집

저작권법 제31조 제8항은 「도서관법」 제22조에 따라 국립중앙도서관이 보존을 위하여 온라인 자료를 수집할 경우에 해당 자료를 복제할 수 있다고 정하고 있다(2009. 3. 25. 신설).

국립중앙도서관은 「도서관법」 제21조에 따른 **납본기관**이다. 제21조 제1항은 누구든지 도서관자료(온라인 자료를 제외한다. 다만, 온라인 자료 중 제23조에 따라 국제표준자료번호를 부여받은 온라인 자료는 포함한다.)를 발행하거나 제작한 경우 그 발행일 또는 제작일로부터 30일 이내에 그 자료를 국립중앙도서관에 납

> **제31조(도서관등에서의 복제 등)**
>
> ⑧「도서관법」제22조에 따라 국립중앙도서관이 온라인 자료의 보존을 위하여 수집하는 경우에는 해당 자료를 복제할 수 있다. 〈신설 2009.3.25., 2021.12.7.〉

본해야 하며, 수정증보판인 경우에도 납본해야 한다고 정하고 있다. 도서관 자료란 인쇄 자료, 필사 자료, 시청각 자료, 마이크로 형태 자료, 전자 자료, 그 밖에 장애인을 위한 특수 자료 등 지식정보 자원 전달을 목적으로 정보가 축적된 모든 자료(온라인 자료를 포함한다)로서 도서관이 수집·정리·보존하는 자료(「도서관법」제3조 (정의) 2호)를 말한다. 즉, 국제표준자료번호가 없는 온라인 자료를 제외한 도서관 자료는 국립중앙도서관에 납본을 해야 한다. 국제표준자료번호가 없는 온라인 자료는 국립중앙도서관이 보존 가치가 높은 자료를 선정하여 수집·보존해야 한다고 정하고 있다(「도서관법」제22조 제1항).

어떤 사회이든 그 사회에서 생산된 지적인 창작물을 수집하여 다음 세대로 전달하는 것은 그 사회의 지식의 전승과 인간 사회의 발달에 매우 중요하다. 인류가 도서관이라는 제도를 만들어 지식을 축적하고 이를 다음 세대로 전승하지 않았더라면 인간 사회는 지금과 매우 다른 상황이었을 것이다. 이에 대부분의 나라는 납본제도를 통해 그 나라에서 생산된 도서를 체계적으로 수집해 보존할 수 있는 도서관을 지정하고 있다. 한국은 국립중앙도서관이 이러한 역할을 부여받은 도서관으로 지정되어 있다. 이에 국립중앙도서관은 그 형태를 불문하고 인쇄 혹은 비인쇄 형태로 발행하거나 제작된 모든 유형의 자료를 납본받아왔다. 납본의 의미로 볼 때 온라인상에서 공개된 자료도 당연히 수집 대상이 되어야 한다. 그러나 온라인 자료 중에서 국제표준자료번호가 부여되지 않은 자료는 발행과 제작의 주체가 명확하지 않고 자료의 내용이나 유형이 매우 다양하므로 기존의 납본과는 다른 접근이 필요하다. 따라서 국립중앙도서관이 이러한 자료를 수집하도록 했다. 그런데, 도서관이 납본의 수단으로 온라인 자료를 수집할 경우 이 과정에서 불가피하게 복제가 이루어지므로, 제31조 제8항을 통해 국립중앙도서관이 온라인 자료 수집을 위해 복제할 수 있도록 했다. 다만, 이 수집은 보존의 목적으로만 이루어져야 하므로, 수집된 자료를 이용자에게 열람 및 복제 등의 방식으로 서비스하기 위해서는 저작권자로부터 허락을 얻어야 한다.

제9장 문화시설에 의한 권리자불명 저작물의 대량 디지털화*

┃ 학습목표

1. 문화시설에 의한 복제 등이 가능한 주체와 객체를 설명할 수 있다.
2. 상당한 조사의 요건을 설명할 수 있다.
3. 문화시설이 소장하고 있는 저작물을 디지털화하여 서비스할 때 근거 규정이 되는 저작권법 제31조, 제35조의4, 제50조의 차이를 설명할 수 있다.

1. 권리자불명 저작물의 대량 디지털화를 위한 규정 도입배경

제31조 제2항~제7항은 저작물 디지털화와 전송에 따르는 어려움을 해소하기 위해서 도서관에 대한 예외를 인정하고 있다. 도서관보상금제도라 불리는 이 규정은 일정한 요건을 갖춘 경우에 저작재산권자의 허락 없이도 저작물을 디지털화하고 전송할 수 있도록 허용하고 있다. 그러나 아쉽게도 저작물을 전송할 수 있는 범위를 물리적인 도서관의 내부로만 한정하고 있어서 디지털도서관서비스에 실제로 활용하기가 어렵다. 도서관이 소장 자료를 디지털화하여 원하는 이용자들이 언제 어디서나 이용할 수 있도록 전송하기 위해서는 도서관도 예외 없이 저작재산권자로부터 이용허락을 받아야한다. 즉, 저작물을 온라인서비스하기 위해서는 저작물마다 저작재산권자를 확인하여 연락처를 파악하고, 저작물 이용에 따르는 대가를 협의하여 이용에 대한 허락을 구하고, 저작권료를 지불하는 일련의 과정을 거쳐야만 한다. 도서관은 저작물의 대량 디지털화를 추진하기 때문에 이 과정을 모두 수행하기가 실질적으로 불가능하다. 행정적으로나 재정적으로 너무 커다란 부담이기 때문이다. 이런 사정으로 말미암아 이미 오래전부터 도서관은 소장한 자료를 디지털화하여 서비스를 제공하고 있지만, 저작권이 소멸되었거나 저작재산권자로부터 이용허락을 얻은 자료가 아니라면 제31조에 따라 도서관 울타리 내에서만 이용할 수 있도록 했다. 즉, 도서관이 비용을 들여 디지털로 변경을 했음에도 불구하고 이용자는 종이책과 마찬가지로 도서관

---

* 이 장은 이호신·정경희, 「도서관의 울타리를 넘어서는 저작물 디지털 서비스의 가능성: 저작권법 제35조의4의 주요 내용과 한계에 대한 검토」, ≪정보관리학회지≫, 제37권 제3호(2020.9), 107~131쪽을 일부 수정한 것이다.

을 직접 방문해서 이용해야 하는 실정이다. 이런 까닭에 인터넷에서 자료를 찾고 이용하는 데 익숙한 이용자의 요구를 충족하지 못하면서 도서관이 디지털화한 자료는 점차 외면당하고 있다. 디지털화에 많은 비용을 투입했지만, 정작 이용자들이 기대하는 서비스를 제공하지 못하면서 제대로 된 효과를 기대하기 어려운 형편인 것이다.

디지털도서관의 서비스 확장을 위한 저작권 관련 논의는 이미 오래전부터 이루어지고 있었다. 「저작권법」 제31조에 대한 개정뿐만 아니라 「저작권법」 제50조의 법정허락제도를 활용하는 방안에 대해서도 다각적으로 검토가 이루어졌다. 특히 최근 들어서는 도서관이 디지털화하는 저작물의 대부분이 저작재산권자를 확인할 수 없는 권리자불명 저작물, 소위 '고아저작물'이기 때문에 법정허락에 따르는 도서관의 행정적·재정적인 부담을 줄여줄 필요가 있다는 제안이 이어지고 있었다. 이러한 제안을 상당 부분 수용하여 2019년 11월 개정한 「저작권법」[1]에 제35조의4 '문화시설에 의한 복제 등'을 신설했다. 이 규정은 국가나 지방자치단체가 운영하는 문화시설은 상당한 조사를 했어도 공표된 저작물의 저작재산권자나 그의 거소를 알 수 없는 경우 문화시설에 보관된 자료를 사용하여 저작물을 복제, 배포 할 수 있도록 허용하고 있다. 다만 저작재산권자가 추후 저작물의 이용 중단을 요청할 경우에는 지체 없이 이용을 중단하고, 그동안의 이용에 대해서 보상금을 지불해야 한다. 이 조항은 도서관을 비롯한 문화시설이 보유한 자료를 활용하여 저작물을 디지털화하고 대국민 서비스하는 데 필요한 저작권 처리의 절차를 상당 부분 간소화하여, 디지털도서관이나 디지털박물관을 구현하는 데 도움을 주기 위해서 마련된 것이다. 특히 도서관보상금제도에 따라 디지털

---

1   법률 제16600호, 2019.11.26. 일부개정.

화한 자료는 도서관 내에서만 이용할 수 있다는 한계가 있었으나 제35조의4에 따르면 디지털화한 자료는 도서관을 벗어나 어디서라도 이용할 수 있다는 점에서 의미가 있다.

2. '문화시설에 의한 복제 등'의 주체와 객체

1) 복제 등의 주체

제35조의4를 적용할 수 있는 주체는 "국가나 지방자치단체가 운영하는 문화예술 활동에 지속적으로 이용되는 시설"이다(제35조의4 제1항). 구체적인 범위는 대통령령에서 정하도록 위임하고 있다. 시행령 제16조의2는 그 범위를 국회도서관, 국립중앙도서관, 「도서관법」에 의한 지역대표도서관, 국립중앙박물관, 국립현대미술관, 국립민속박물관으로 특정하여 분명하게 제시하고 있다. 국회도서관, 국립중앙도서관, 지역대표도서관 16개관을 포함하여 도서관 18개소와 문화체육관광부의 소속 기관인 국립중앙박물관, 국립현대미술관, 국립민속박물관 3개소를 합하여 총 21개 기관이 이 조항의 적용을 받을 수 있다.

2) 복제 등의 객체와 요건

시행령이 정하는 문화시설에 해당하더라도 모든 저작물을 복제하거나 전송할 수 있는 것은 아니다. 복제 등으로 이용할 수 있는 저작물이 되기 위해서는 몇 가지 요건을 모두 충족해야 한다.

> **제35조의4(문화시설에 의한 복제 등)**
> ① 국가나 지방자치단체가 운영하는 문화예술 활동에 지속적으로 이용되는 시설 중 대통령령으로 정하는 문화시설(해당 시설의 장을 포함한다. 이하 이 조에서 "문화시설"이라 한다)은 대통령령으로 정하는 기준에 해당하는 상당한 조사를 했어도 공표된 저작물(제3조에 따른 외국인의 저작물을 제외한다. 이하 이 조에서 같다)의 저작재산권자나 그의 거소를 알 수 없는 경우 그 문화시설에 보관된 자료를 수집·정리·분석·보존하여 공중에게 제공하기 위한 목적(영리를 목적으로 하는 경우를 제외한다)으로 그 자료를 사용하여 저작물을 복제·배포·공연·전시 또는 공중송신할 수 있다. [본조신설 2019.11.26.]

첫째, 공표된 저작물이어야 한다. 다시 말해서 해당 저작물이 이미 공연, 공중송신 또는 전시 그 밖의 방법으로 공중에게 공개되거나 발행된 것이라야 한다(제2조 제25호). 공표 행위가 이루어지지 않은 경우라도, 다른 사람에게 저작권을 양도했거나, 이용허락을 한 경우, 출판권이나 배타적발행권을 설정한 경우라면 계약의 상대방에게 저작물의 공표를 동의한 것으로 추정한다(제11조 제2항). 저작자가 공표되지 않은 미술저작물, 건축저작물 또는 사진저작물의 원본을 양도한 경우에도 그 상대방에게 저작물의 원본의 전시 방식에 의한 공표를 동의한 것으로 추정한다(제11조 제3항). 저작자가 특별한 의사 표시 없이 공표하지 않은 저작물을 도서관등에 기증한 경우에도 기증한 때에 공표에 동의한 것으로 추정한다(제11조 제5항). 공표된 저작물의 범위는 공표권에 대한 예외로 인정되는 경우를 두루 포함하여 확정할 수 있다. 이러한 범위에 포함되지 않은 미공표저작물은 제35조의4의 적용 대상이 되지 않는다.

둘째, 내국인의 저작물이어야 한다. 외국인 저작물이 제외된 것은 동일한 객체를 대상으로 하는 제50조의 법정허락 규정과 무관하지 않다. 제50조는 그 기본 전제에 해당하는 '상당한 노력'의 절차가 국내 위주로 되어 있어서

│ 토의문제 18

　문정이는 한국문화예술위원회 아르코예술기록원의 디지털화 프로젝트 담당 아키비스트이다. 아르코예술기록원은 1979년에 개관한 국내에서 가장 오래되고 규모가 큰 예술자료 전문 아카이브이다. 문정이는 그동안 수집 혹은 기증받은 예술 기록 중에서 1960~1970년에 이루어졌던 연극과 관련한 모든 기록, 예컨대 연극 대본, 프로그램, 포스터, 관련 사진 및 영상 등을 디지털화하여 인터넷에 공개하려고 한다. 문정이는 저작권법 제35조의4에 근거하여 이 기록을 인터넷에 공개할 수 있는가? 불가능하다면 그 외의 어떠한 방법으로 인터넷에 공개할 수 있을까?

국제협약의 위반 소지가 있다는 점을 고려하여 외국인 저작물을 대상에서 제외하고 있다(최나빈, 2016: 60). 제35조의4가 요구하는 '상당한 조사' 역시 국내 절차 위주라는 점에서 마찬가지로 국제협약 위반의 소지가 있다는 것을 반영한다. 또한 이 조항이 제50조와 마찬가지로 법정허락의 성격을 띠고 있기 때문에 그 형평성을 고려한 것이다.

셋째, 문화시설에 보관된 자료여야 한다. 보관된 자료라 함은 해당 문화시설이 수집·정리·분석·보존하여 공중에 제공하기 위해 일정 기간 이상 보관하고 있는 자료를 의미한다. 타 기관에서 일시적으로 대여한 것까지를 포함하는 것은 아니다.

넷째, 저작물 이용의 목적이 문화시설에 보관된 자료를 수집·정리·보존하여 공중에게 제공하기 위한 것이어야 하고, 영리를 목적으로 하지 않아야 한다. 저작물을 제공받은 이용자로부터 이용에 대한 대가를 받는 것뿐만 아니라 영리를 목적으로 상업광고나 협찬을 받는 등 저작물을 제공하는 행위를 통하여 영리를 추구하는 경우에는 이 조항의 적용을 받을 수 없다.

다섯째, 대통령령이 정하는 '상당한 조사'를 실시했음에도 불구하고 저작재산권자 또는 그의 거소를 확인할 수 없어야 한다. '상당한 조사'는 제50조의 '상당한 노력'에 비해서 그 요건과 절차를 다소 완화한 것이다. '상당한 조사'의 구체적인 요건은 대통령령으로 위임하고 있다. 시행령 제16조의3은 '상당한 조사'의 기준을 모두 여덟 가지로 제시하고 있다. 이 요건을 모두 충족할 경우에 해당 문화시설은 저작재산권자의 허락 없이도 저작물을 이용할 수 있게 된다.

3) 상당한 조사의 내용과 방법

시행령과 문화체육관광부령과 고시[2]에서 제시하고 있는 여덟 가지의 구체적인 조사 내용과 방법을 정리하면 다음과 같다.

① 해당 문화시설에 보관된 자료를 통해서 저작재산권자나 그의 거소에 관한 정보를 확인해야 한다.

② 제55조 제1항에 따른 저작권등록부(www.cros.or.kr)를 통해서 저작재산권자나 그의 거소에 관한 정보를 조회해야 한다.

③ 보상금수령단체 및 저작권신탁관리업체에 정보조회요청서를 제출하거나 해당 업체의 홈페이지를 통하여 저작재산권자나 그의 거소에 관한 정보를 조회해야 한다. 문화체육관광부는 보상금수령단체나 저작권신탁관리단체를 분야별로 매우 제한적으로 허가하고 있다. 음악 분야는 한국음악저작권협회, 음악저작인협회, 한국음악실연자연합회, 한국음반산업협회가 있다. 어문저작물은 한국방송작가협회, 한국문예학술저작권협회, 한국복제전송저작권협회, 한국시나리오작가협회, 영화는 한국영화배급협회, 한국영화

---

2   문화체육관광부고시 제2020-31호(2020.7.10. 제정).

제작가협회, 방송 부문은 한국방송실연자협회, 뉴스 기사는 한국언론진흥재단, 공공저작물은 한국문화정보원이 있다. 따라서 저작물을 이용하고자 하는 문화시설은 저작물의 종류에 따라 관련 저작권신탁관리단체를 통하여 해당 저작물의 저작재산권자 또는 그의 거소에 관한 정보를 조회하는 절차를 거쳐야 한다.

④ 제73조 제2항의 규정에 따라 권리자불명 저작물은 권리자 찾기 정보시스템(www.findcopyright.or.kr)을 통해 저작재산권자나 그의 거소에 관한 정보를 조회해야 한다.

⑤ 국립중앙도서관이나 국가서지에 관한 정보(국가자료종합목록, www.nl.go.kr/kolisnet)를 통해 저작재산권자나 그의 거소에 관한 정보를 조회해야 한다.

⑥ 콘텐츠식별체계(UCI, 국가디지털콘텐츠식별체계, www.uci.or.kr)를 통해 저작재산권자나 그의 거소에 관한 정보를 조회해야 한다.

⑦ 국내의 정보통신망 정보검색도구를 이용하여 저작재산권자나 그의 거소에 관한 정보를 검색해야 한다. 국내의 정보통신망 정보검색도구가 구체적으로 어떤 사이트를 의미하는 것인지에 대해서는 시행령에 상세하게 언급하고 있지 않다.

⑧ 창작자에 관한 정보를 관리하는 단체(공공기관 포함)로서 문화체육관광부장관이 고시하는 단체를 통해 저작물의 제목 및 저자 성명 등으로 정보를 검색해야 한다. 문화체육관광부고시 제2020-31호는 저작물의 종류에 따라 해당 단체와 세부적인 조사 방법을 지정하고 있다. 어문저작물은 한국연구재단의 한국학술지인용색인(www.kci.go.kr)과 한국교육학술정보원의 학술연구정보서비스(www.riss.kr)를 통해 저작물의 제목과 저자 성명 등으로 검색을 했으나 저작권자(집필자 등)와 그 소속 정보를 찾을 수 없어야 한다. 미술저작물이나 사진저작물은 예술경영지원센터의 한국미술시장정보시스템(www.k-

문정이는 국립중앙도서관 사서이다. 문정이는 그동안 국립중앙도서관이 디지털화하여 도서관 내에서 열람 및 출력서비스만 제공했던 자료에 대해 '상당한 조사'를 실시한 후 권리자를 찾을 수 없는 저작물을 인터넷에 공개하는 프로젝트를 진행하고 있다. 이 중에는 2008년 발행된 『그림책 그림: 한국 그림책 작가 20인 원화전』이라는 도서가 포함되어 있다. 이 책의 본문에는 한국 그림책 작가 20인의 원화가 포함되어 있고 원화 아래에는 작가에 대한 간략한 설명이 추가되어 있다. 이 책의 판권지에는 원화전을 주최한 기관, 발행인, 편집인, 발행처 정보가 제시되어 있고 국립중앙도서관 목록에는 전북도립미술관이 편저자로 등록되어 있다. 문정이가 이 책에 대한 상당한 조사를 실시하려면 저작재산권자의 거소를 확인해야 하는데 이 책의 경우 누가 저작재산권자인가? 거소를 확인하기 위해 찾아봐야 할 연락처에는 무엇이 포함될까?

artmarket.kr)과 한국문화예술위원회의 한국예술디지털아카이브(www.daarts. or.kr), 국립현대미술관의 미술은행(artbank.go.kr)을 통해 저작물의 제목과 저자의 성명으로 정보를 검색했으나 저작재산권자(작가 등) 또는 해당 작품의 소장처 정보를 찾을 수 없어야 한다. 영화 관련 저작물은 한국영상자료원의 한국영화데이터베이스(KMdb, www.kmdb.or.kr)를 통해 저작물의 제목 및 저자의 성명으로 정보를 검색했으나 저작재산권자(작가 등) 또는 제작사나 감독에 관한 정보를 찾을 수 없어야 한다. 연극저작물 및 이와 관련된 영상저작물은 국립국악원의 국악아카이브(www.archive.gugak.go.kr), 한국문화예술위원회의 한국예술디지털아카이브를 통해서 저작물의 제목과 저자의 이름으로 검색했으나 저작권자(작가 등) 또는 해당 저작물에 관한 정보를 찾을 수 없어야 한다.

3. 이용 방법과 권리자 출현 시 이용 중단 절차

1) 이용 방법과 범위

시행령에서 정한 문화시설은 저작물을 복제, 배포, 공연, 전시 그리고 공중송신의 방법으로 이용할 수 있다. 2차적저작물을 작성하거나 영리를 목적으로 대여하는 행위를 제외하고는 어떤 방법으로든 저작물을 이용할 수 있다. 저작물을 디지털화할 수 있음은 물론이고, 디지털화한 저작물을 문화시설의 외부에서 공중이 이용하도록 전송할 수 있다. 필요한 경우에 문화시설은 해당 저작물을 활용해서 책자를 인쇄하여 배포할 수도 있으며, 공연과 전시 등 다양한 방법으로 활용할 수 있다. 다만 시행령 제16조의6 제2항 제1호는 문화시설 이용자에게 열람 이외의 방법으로 이용할 수 없도록 복제방지 장치를 설치할 것을 요구하고 있다.

2) 권리자 출현에 따른 이용 중단 절차와 보상금 결정

문화시설이 저작물을 이용한 이후에 저작재산권자가 나타나 해당 문화시설에 저작물 이용 중단을 요청하면, 문화시설은 지체 없이 이용을 중단해야 한다(제35조의4 제2항). 시행령 제16조의4는 저작물 이용 중단에 필요한 절차를 제시하고 있다. 문화시설에 저작물 이용 중단을 요구하려는 저작재산권자는 문화체육관광부령으로 정하는 저작물 이용 중단 요구서(전자문서로 된 요구서를 포함)와 함께 소명자료를 제출해야 한다. 소명자료는 자신이 해당 저작물의 권리자로 표시된 저작권 등의 등록증 사본 또는 그에 상당하는 자료, 자신의 성명이나 명칭 또는 예명, 아호, 약칭 등으로서 널리 알려진 것이 표

제35조의4(문화시설에 의한 복제 등)

② 저작재산권자는 제1항에 따른 문화시설의 이용에 대하여 해당 저작물의 이용을 중단할 것을 요구할 수 있으며, 요구를 받은 문화시설은 지체 없이 해당 저작물의 이용을 중단하여야 한다.

③ 저작재산권자는 제1항에 따른 이용에 대하여 보상금을 청구할 수 있으며, 문화시설은 저작재산권자와 협의한 보상금을 지급하여야 한다.

④ 제3항에 따라 보상금 협의절차를 거쳤으나 협의가 성립되지 아니한 경우에는 문화시설 또는 저작재산권자는 문화체육관광부장관에게 보상금 결정을 신청하여야 한다.

⑤ 제4항에 따른 보상금 결정 신청이 있는 경우에 문화체육관광부장관은 저작물의 이용 목적·이용 형태·이용 범위 등을 고려하여 보상금 규모 및 지급 시기를 정한 후 이를 문화시설 및 저작재산권자에게 통보하여야 한다.

⑦ 제2항부터 제5항까지의 규정에 따른 이용 중단 요구 절차와 방법, 보상금 결정 신청 및 결정 절차 등에 관하여 필요한 사항은 대통령령으로 정한다.

시되어 있는 저작물의 사본 또는 그에 상당하는 자료이다. 소명자료는 위 두 가지 가운데 하나만 제출하면 된다.

한편 저작물 이용을 중단하면 문화시설과 저작재산권자는 보상금을 협의하여 결정하고 문화시설은 해당 금액을 저작재산권자에게 지급해야 한다(제35조의4 제3항). 문화시설과 저작재산권자의 협의가 성립되지 않을 경우에는 문화체육관광부장관에게 신청하여 보상금의 규모와 지급 시기를 결정하게 된다(제35조의4 제4항). 문화체육관광부는 저작물의 이용 목적, 이용 형태, 이용 범위를 고려하여 그 규모와 지급 시기를 결정하고 문화시설과 저작재산권자에게 통보하게 된다(법 제35조의4 제5항). 시행령 제16조의5는 보상금 결정 신청 및 결정 절차에 관한 사항을 담고 있다. 보상금 결정 신청은 문화시설이나 저작재산권자 양측이 모두 할 수 있으며, 문화체육관광부령으로 정해진 보상금결정신청서를 문화체육관광부장관에게 제출하면 된다. 문화체육관광부장관은 보상금 결정 신청을 접수한 후 7일 이상 14일 이내의 기간을 정하여 양측에 의견제출 기회를 제공하고, 신청 후 2개월 이내에 보상금의 규모와 지급 시기를 결정해야 한다. 다만 부득이한 사유로 해당 기간 내에 결정이 어렵다면 2개월의 범위 내에서 한 차례 결정을 연장할 수 있다. 보상금 규모와 지급 시기가 결정되면 문화체육관광부장관은 그 내용을 권리자 찾기 정보시스템에 공고해야 한다.

3) 복제 등에 따르는 조치

저작재산권자 불명 저작물에 해당되면 문화시설이 저작재산권자의 허락 없이도 저작물을 이용할 수 있다. 그러나 이러한 이용은 문화시설이 공익적인 목적과 취지에서 저작물을 원활하게 이용할 수 있도록 지원해서 문화와 관련 산업이 향상·발전할 수 있는 환경을 조성하기 위한 것이지, 저작자의 독점적인 권리를 부정하거나 훼손하려는 것이 아니다. 저작재산권자가 확인되지 않고, 거소를 파악할 수 없는 경우라도 보호기간이 만료되기 이전까지 독점적이고 배타적인 권리는 여전히 유효한 것이다. 따라서 문화시설은 불가피하게 저작재산권자의 허락 없이 저작물을 이용하지만 추후에라도 저작재산권자가 저작물이 이용되었음을 확인할 수 있도록 해당 사실을 공지해야 한다. 또한 저작물의 이용이 저작재산권자의 권리를 불필요하게 해치는 경우로 이어지지 않도록 적절한 조치를 취할 필요와 의무가 있다(제35조의4 제6항). 이제부터 저작재산권자 불명 저작물을 이용하는 문화시설이 취해야 할 조치의 세부적인 내용을 상세하게 살펴보도록 한다.

첫째, 저작재산권자가 추후에라도 해당 저작물의 이용 사실을 알 수 있도록 저작물 관련 정보를 게시해야 한다. 시행령 제16조의6 제1항에 따라 해

> **제35조의4(문화시설에 의한 복제 등)**
> ⑥ 제1항에 따라 문화시설이 저작물을 이용하고자 하는 경우에는 대통령령으로 정하는 바에 따라 이용되는 저작물의 목록·내용 등과 관련된 정보의 게시, 저작권 및 그 밖에 이 법에 따라 보호되는 권리의 침해를 방지하기 위한 복제방지 조치 등 필요한 조치를 하여야 한다.

당 문화시설은 문화시설의 홈페이지에 대상 저작물의 제호와 공표 연월일, 저작자 또는 저작재산권자의 성명(또는 이명), 저작물을 이용하는 문화시설의 명칭, 저작물의 이용 방법과 형태 및 이용개시 연월일을 게시해야 한다. 아울러 그 내용을 문화체육관광부장관에게 제출해야 한다.

둘째, 문화시설의 저작물 이용이 해당 저작물에 대한 권리를 무단으로 침해하는 일로 연결되지 않도록 필요한 조치를 취해야 한다. 시행령 제16조의6 제2항은 문화시설이 취해야 할 조치를 아래 다섯 가지로 제시하고 있다.

① 문화시설을 이용하는 자가 열람하는 것 이외의 방법으로 저작물을 이용할 수 없도록 하는 복제방지조치.

② 문화시설을 이용하는 자가 열람하는 것 외의 방법으로 저작물을 이용하거나 그 내용을 변경한 경우 이를 확인할 수 있는 조치.

③ 저작물에 복제방지장치와 변경확인장치가 되었음을 알리는 경고문구 표시.

④ 보상금 산정을 위한 조치.

⑤ 저작물의 복제물에 제35조의4에 따라 저작물을 이용한다는 내용의 표시.

4. 문화시설에 의한 복제와 도서관보상금제도 및 법정허락 규정과의 차이점

도서관등이 보관된 자료를 디지털화하고 온라인서비스에 활용할 수 있는 규정이 비단 제35조의4에 국한되는 것은 아니다. 이미 오래전부터 제31조의 규정에 따라 도서관은 저작물의 복제와 전송에 관한 면책을 부여받아 왔다. 이뿐만 아니라 제50조의 규정에 따라 저작재산권자가 불명인 저작물을 법정허락을 통해 이용할 수도 있다. 이 장에서는 제35조의4가 이러한 조항들과는 어떤 차이점이 있는지를 확인하면서, 이 조항이 열어놓은 새로운 가능성을 점검해보려고 한다.

1) 도서관보상금제도와의 차이점

제31조는 도서관등의 저작물 복제와 전송에 관한 규율을 담고 있다. 이 조항과 제35조의4의 주요한 내용을 요소별로 비교하면 〈표 9-1〉과 같다.

먼저 법률을 적용할 수 있는 주체가 다르다. 제31조는 국립중앙도서관, 공공도서관, 대학도서관, 학교도서관, 전문도서관 그리고 국가나 지방자치단체 및 영리를 목적으로 하지 아니하는 법인이나 단체가 도서, 문서, 기록과 그 밖의 자료를 보존, 대출하거나 그 밖에 공중의 이용에 제공하기 위하여 설치한 시설(시행령 제12조)이 적용 대상이다. 영리를 목적으로 하는 법인이 소속원만을 대상으로 서비스하는 것을 목적으로 하는 전문도서관을 제외한 모든 도서관이 이 범위에 포함된다. 또한 국가나 지방자치단체, 그리고 비영리법인이나 단체가 설립하여 공중에게 문서 등의 자료를 제공하는 시설까지를 두루 포괄한다. 도서관뿐만 아니라 기록물관리기관, 미술관과 박

표 9-1 ㅣ 제31조와 제35조의4 비교

	제31조	제35조의4
주체	• 도서관 • 국가, 지방자치단체, 비영리법인이나 단체가 운영하는 도서등을 보존 및 대출, 공중의 이용에 제공하기 위한 시설	• 21개 문화시설로 한정
객체	• 위의 시설에 보관된 공표저작물 • 외국인 저작물 포함	• 위의 시설에 보관된 자료 중 권리자 불명의 공표저작물 • 외국인 저작물 제외
조건	• 저작물이 디지털로 판매되고 있지 않을 것	• 상당한 조사
이용 방법	• 관내, 관간 전송 허용 • 관외 전송 불가 • 동시이용자 수와 관간 전송에 대한 요건 준수 • 이용자: 열람, 출력 허용	• 관외 전송 허용 • 복제, 배포, 공연, 전시, 공중송신 • 이용자: 열람만 허용
보상금	• 출력 및 관간 전송에 도서관보상금 부과	• 권리자 출현 시 협의

물관까지도 이 조항의 적용을 받는 저작물 복제와 전송의 주체에 포함된다. 반면에 제35조의4의 적용을 받을 수 있는 주체는 국가나 지방자치단체가 운영하는 시설 가운데 시행령이 정한 21개 기관으로 매우 제한적이다. 국회도서관과 국립중앙도서관, 지역대표도서관 16개관을 포함하여 18개의 도서관이 이 조항의 적용을 받는 주체가 된다. 국립중앙박물관과 국립민속박물관 그리고 국립현대미술관이 포함되어 2개의 박물관과 1개의 미술관도 주체가 될 수 있다. 도서관뿐만 아니라 박물관과 미술관으로까지 범위가 확대되었지만, 특정한 기관만을 선별적이고 제한적으로 그 주체에 포함시켜서 실제로는 적용 범위가 매우 제한적이다. 예를 들면 국가기록원 등의 기록물관리 기관은 제31조의 적용을 받는 주체이지만 법 제35조의4의 적용을 받을 수는

없다.

이용의 객체가 되는 저작물의 종류에서도 두 조항 사이에는 상당한 차이가 있다. 제31조는 외국인 저작물을 포함하여 도서관에 보관된 공표된 저작물에 모두 적용되지만, 제35조의4에서는 외국인 저작물은 제외되고 문화시설에 보관된 공표된 저작물 가운데 상당한 조사를 거쳤어도 저작재산권자나 그의 거소를 파악할 수 없는 저작권자 불명의 저작물로 그 범위가 제한된다.

제35조의4가 제31조와 달리 그 주체와 대상의 범위를 이렇게 제한적으로 허용하는 것은 이 조항을 통해서 저작물을 이용하는 방법이 훨씬 넓고 포괄적이기 때문이다. 제31조가 허용하는 저작물 이용 방법은 일정한 요건을 준수하는 복제와 전송에 국한되어 있다. 전송의 범위도 해당 도서관의 관내 또는 다른 도서관으로 제한된다. 이와는 달리 제35조의4는 복제, 배포, 공연, 전시, 공중송신의 다양한 방법으로 저작물을 이용할 수 있고 있다. 따라서 저작물을 디지털화하고 외부로 전송하는 데 특별한 제약이 없다. 한편 제31조가 이용자들에게 저작물의 열람과 출력을 허용하는 것과는 달리 제35조의4는 열람 이외의 방법으로는 자료를 제공할 수 없도록 기술적인 조치를 취할 것(시행령 제16조의6 제2항 제1호)을 규정하고 있다.

한편 보상금을 지급하는 방법과 절차에도 상당한 차이가 있다. 제31조는 저작물의 전송과 출력에 대해 문화체육관광부장관이 미리 정하여 고시한 금액을 보상금으로 지불하면 된다. 반면에 제35조의4는 보상금이 미리 정해지는 것이 아니고 저작재산권자와 문화시설의 협의를 통해서 결정된다. 협의가 원만하게 이루어지지 않을 경우에 문화체육관광부장관이 보상금의 규모와 지급 시기를 결정한다.

2) 저작재산권자 불명 저작물의 이용과 차이점

타인의 저작물을 이용하기 위해서는 저작권자의 사전허락이 필요하다. 저작재산권자의 이름이나 연락처를 파악할 수 없어서 적절한 이용허락을 받지 못한다면 해당 저작물을 이용할 수가 없다. 이렇게 저작재산권자나 그의 거소를 확인할 수 없어서 저작물 이용에 대한 허락을 받지 못하는 경우라도 저작물 이용이 공중의 입장에서 필요 불가결한 것으로 인정된다면 적정한 대가를 지급하거나 공탁하고 이용할 수 있도록 하여 저작물의 문화적 가치를 일반 국민이 향유하도록 법에 따라 저작물 이용에 대한 허락을 의제한 것이 바로「저작권법」제50조의 규정이다(최진원, 2011: 222). 제35조의4가 신설되기 이전에는 도서관을 비롯한 문화시설이 저작재산권자 불명 저작물을 관외로 전송하기 위해서 제50조를 활용할 수 있었다. 그렇지만 도서관과 같이 대량의 저작물을 이용하는 기관이 이 조항을 활용하기에는 시간과 비용이 지나치게 많이 소요되고, 실무적으로는 상당한 노력의 이행이 커다란 부담으로 작용해서 실질적으로 그 이용이 활성화되지 못했다(최진원, 2011: 244). 이러한 문제점을 개선하기 위해서 법정허락에 필요한 절차와 요건은 그동안 지속적으로 간소화되어 왔다. 그럼에도 불구하고 도서관을 비롯하여 저작물을 대량으로 이용할 필요가 있는 문화시설의 입장에서는 저작물을 이용하기 위해서 필요한 시간과 비용, 절차가 여전히 까다롭고 부담스러웠다.

제35조의4는 이러한 문제점을 해소하기 위해서 마련된 것으로 제50조와 마찬가지로 저작재산권자 불명 저작물을 대상으로 한다. 그렇지만 그 적용 범위와 요건은 제50조와 다소 상이하다. 〈표 9-2〉는 제50조와 제35조의4의 규정을 항목별로 비교한 것이다.

이 두 조항의 가장 근본적인 차이는 저작물 이용의 목적과 적용 주체이

표 9-2 | 제50조와 제35조의4의 비교

	제50조	제35조의4
주체	• 누구나	• 21개 문화시설로 한정
저작물 이용 목적	• 제약 없음	• 비영리 목적 • 문화시설이 저작물을 수집·정리· 보존하여 공중에게 제공할 목적
객체	• 권리자불명의 공표저작물 • 외국인 저작물 제외	• 문화시설에 보관된 자료 중 권리자불 명의 공표저작물 • 외국인 저작물 제외
전제 조건	• 상당한 노력 • 승인 필요 • 수수료: 1건당 1만 원	• 상당한 조사(여덟 가지) • 승인 필요 없음 • 수수료 없음
이용 방법	• 이용 방법 제한 없음	• 문화시설은 복제, 배포, 공연, 전시, 공중송신 • 이용자는 열람만 가능
보상금	• 사전 지급	• 권리자 출현 시 협의

다. 제50조는 저작물을 이용하는 목적이나 적용 주체에 대한 아무런 제약을
두고 있지 않다. 영리적인 목적으로 저작물을 이용하는 경우라도 그 요건에
합당하면 법정허락의 대상에 얼마든지 포함될 수 있다. 반면에 제35조의4는
국가나 지방자치단체가 운영하는 문화시설 가운데 대통령령으로 지정된 제
한된 주체가, 해당 시설에 보관된 자료를 수집·정리·분석·보존하여 공중에
게 제공하기 위한 목적에 대해서만 제한적으로 적용이 된다. 동일한 목적이
라도 그 이용 행위가 영리적인 행위와 연결된 경우에는 적용할 수가 없다.
법률 적용의 객체 범위에서도 다소 차이가 있다. 제35조의4는 문화시설에
보관된 자료 가운데 공표된 저작물로 그 범위에 다소 제약이 있지만, 제50조
는 공표된 저작물(외국인 저작물 제외)이면 충분하고 이외의 제약이 따로 존재
하지 않는다.

법률의 적용 주체와 객체, 저작물 이용 목적의 측면에서 살펴보면 제50조는 권리자불명의 저작물에 대해서 폭넓게 적용할 수 있는 범용의 규정이다. 반면에 제35조의4는 국가나 지방자치단체가 운영하는 문화시설이라는 제한된 주체가 해당 시설에 보관된 자료라는 제한된 객체를 공중에게 제공하기 위한 특별한 목적에만 적용하는 일종의 특례 규정이다. 권리자불명 저작물에 대한 규정이 이미 마련되어 있음에도 불구하고 이렇게 새로운 조항을 별도로 마련한 까닭은 도서관을 비롯한 문화시설이 보관된 자료를 보다 용이하게 공중의 이용에 제공할 수 있도록 배려한 때문이다. 법정허락의 까다로운 요건을 조금이라도 완화해서 도서관이나 미술관, 박물관의 소장 자료 디지털화와 온라인서비스를 지원하기 위한 입법적인 배려이다. 그 배려의 구체적인 내용은 행정적 측면과 재정적 측면으로 나누어서 파악할 수 있다.

먼저 행정적 부담을 완화하기 위해서 마련된 조치를 살펴본다. 제50조에 따라서 저작물을 이용하기 위해서는 저작재산권자 또는 그의 거소를 확인하기 위한 '상당한 노력'을 거쳐야만 하고, 문화체육관광부장관의 승인을 얻어야 한다. 반면에 제35조의4에 따라 저작물을 이용하려는 문화시설은 저작재산권자 또는 그의 거소 파악을 위해서 '상당한 조사'를 거치면 된다. 문화체육관광부장관의 승인과 같은 별도의 행정적 절차는 필요하지 않다. 다만 저작물 이용 내역 등을 문화시설의 홈페이지에 게시하고 문화체육관광부에 제출하면 된다.

'상당한 노력'이 저작재산권자나 그의 거소를 파악하기 위한 조사와 함께 또 다른 부가적인 행위를 요구하는 것과 달리 '상당한 조사'는 조사 행위만 수행하면 요건을 충족할 수 있다. 저작물의 대량 디지털화와 전송을 추진하는 도서관을 비롯한 문화시설에게 '상당한 노력'이 과도한 행정 부담으로 작용해서 실질적으로 활용하기 어렵다는 지적을 반영하여 그 요건을 다소 완화한 것이 바로 '상당한 조사'이다.

「저작권법」은 '상당한 노력'과 '상당한 조사'의 구체적인 요건을 모두 대통령령으로 정하도록 위임하고 있다. 시행령 제16조의3은 '상당한 조사', 제18조는 '상당한 노력'의 기준을 각각 제시하고 있다. '상당한 조사'의 구체적인 내용은 앞서 상술했기 때문에 여기서는 시행령 제18조가 규정하는 '상당한 노력'의 내용을 중심으로 두 조항의 차이점을 비교·분석한다.

'상당한 노력'의 요건은 크게 세 가지로 구별할 수 있다. 첫째, 저작재산권자 또는 그의 거소를 파악하기 위한 조사이다. 조사는 저작물의 이용에 앞서 저작물을 이용하려는 주체가 수행하는 저작재산권자나 그의 거소를 파악하기 위한 적극적인 노력을 의미한다. 시행령 제18조 제1항은 저작권등록부의 열람이나 사본 교부신청, 저작권신탁관리업체(관련 분야에 해당 업체가 없을 경우에는 저작권대리중개업자 또는 해당 저작물의 이용허락을 받은 살아 있는 이용자 2명 이상)를 통해서 저작재산권자 또는 그의 거소를 확정일자가 있는 문서를 통해서 조회할 것을 요구한다. 또한 국내에서 활용되는 정보통신망의 정보검색도구를 활용해서 해당 정보를 조회할 의무도 함께 부과한다. 둘째, 저작재산권자에게 저작물을 이용하려는 자가 있다는 사실을 알리기 위한 공지 노력이다. 조사가 저작물을 이용하려는 자가 주체가 되어 수행하는 적극적인 노력이라면, 공지는 저작물에 대한 이용 의사를 널리 알려서 저작재산권자에게 권리행사의 기회를 제공하기 위한 또 다른 차원의 노력이다. 공지는 전국을 구독 범위로 하는 일간신문이나 문화체육관광부가 운영하는 권리자 찾기 정보시스템을 통해서 이루어져야 한다. 두 가지 방법 가운데 어느 한 가지만 활용해도 무방하다. 셋째, 조사나 공고에 대한 답변이나 처리 기한에 따르는 시간적인 대기의 의무이다. 즉, 조사나 공고가 효력을 발휘하기 위해서는 시간적인 경과가 필수적으로 동반된다. 조사 대상처가 답변을 작성하거나 공지 내용을 저작재산권자가 인지하고 대응하기 위해서 필요한 최소한의 시간을 보장하려는 것이다. 저작권신탁관리업체나 저작권대리중개업체 혹은 해당 저작물의 이용허락을 받은 사람에게서 답신을 얻기 위해서는 최소한 1개월을 기다려야 하고, 신문이나 권리자 찾기 정보시스템에 공지를 올린 후에도 최소 10일이 경과되어야 할 것을 요건으로 제시하고 있다.

한편 문화체육관광부장관은 제25조 제10항에 따른 보상금 분배 공고를 한 날로부터 5년이 경과한 미분배 보상금 관련 저작물이나 그 밖에 저작재산권자나 그의 거소가 명확하지 않은 저작물에 대해서 저작권등록부와 저작권위탁관리업자가 보고한 사항을 통해서 저작재산권자 또는 그의 거소를 조회하거나 권리자 찾기 정보시스템에 관련 사항을 공고한 날로부터 2개월이 경과하면 상당한 노력의 요건을 충족한 것으로 보고, 저작물의 이용을 승인하게 된다.

'상당한 노력'은 조사, 공지, 시간적인 지연을 모두 포함하고, 아울러 문화체육관광부장관의 승인을 필요로 한다. 반면에 '상당한 조사'는 시행령으로 제시된 여덟 가지의 조사 방법을 모두 수행하면 그 요건을 충족하는 것으로 본다. 문화체육관광부장관의 승인 없이도 조사가 완료되는 대로 문화시설이 자체적으로 저작물의 이용 여부를 결정할 수 있다. 일간신문이나 권리자 찾기 정보시스템에의 공고, 행정 처리와 답변을 기다리는 데 필요한 시간적인 지체를 포함하지 않아서 '상당한 노력'의 요건에 비해 완화된 것임에 틀림이 없다.

한편 제35조의4는 저작재산권자 불명 저작물을 이용하려는 문화시설의 재정적 부담을 경감하기 위해서 보상금의 지급 시기와 수수료를 제50조와는 달리 정하고 있다.

제50조에 따라 저작물을 이용하기 위해서는 문화체육관광부장관이 정하

는 기준에 따른 보상금을 한국저작권위원회에 사전 지급해야 한다. 이와는 달리 제35조의4는 문화시설이 아무런 대가의 지급 없이 저작물을 먼저 이용하고, 사후에 저작재산권자의 요청이 있을 때 보상금을 지급하면 된다. 이렇게 지급 시기를 달리 정한 것은 보상금이 문화시설에게 커다란 재정적 부담으로 작용하면서 법정허락 조항이 실제로 거의 활용되지 못했던 것을 보완한 조치이다. 다른 한편으로는 국가나 지방자치단체의 예산으로 지급된 보상금이 저작재산권자에게 분배되지 못하고 미분배 보상금으로 쌓이는 경우가 대부분이어서 아무런 실익 없이 재정적 부담으로만 작용했던 까닭이기도 하다. 신설된 법 제35조의4는 이런 사정을 반영해서 보상금을 사후에 지급하는 방식으로 바꿈으로써 문화시설의 권리자불명 저작물 이용에 따르는 재정적 부담을 대폭 완화시켜주고 있다.

한편 제50조에 따라서 저작물을 이용하려는 자는 저작물 1건당 1만 원의 수수료를 납부해야 하지만, 제35조의4에 따른 이용은 수수료를 전혀 부담하지 않는다. 이 또한 문화시설의 재정적 부담을 경감하기 위한 정책 배려가 포함된 것이다.

지금까지 살펴본 바에 따르면, 신설된 제35조의4는 문화시설이 저작재산권자 불명 저작물을 이용하는 데에 필요한 행정적·재정적 부담을 경감시켜서 저작물을 보다 활발하게 이용하고 대국민 서비스에 나설 수 있도록 지원하기 위해서 마련된 특례에 해당한다. 문화시설이 보관하고 있는 저작물을 보다 수월하게 공중에게 제공할 수 있는 환경을 조성하여 저작물의 활발한 이용을 도모함으로써 문화와 관련 산업의 향상을 이끌어내려는 것이다.

5. 의의와 한계

이 조항은 디지털도서관 구축과 서비스에 새로운 가능성을 열어주고 있다는 점에서 의의를 찾을 수 있다. 이제껏 도서관은 도서관보상금제도를 활용해서 도서관이 소장한 저작물을 대량으로 디지털화할 수 있었지만, 저작물을 전송할 수 있는 범위는 도서관이라는 물리적 공간을 벗어날 수 없었다. 관외 전송을 위해서 제50조에 따른 법정허락을 활용할 수도 있었지만, '상당한 노력'에 따르는 행정적 부담, 보상금과 수수료에 대한 재정적 부담으로 말미암아 실현되지 못했다. 제35조의4는 도서관의 행정적·재정적 부담을 덜어주면서 디지털도서관서비스가 가능하도록 새로운 방안을 제시하고 있다. 도서관의 소장 자료를 관외로 전송하고, 이용자가 원하는 시간과 장소에서 열람할 수 있도록 디지털도서관 운영과 서비스에 새로운 물꼬를 열어주었다. 특히 법정허락을 이용할 경우에 발생하는 재정적 부담을 대폭 경감하고 있다는 점에서 크게 환영할 만하다.

그러나 몇 가지 문제점과 보완이 필요한 부분도 발견된다. 첫째, 시행령이 인정하는 이 조항을 적용받을 수 있는 주체의 범위가 대단히 협소하다는 점이다. 이 조항을 적용받는 도서관은 실제로 매우 소수에 불과하다. 문화체육관광부는 국가나 지방자치단체가 운영하는 문화시설의 범위를 대단히 좁게 해석해서, 국립중앙도서관과 국회도서관, 도서관법에 따른 지역대표도서관 이렇게 18개관으로 제한하고 있다. 문화시설의 범위를 시행령으로 정하도록 위임한 것은 문화시설의 범위가 지나치게 광범위하게 해석되어서 국제사회의 규범에서 벗어나지 않도록 마련한 안전장치로 유추된다. 그렇지만 이와 같이 그 범위를 지나치게 제한하면 입법 취지 자체가 무색해지고, 그 효과마저 반감되지 않을까 염려된다. 2000년에 도서관의 저작물 디지털 복제와 전송에 관한 규정이 도입되었을 때, 문화체육관광부는 시행령으로 그 적용 주체를 5개의 국립도서관으로 제한하여 거센 비판을 자초한 바 있다. 그때의 상황이 다시 한 번 재현된 것이다. 시행령은 그 적용 주체에서 대학도서관을 완전히 배제하고, 공공도서관은 지역대표도서관만을 포함하고 있을 뿐이다. 국·공립대학교도서관은 소장 자료를 디지털화하여 활용하는 데 여전히 어려움을 겪어야 하고, 지역사회의 역사와 문화를 수집하는 데 적극 나서고 있는 기초자치단체의 공공도서관에도 아무런 도움이 되지 않는다. 반면 지역대표도서관 가운데는 당분간 저작물의 디지털화나 온라인서비스를 염두에 두지 않는 경우마저 없지 않아서 현장에서의 필요가 제대로 반영되지 못하고 있다. 한편 시행령에 의한 매우 제한적인 주체 설정과는 별도로 법 자체에서 그 적용 주체를 국가나 지방자치단체가 운영하는 문화시설로 그 범위를 제한함으로써 사립대학교나 사립도서관이 적용 주체에서 온전히 배제되고 있다는 점 또한 대단히 아쉬운 부분이다. 민간 영역의 다양한 주체가 이 조항을 적용해서 디지털도서관서비스를 확대해갈 수 있도록 법률의 개정이 필요하다.

둘째, '상당한 조사'의 과도하고 모호한 범위의 문제이다. '상당한 조사'는 이 조항의 실효성을 결정짓는 핵심에 해당한다. 제시된 요건을 실무진에서 얼마나 기꺼이 수용할 수 있는가에 따라 그 실효성이 좌우될 것이다. 최소한 법정허락의 요건인 '상당한 노력'에 비해서 완화된 요건인 것만큼은 명확해야 한다. 그래야 이 조항을 활용해서 소장 자료를 디지털화하고, 온라인 전송하는 일에 도서관이 적극 나설 수 있기 때문이다. 그렇지만 시행령의 '상당한 조사'가 과연 '상당한 노력'에 비해 완화된 요건인가는 다소 의문이 있다. 조사, 공지, 시간적 지연, 승인을 모두 필요로 하는 것이 아니고, 조사의 의무만을 부담한다는 점에서는 분명 행정적 절차가 간소화된 것임에 틀림이 없다. 그러나 시행령이 요구하는 여덟 가지 조사는 실제로 열 가지 조사를 훨씬 상회한다. '상당한 노력'에서의 조사는 세 가지 방법이면 충분하지만, '상당한 조사'는 그보다 3배 이상의 조사를 요구하고 있다. 또한 분배 공고 후 5년이 경과한 미분배 보상금 관련 저작물의 경우 '상당한 노력'의 모든 요건을 충족한 것으로 보고 있지만, '상당한 조사'의 요건을 충족하는 것으로는 보지 않는다. 이러한 점을 고려해볼 때 오히려 그 요건이 강화된 것처럼 보이기까지 한다. 실무자의 입장에서는 '상당한 조사'가 더 큰 행정적인 부담으로 작용할 여지마저 없지 않은 것이다. 이렇게 되면 이 조항의 도입은 아무런 실익을 기대하기 어렵다. 제35조의4 신설이 의미를 가지려면 이 조항을 활용해서 도서관이나 문화시설이 주저 없이 저작재산권자 불명 저작물을 서비스하는 데 적극적으로 나설 수 있어야 한다. 그 결과 국민이 안방에서도, 연구실에서도 저작물을 시간과 장소에 구애받지 않고 이용할 수 있도록 디지털자원서비스가 눈에 띄게 개선되어야 한다. 시행령에 제시된 요건만으로는 문화시설이 저작재산권자 불명 저작물의 이용에 적극적으로 나설 수 있을지 여전히 미지수이다. '상당한 조사'가 '상당한 노력'과 비교해서 눈에 띄게 완화된 요건으로 제시되어, 행정적·실무적 부담을 경감시켜 준다는 점이 보다 분명해질 필요가 있다.

한편 '상당한 조사'의 구체적 방법 가운데 특히 시행령 제16조의3 제7호는 구체적인 대상이 분명하지 않고, 해석상 그 범위를 무한정 확장하는 것도 가능하기 때문에 시급히 보완이 필요하다. 제7호를 제외한 각 호의 규정은 조사 대상을 아주 구체적으로 제시하고 있다. 이와 달리 제7호는 '국내 정보통신망 정보검색도구'로 그 범위가 매우 모호하다. 네이버나 다음 등 포털 사이트를 염두에 둔 것으로 보이지만, 과연 그 범위가 어디까지인가를 확정할 수 없다. 얼마나 조사를 해야 법률의 요건을 충족하는지 실무적으로 판단하기가 무척 곤란하다. 다른 조항과의 조문상 일관성을 고려해서라도 조사 대상을 상세하게 한정할 필요가 있다.

셋째, 도서관 이용자의 입장에서 저작물을 이용할 수 있는 방법이 열람으로만 제한된다는 점이다. 제31조는 도서관 이용자로 하여금 저작물의 열람뿐만 아니라 출력까지도 허용하고 있다. 반면에 제35조의4는 시행령 제16조의6 제2항 제1호의 규정에 따라 열람 이외의 방법으로 저작물을 이용하는 것을 기술적으로 봉쇄하도록 강제하고 있다. 사실상 열람 이외의 방법으로 도서관 이용자에게 저작물을 제공할 수 없는 것이다. 그러나 시행령의 이러한 규정은 법에서 허용한 것을 시행령에서 임의로 제한한 것에 지나지 않는다. 그렇게 규정해야 할 아무런 근거를 찾을 수 없다. 제35조의4 제1항은 저작물의 이용 방법을 복제, 배포, 공연, 전시 또는 공중송신이라고 분명하게 제시하고 있다. 도서관이 저작물의 복제나 배포의 여부를 판단할 수 있도록 자율권을 부여한 것이다. 저작물의 출력은 복제와 배포 행위를 동반한다. 「저작권법」에서 복제와 배포를 분명하게 허용하고 있기 때문에 시행령으로 그 실행을 제한하는 것은 아무런 법률적 근거가 없는 위법 조항이다. 열람 이외의 방법으로 저작물을 이용할 수 없도록 제한할 것이 아니라 도서관이 정상적으로 제공하는 이외의 방법으로 저작물을 복제하거나 전송하는 행위를 예방할 수 있는 조치면 충분할 것이다.

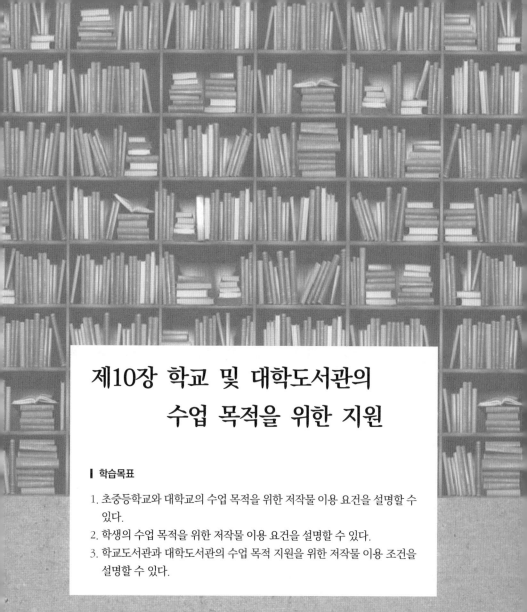

제10장 학교 및 대학도서관의
수업 목적을 위한 지원

▌학습목표

1. 초중등학교와 대학교의 수업 목적을 위한 저작물 이용 요건을 설명할 수 있다.
2. 학생의 수업 목적을 위한 저작물 이용 요건을 설명할 수 있다.
3. 학교도서관과 대학도서관의 수업 목적 지원을 위한 저작물 이용 조건을 설명할 수 있다.

1. 학교교육을 위한 저작재산권 제한의 의미와 도서관의 관계

저작권법이 저작물 창작자 측의 권리만을 보호하지 않고 그 권리에 일정한 제한을 두어 저작물 이용이 보다 원활하게 이루어질 수 있도록 하는 여러 가지 경우를 앞에서 살펴보았다. 이는 대체로 저작권자의 권리를 보호하는 것보다 우선되는 공공적 가치를 지니는 경우로서 그 가치 실현을 위해 저작물 사용이 불가피한 상황들이었다. 교육 또한 마찬가지이다. 교육은 한 개인의 성장뿐만 아니라 사회 전체의 성장을 위해 필수불가결한 것이다. 교육을 받는 것이 특별한 지위에 있는 어떤 부류의 인간에게만 허용되는 것이 아니라 인간이면 누구나 누려야 하는 권리임은 우리 헌법에서도 밝히고 있다. 현대사회에서 교육은 매우 다양한 기관에서 이루어진다. 가정에서뿐만이 아니라 헌법적 가치를 지키기 위해 국가가 책임지고 운영하는 교육기관 또는 각종 사학재단에서 운영하는 교육기관을 통해 이루어지기도 한다. 사교육으로 불리는, 각급 학교의 입시를 준비하거나 예술 및 체육 분야의 능력을 키우는 것을 목적으로 하는 교육기관도 있다. 이들 교육은 대체로 인쇄 자료나 디지털 자료, 동영상 자료 등을 다양하게 활용하여 온라인과 오프라인에서 이루어진다. 그런데 저작권법은 이 모든 기관에서 이루어지는 교육에 대하여 저작권자의 권리를 제한하면서 교육자 혹은 피교육자가 저작물을 자유롭게 이용할 수 있도록 허락하는 것은 아니다. 그 교육이 공익적 가치를 표방하고 이루어질 때 그리고 교육 본연의 가치, 즉 한 인간으로서의 성장을 이끌어주고 그러한 성장이 사회 전체도 이롭게 하는 것일 때로 한정되어 있다. 한국 저작권법 제25조는 고등학교 이하의 학교교육 목적에 필요한 교과용 도서에 저작물을 게재하거나, 유치원 및 초중등학교, 대학교 혹은 일부 교육기관과 교육지원기관이 수업 목적으로 저작물을 이용하거나, 위와 같은 교육기관에서 수업을 받는 학생들이 수업 목적에 필요한 경우에 일정한 범위 내에서 저작권자로부터 허락을 받지 않고 저작물을 사용할 수 있도록 정하고 있다.

제25조의 대표적인 적용기관인 초중등학교와 대학교에서는 도서관을 설치하여 학교의 교육과정과 관련된 다양한 자료를 소장하고 교육자 혹은 학생이 이를 활용할 수 있도록 지원하고 있다. 이들 학교에 도서관을 설치하는 것은 법적 요구 사항이기도 하다. 「도서관법」[1]은 「고등교육법」 제2조에 따른 대학 및 다른 법률의 규정에 따라 설립된 대학교육과정 이상의 교육기관에는 대학도서관을 설치하여야 하고(제39조), 「초·중등교육법」 제2조에 따른 학교에는 학교도서관을 설치하여야 한다고(제40조) 각각 정하고 있다. 이러한 사항은 「대학도서관진흥법」[2]과 「학교도서관진흥법」[3]에도 명시되어 있다. 대학의 설립자·경영자는 대학에 대학도서관을 설치하여야 하고(「대학도서관진흥법」 제6조), 특별시·광역시·특별자치시·도·특별자치도의 교육감은 학교에 학교도서관을 설치하여야 한다(「학교도서관진흥법」 제5조). 학교도서관과 대학도서관이 구성원들에게 여가와 교양에 필요한 다양한 자료를 수집하여 이를 활용한 서비스를 제공하기도 하지만, 이들 학교에 부설되어 있는 도서관의 주된 목적은 무엇보다 학교의 교육을 지원하는 것이다. 이에 따라 학교 및 대학도서관의 사서는 교육과정에 필요한 저작물을 사전에 파악하거나 교육자 및 피교육자의 신청을 받아 수집한다. 더 나아가 각 교육과정 특히 수업에 필요한 자료를 사전에 파악하여 미리 준비하고 이를 제공하기도 한다. 또는 도서관이 자체적으로 정보활용교육 등을 학교의 정규교과과정 또는 특별과정으로 진행하기도 한다. 각 교육을 위해 제공되는 자료는 어

---

1 [시행 2022.12.8.] [법률 제18547호, 2021.12.7., 전부개정]
2 [시행 2022.12.8.] [법률 제18547호, 2021.12.7., 타법개정]
3 [시행 2022.12.8.] [법률 제18547호, 2021.12.7., 타법개정]

문 자료에 한정되지 않고 동영상 자료, 미술 및 사진 자료 등 다양하다. 그런데 문제는 이러한 자료가 원저작물뿐만이 아니라 복제물로도 제공될 수 있다는 점이다. 특히 온라인 교육이 널리 확산되면서 디지털 복제물을 제공해야 할 필요성이 더 커지고 있다.

그런데 저작권법 제25조는 교육목적을 위한 이용에서 학교가 수업을 목적으로 저작물을 복제, 배포, 공연, 전시, 공중송신할 수 있다고 하고 있을 뿐 도서관이 이 규정의 '학교'에 포함되는지에 대해서는 언급하고 있지 않다. 학교에 도서관이 포함되는 것으로 볼 경우 학교 및 대학도서관은 제25조 제2항에 따라 수업을 위한 복제물 등을 다양한 방식으로 제공할 수 있을 것이며, 그렇지 않을 경우 제31조 제1항 제1호에 근거하여 교사가 요구했을 때 저작물의 일부분을 1부만 제공하는 것에 그쳐야 할 것이다.

2. 교과용 도서에의 게재 및 교과용 도서 발행자에 의한 복제 등

고등학교 및 이에 준하는 학교 이하의 학교의 교육 목적상 필요한 교과용 도서에는 공표된 저작물을 게재할 수 있다(제25조 제1항). '고등학교 및 이에 준하는 학교 이하의 학교'란 「고등교육법」에 의한 전문대학이나 대학을 제외한 유치원과 「초·중등교육법」[4] 제2조에 따른 초등학교, 중학교, 고등공민학교[5], 고등학교, 고등기술학교[6], 특수학교[7] 등을 말한다. 이와 같은 학교에

---

4 [시행 2016.3.1.] [법률 제13943호, 2016.2.3., 일부개정]
5 중학교 과정의 교육을 받지 못하고 해당 학교의 취학연령을 초과한 사람 또는 성인에게 국민생활에 필요한 중등교육과 직업교육을 하는 것을 목적으로 하는 학교.

제25조(학교교육 목적 등에의 이용)

① 고등학교 및 이에 준하는 학교 이하의 학교의 교육 목적상 필요한 교과용도서에는 공표된 저작물을 게재할 수 있다.

② 교과용도서를 발행한 자는 교과용도서를 본래의 목적으로 이용하기 위하여 필요한 한도 내에서 제1항에 따라 교과용도서에 게재한 저작물을 복제·배포·공중송신할 수 있다. 〈신설 2020.2.4.〉

③ 다음 각 호의 어느 하나에 해당하는 학교 또는 교육기관이 수업 목적으로 이용하는 경우에는 공표된 저작물의 일부분을 복제·배포·공연·전시 또는 공중송신(이하 이 조에서 "복제등"이라 한다)할 수 있다. 다만, 공표된 저작물의 성질이나 그 이용의 목적 및 형태 등에 비추어 해당 저작물의 전부를 복제등을 하는 것이 부득이한 경우에는 전부 복제등을 할 수 있다. 〈개정 2020.2.4.〉

1. 특별법에 따라 설립된 학교

2. 「유아교육법」, 「초·중등교육법」 또는 「고등교육법」에 따른 학교

3. 국가나 지방자치단체가 운영하는 교육기관

④ 국가나 지방자치단체에 소속되어 제3항 각 호의 학교 또는 교육기관의 수업을 지원하는 기관(이하 "수업지원기관"이라 한다)은 수업 지원을 위하여 필요한 경우에는 공표된 저작물의 일부분을 복제등을 할 수 있다. 다만, 공표된 저작물의 성질이나 그 이용의 목적 및 형태 등에 비추어 해당 저작물의 전부를 복제등을 하는 것이 부득이한 경우에는 전부 복제등을 할 수 있다. 〈신설 2020.2.4.〉

⑤ 제3항 각 호의 학교 또는 교육기관에서 교육을 받는 자는 수업 목적상 필요하다고 인정되는 경우에는 제3항의 범위 내에서 공표된 저작물을 복제하거나 공중송신할 수 있다. 〈개정 2020.2.4.〉

⑥ 제1항부터 제4항까지의 규정에 따라 공표된 저작물을 이용하려는 자는 문화체육관광부장관이 정하여 고시하는 기준에 따른 보상금을 해당 저작재산권자에게 지급하여야 한다. 다만, 고등학교 및 이에 준하는 학교 이하의 학교에서 복제등을 하는 경우에는 보상금을 지급하지 아니한다. 〈개정 2008.2.29., 2009. 4.22., 2020.2.4.〉

⑦~⑫항 생략

---

6 국민생활에 직접 필요한 직업기술교육을 하는 것을 목적으로 하는 학교.

7 신체적·정신적·지적 장애 등으로 인해 특수교육이 필요한 사람에게 초등학교·중학교 또는 고등학교에 준하는 교육과 실생활에 필요한 지식·기능 및 사회적응 교육을 하는 것을 목적으로 하는 학교.

서는 국가가 저작권을 가지고 있거나 교육부장관이 검정하거나 인정한 교과용 도서를 사용하여야 한다(「초·중등교육법」 제29조 제1항). 교과용 도서란 교과서와 지도서를 말한다(「교과용 도서에 관한 규정」[8] 제2조). 교과서란 학교에서 학생들의 교육을 위해 사용하는 학생용의 서책·음반·영상 및 전자저작물 등을 말한다. 이에는 교육부가 저작권을 가진 '국정도서'와 교육부장관의 검정을 받은 '검정도서', 국정도서나 검정도서가 없거나 이를 사용하기 곤란하거나 보충할 필요가 있을 때 사용하기 위해 교육부장관의 인정을 받은 '인정도서'가 있다. 지도서란 학교에서 학생의 교육을 위해 사용하는 교사용의 서책·음반·영상 및 전자저작물 등을 말한다. 즉, 학생이 사용하는 국정도서, 검정도서, 인정도서와 교사가 사용하는 지도서가 제25조 제1항에서 말하는 교과용 도서이다. 따라서 이외에 시중에서 판매되고 있는 학생용 혹은 교사용 참고서나 문제지 등은 교과용 도서에 포함되지 않는다. 이와 같은 교과용 도서에 게재할 수 있는 저작물은 공표된 것이라는 조건만 충족한다면 그 유형과 사용되는 양에 제한이 없다. 또한 이를 번역하거나 편곡 또는 개작하여 이용할 수도 있다(제36조 제1항). 다만, 사용한 저작물의 저작자의 실명 등을 표시하는 방법으로 출처를 명시해야 한다(제37조).

교과용 도서에 공표된 저작물을 게재할 경우에는 그 저작물을 이용하려는 자가 문화체육관광부장관이 정하여 고시하는 기준에 따른 보상금을 해당 저작재산권자에게 지급해야 한다(제25조 제6항).

한편, 교과용 도서를 발행한 자는 교과용 도서를 본래의 목적으로 이용하기 위해 필요한 한도 내에서 법 제25조 제1항에 따라 교과용 도서에 게재한 저작물을 복제·배포·공중송신할 수 있다(제25조 제2항). 이 조항은 2020년에

---

8 [시행 2015.12.15.] [대통령령 제26709호, 2015.12.15., 일부개정]

> **제25조(학교교육 목적 등에의 이용)**
>
> ③ 다음 각 호의 어느 하나에 해당하는 학교 또는 교육기관이 수업 목적으로 이용하는 경우에는 공표된 저작물의 일부분을 복제·배포·공연·전시 또는 공중송신(이하 이 조에서 "복제등"이라 한다)할 수 있다. 다만, 공표된 저작물의 성질이나 그 이용의 목적 및 형태 등에 비추어 해당 저작물의 전부를 복제등을 하는 것이 부득이한 경우에는 전부 복제등을 할 수 있다. 〈개정 2020.2.4.〉
>
> 1. 특별법에 따라 설립된 학교
> 2. 「유아교육법」, 「초·중등교육법」 또는 「고등교육법」에 따른 학교
> 3. 국가나 지방자치단체가 운영하는 교육기관
>
> ④ 국가나 지방자치단체에 소속되어 제3항 각 호의 학교 또는 교육기관의 수업을 지원하는 기관(이하 "수업지원기관"이라 한다)은 수업 지원을 위하여 필요한 경우에는 공표된 저작물의 일부분을 복제등을 할 수 있다. 다만, 공표된 저작물의 성질이나 그 이용의 목적 및 형태 등에 비추어 해당 저작물의 전부를 복제등을 하는 것이 부득이한 경우에는 전부 복제등을 할 수 있다. 〈신설 2020.2.4.〉

새롭게 도입되었는데 교육 현장에서 온라인 교육 자료를 이용하는 것이 일상화되면서 온라인을 통해 다양한 교육 콘텐츠를 활용할 수 있도록 교과용 도서에 게재된 공표된 저작물을 공중송신할 수 있는 근거를 마련한 것이다.

3. 학교 및 교육기관의 복제 등

특별법에 따라 설립되었거나 「유아교육법」, 「초·중등교육법」 또는 「고등교육법」에 따른 학교, 국가나 지방자치단체가 운영하는 교육기관은 그 수업 목적으로 이용하는 경우에 공표된 저작물의 일부분을 복제·배포·공연·전시 또는 공중송신할 수 있다. 다만, 저작물의 성질이나 그 이용의 목적 및

형태 등에 비추어 저작물의 전부를 이용하는 것이 부득이한 경우에는 전부를 이용할 수 있다(제25조 제3항). 또한 국가나 지방자치단체에 소속되어 학교나 교육기관의 수업을 지원하는 기관도 수업 지원에 필요한 경우 공표된 저작물을 이용할 수 있다(제25조 제4항). 아래에서 수업 목적 혹은 수업 지원을 위하여 저작물을 이용할 수 있는 주체와 이용 목적과 방법, 사용할 수 있는 저작물 및 그 양에 대하여 살펴본다.

1) 이용 주체

제25조 제3항 또는 제4항에 따라 저작물을 이용할 수 있는 주체는 첫째, 학교, 둘째, 교육기관, 셋째, 수업지원기관 등 세 가지 유형이다.

첫째, 학교란 특별법에 따라 설립된 학교이거나 「유아교육법」, 「초·중등교육법」 또는 「고등교육법」에 따라 설립된 학교를 말한다. 특별법에 따라 설립된 학교에는 예컨대 「평생교육법」이나 「직업교육훈련촉진법」, 「산업교육진흥 및 산학협력촉진에 관한 법률」, 「특수교육진흥법」 등에 따라 설립된 학교가 포함된다. 「유아교육법」에 따른 학교는 유치원을 말하며, 「초·중등교육법」에 따른 학교에는 초등학교, 중학교, 고등학교뿐만 아니라 고등공민학교, 고등기술학교, 특수학교도 포함된다. 또한 「고등교육법」에 따른 학교에는 대학, 산업대학, 교육대학, 전문대학, 방송대학·통신대학·방송통신대학 및 사이버대학('원격대학'), 기술대학 등이 포함된다.

유치원, 초중등학교, 대학은 국립, 공립, 사립 어느 것이든 포함되며, 유치원과 초중등학교는 법인이 아닌 개인이 운영하는 경우도 포함된다. 그러나 「학원의 설립·운영 및 과외교습에 관한 법률」에 따른 학원, 과외교습소 등은 영리를 목적으로 설립된 기관이므로 이에 포함되지 않는다.

둘째, 국가나 지방자치단체가 운영하는 교육기관이란 각종 공무원 교육, 연수나 훈련을 위한 교육기관을 말한다. 예컨대, 중앙공무원교육원, 각 시도의 공무원교육원 또는 교육연수원 등이 이에 포함된다.

셋째, 국가나 지방자치단체에 소속되어 위의 첫째와 둘째에서 언급한 학교나 교육기관의 수업을 지원하는 수업지원기관이다. 국가나 지방자치단체에 소속된 기관이어야 하므로 해당 수업지원기관의 구성원 신분이 국가공무원법 또는 지방공무원법상의 공무원에 해당해야 한다. 수업지원기관의 예로는 교육지원청, 교육정보원, 시도교육연수원, 국립특수교육원 등이 있다. 한국교육개발원이나 한국교육학술정보원, EBS 등은 각급 학교의 교수학습을 지원하는 기관이기는 하지만 이들이 국가나 지방자치단체의 소속기관이 아니므로 포함되지 않는다.

제25조 제3항과 제4항에 따른 이용의 주체에는 위의 교육기관에서 교육을 직접 수행하는 교원 또는 수업지원기관에서 수업 지원 업무를 담당하는 직원도(오승종, 2020: 707; 박성호, 2017: 542) 포함된다. 그런데 실제로 교원이 수업을 목적으로 저작물을 복제 등의 방식으로 이용할 때 그들이 직접 하기도 하지만, 직원이나 조교 등이 교원으로부터 부탁을 받아 이를 대신하는 경우도 많다. 이와 같은 경우도 복제 행위가 교원의 의뢰로 이루어졌고, 이를 실제 이용하는 주체가 교사이므로 무방하다(오승종, 2020: 707).

2) 이용 목적과 방법

수업 목적 또는 수업지원 목적이어야 한다. 제25조의 명칭이 설령 교육목적 등의 이용이라고 하더라도 실제로는 학교나 수업지원기관에서 이루어지는 모든 교육 활동에 제25조 제3항과 제4항이 적용되는 것은 아니다. 그러나 수업 목적의 범위가 어디까지인지 명확하게 구분하는 것은 쉽지 않다. '수업 목적 저작물 이용 보상금 기준'에서는 '수업 목적'을 해당 학교의 재학생 및 교육기관의 수강생을 대상으로 하는 기관장의 관리감독하의 대면 수업이나 이에 준하는 원격 수업에 제공할 목적[9]으로 매우 좁게 해석한다. 이에 따르면 예컨대, 교원의 지도하에 이루어지는 동아리 활동, 수학여행이나 운동회 등 학교의 특별교육활동, 학교장의 지휘 및 감독하에 해당 학교의 교사에 의하여 이루어지는 '창의적 체험활동'이나 '방과 후 교육', 교사들이 수업을 준비하는 과정 등이 수업 목적에 포함되는 것인지 모호해진다. 이에 대해서는 교과로서의 수업으로만 좁게 해석할 것이 아니라 학교장의 지휘 및 감독 아래 학교 안팎에서 교수 및 교사에 준하는 지위에 있는 사람에 의하여 수행되는 것까지 수업의 범위에 포함되는 것으로 해석해야 한다는 입장이 존재한다(오승종, 2020: 710; 이해완, 2012: 402). 이와 같은 입장에 따르면 앞의 예시와 같은 교육 활동은 수업 목적에 포함된다.

그렇다고 하더라도 교과과정 이외에 교내에서 이루어지는 학부모나 교원을 대상으로 한 특강, 쉬는 시간이나 점심시간을 이용하여 학생들이 감상할 수 있도록 담임교사 등이 학생에게 동영상을 보여주는 행위, 대학교수가 수업이 아니라 개인의 연구 활동 등에 활용하기 위한 것, 교실 환경 꾸미기를 위한 경우, 학교소식지나 신문제작, 수업 이외의 목적으로 학교홈페이지에 게재하는 것 등은 수업 목적에 포함된다고 보기는 어렵다.

---

9   수업 목적 저작물 이용 보상금 기준(문화체육관광부고시 제2023-3호, 2023. 1. 12., 일부 개정).

3) 저작물의 양과 이용 방법

공표된 저작물의 일부분을 복제·배포·공연·전시 또는 공중송신할 수 있다. 다만, 저작물의 성질이나 그 이용의 목적 및 형태 등에 비추어 저작물의 전부를 이용하는 것이 부득이한 경우에는 전부를 이용할 수 있다. 수업 목적으로 이용하는 저작물은 공표된 저작물이면 족하다. 따라서 문학도서나 그 외의 전문 분야의 지식을 다루는 도서, 정기간행물 등의 인쇄 자료, 음악 CD나 음원, 영화 등이 수록된 DVD, 사진이나 그림, 유튜브 등 인터넷상의 동영상 자료 등이 모두 포함된다. 다만, 이들 저작물의 일부만을 사용할 수 있다. 일부분이 어느 정도인지는 제31조의 이용자 요구에 따른 일부분 복제물 제공에서와 마찬가지로 명확하지 않다. 전부를 이용할 수밖에 없는 부득이한 경우란 예컨대 사진이나 그림과 같이 부분적으로 사용하기 곤란한 경우를 말한다. 이러한 저작물은 일부분만을 사용할 경우 작가가 작품을 통해 표현하려는 바를 충분히 전달하지 못하여 교육의 효과도 손실될 뿐만 아니라 저작인격권 중 동일성유지권이 훼손될 염려도 있다. 예컨대 안도현 시인의 「너에게 묻는다」[10]나, 고은 시인의 『순간의 꽃』(문학동네, 2001)에 수록된 짧은 시 한 편과 같은

연탄재 발로 함부로 차지 마라
너는
누구에게 한 번이라도 뜨거운 사
람이었느냐

_안도현, 「너에게 묻는다」

내려갈 때 보았네
올라갈 때 보지 못한
그 꽃

_고은, 『순간의 꽃』 중에서

---

10 시집 『외롭고 높고 쓸쓸한』(2004, 문학동네).

어문저작물도 이와 동일한 이유에서 일부분을 사용하기 곤란한 경우에 해당된다. 수업 목적 및 그 지원을 위한 이용에서는 도서관이 이용자 요구에 따라 복제물을 제공하는 경우처럼 '1인 1부'와 같은 복제물 부수에 대한 제한은 없다. 이는 교육자가 수업에서 사용하기 위해서는 수업에 참석하는 학생의 수만큼 복제해야 하는 경우가 많고, 그 학생 수도 학교마다 매우 다양할 것이므로 부수에 제한을 두기 어렵기 때문이다.

수업 목적 혹은 수업지원 목적을 위해서 저작물을 복제·배포·공연·전시 또는 공중송신의 방식으로 사용할 수 있다. 2006년 저작권법 개정 이전에는 교육 목적의 이용인 경우에 복제, 공연, 방송만 허용되었으나 2006년 저작권법을 개정하면서 전송의 방식으로 저작물을 이용할 수 있도록 했고, 2013년에 이를 다시 그 상위 개념인 공중송신으로 수정한 것이다. 또한 복제만 하고 학생들에게 이를 나누어주거나 보여줄 수 없다면 복제의 의미가 없으므로 복제물에 대한 배포와(2009년 개정) 전시(2013년 개정)가 가능하도록 개정되었다. 이러한 개정은 수업에서 도서 이외의 자료 예컨대, 음반이나 영화, 그림, 사진, 동영상 자료 등이 다양하게 활용되고, 인터넷을 활용한 수업이 일반화된 상황을 고려한 것이었다.

배포가 가능하므로 수업을 목적으로 복제물을 제작한 후 이를 학생들에게 제공할 수 있다. 또한 어문저작물을 사용하여 학생들이 수업에서 연극을 하도록 하거나, 음악 및 영상 자료를 학생들에게 들려주거나 보여주는 등 공연을 할 수 있으며, 그림이나 사진을 전시할 수도 있다. 공중송신이 가능하므로 교사가 사이버 강의 혹은 수업을 위한 인터넷 사이트나 사이버 강의실에 수업과 관련한 저작물을 업로드할 수도 있다. 다만, 이러한 이용은 수업 목적으로만 이루어져야 하므로 그 목적이 종료된 후에도 지속적으로 해당 자료가 공중송신되어서는 안 될 것이다. 그리고 이와 같은 전송을 하는 경우에는 저

┃ 토의문제 20

문정이는 중학교 도서관의 사서이다. 어느 날 미술교사가 도서관에 방문하여 '서양미술사 400년(3 DVD)'을 대출해달라고 요청했다. 미술교사는 DVD를 수업에서 학생들에게 보여줄 예정이라고 하면서, 매년 사용하므로 번거롭게 대출하지 않고, DVD 3장을 모두 복제해도 되는지 문의했다. 이 자료는 2005년 발행된 것으로 현재는 절판된 상태이다. 문정이는 어떻게 대답해야 할까?

작권이나 그 밖에 이법에 의하여 보호되는 권리를 침해하지 않도록 복제방지 조치를 해야 한다(제25조 제12항).

한편, 제25조 제3항과 제4항에 따라 저작물을 이용할 경우 문화체육관광부장관이 정하여 고시하는 기준에 따른 보상금을 해당 저작재산권자에게 지급해야 한다. 다만 고등학교 및 이에 준하는 학교 이하의 학교는 보상금 지급 대상에서 제외된다(제25조 제6항). 즉, 학교 중에서는 「고등교육법」에 따라 설치된 대학이나 전문대학 등의 고등교육기관, 특별법에 따라 설치된 각종 대학들, 교육연수원이나 공무원연수원 등 국가나 지방자치단체가 운영하는 교육기관에서 수업을 목적으로 저작물을 이용할 경우 보상금을 지급해야 한다.

4. 교육받는 자의 복제와 전송

제3항의 각 호에 따른 교육기관에서 교육을 받는 자는 수업 목적상 필요하다고 인정되는 경우에 제3항의 범위 내에서 공표된 저작물을 복제하거나

공중송신할 수 있다. 앞서 기술한 제25조 제3항이 교육을 행하는 주체가 수업 목적으로 저작물을 이용하는 것에 대한 규정이었다면, 제5항은 수업을 받는 학생이 수업과 관련하여 저작물을 이용하는 것에 대한 규정이다. 이 규정은 학생이 각종 자료를 활용하여 토의하거나 발표하고 이러한 수업 활동이 온라인에서도 이루어진다는 것을 고려하여 2006년 저작권법 개정에서 추가되었다.

제3항의 각 호의 학교 또는 교육기관이라 했으므로 특별법에 따른 학교와 유치원을 포함한 초중등학교 및 대학교가 당연히 포함되며 중앙공무원교육원 등 국가나 지방자치단체가 운영하는 교육기관도 포함된다.

제3항의 범위 내에서 공표된 저작물을 복제하거나 공중송신할 수 있다고 했으므로 공표된 저작물의 일부분만을 사용할 수 있되, 저작물의 성질이나 이용 목적 등으로 불가피한 경우에 저작물 전부를 이용할 수 있다. 또한 수업 목적을 위해서만 사용할 수 있다. 어디까지가 수업 목적인지 예컨대 학생이 수업을 준비하면서 친구와 토론을 위해 자료를 복사하거나 관련 자료를 동료들과 공유하는 것까지 포함되는지 모호한 점도 있으나 3절에서 언급한 대로

문정이는 대학도서관의 사서이다. 어느 날 1학년 학생이 교양수업 '사진과 영상'의 과제로 동영상을 제작하고 있는데, 본인의 영상 자료에 도서관에 소장된 영화 DVD 〈필라델피아〉[감독 조너선 드미(Jonathan Demme), 주연 톰 행크스(Tom Hanks)]와 〈일급살인〉[감독 마크 로코(Marc Rocco), 주연 크리스천 슬레이터(Christian Slater)]이라는 두 개의 DVD에서 각각 10분 정도 영상을 복사하여 자신의 과제물 동영상에 추가하고 싶다고 했다. 도서관에 있는 기기를 사용하여 이 DVD 중 일부를 복사해도 되는지 문정이에게 질문했다. 문정이는 어떻게 대답해야 할까?

수업 목적을 좁게 해석하여 수업 시간 그 자체에 한정하지 않고 학교장의 지휘 및 감독하에 이루어지는 것으로 넓게 해석하는 한 학생들이 수업을 준비하는 과정도 수업 목적에 포함된다고 볼 수 있겠다.

복제하거나 공중송신할 수 있다고 했으므로 마치 학생들이 수업에 필요한 저작물을 인터넷에 무제한으로 업로드할 수 있는 것으로 여길 수도 있으나 수업 목적에 필요한 경우로 한정되므로 설령 필요에 따라 인터넷 사이트에 업로드했더라도 그 목적이 종료된 후에는 더 이상 수업 목적에 필요한 상태가 아니므로 해당 저작물의 복제와 공중송신은 중단되어야 한다.

5. 학교도서관과 대학도서관에서 수업 목적을 위한 이용

학교도서관 사서 혹은 사서교사, 대학도서관의 사서가 해당 학교에서 이루어지는 수업 목적과 관련하여 저작물을 이용하는 것이 저작권법 제25조 제3항에 적용되는 것인지에 대해 몇 가지 검토해야 할 사항이 있다.

　　문정이는 초등학교 도서관 사서이다. 문정이는 학기말 평가회에서 다음 학기에 수업할 내용을 학년별 담임교사와 상의한다. 각 학년 담임교사는 도서관에서 수업이 진행되어야 할 단원에 대한 의견을 제시하고, 문정이는 그 단원에 사용할 수 있는 도서관 자료를 조사하여 교사에게 전달하고 추가로 필요한 자료에 대한 의견도 받는다. 그리고 학기 초에 회의를 거쳐 도서관수업계획서를 작성하고 시간표를 배정받는다. 이번 주에는 이러한 과정을 거친 수업 중에서 4학년 국어과 수업을 도서관에서 진행한다. 이번 주 수업은 '장애에 대한 이해'라는 주제로 진행하는데, 이 수업을 위해 『길아저씨 손아저씨』(권정생 글, 김용철 그림, 국민서관, 2006)라는 그림책을 사용할 예정이다. 이 그림책을 파워포인트 자료로 다시 제작하여 빔프로젝트를 사용하여 학생들에게 보여주면서 낭독하려고 한다. 문정이는 어떤 규정에 근거하여 이렇게 할 수 있을까?

　　초중등학교에 부설된 학교도서관의 사서 혹은 사서교사는 단독으로 또는 타 교사와 협력하여 정보활용교육, 도서관 이용 지도, 독서교육 등의 수업을 진행한다. 대학도서관 사서는 학생 혹은 교원을 대상으로 정보활용교육을 한다. 학교도서관에서 이루어지는 이러한 수업이 학교의 정규교육과정에 포함되어 있고 그 진행자가 학교의 교원인 사서교사라면 이는 다른 교과교사의 수업과 마찬가지로 제25조 제3항을 적용하여 수업에 필요한 만큼의 자료를 복제하여 배포하거나 동영상 자료를 상영하거나 공중송신할 수 있다. 그런데, 사서교사가 아닌 사서가 이러한 수업을 진행할 경우는 모호하다. 제25조 제3항은 학교가 수업 목적으로 이용하는 경우에 저작물의 일부분을 복제 등을 할 수 있다고 했지 이를 교원으로 제한하지는 않았다. 따라서 설령 교원이 아닌 사서라고 하더라도 학교의 정규교육과정으로 편성된 수업을 진행할 경우 이 수업을 위해 복제 등의 방법으로 저작물을 이용할 수 있을 것이다.

두 번째 경우는 사서 또는 사서교사가 교사나 교수의 요청을 받아 특정 수업을 위해 복제, 배포, 공중송신 등을 하는 경우이다. 제7장에서 기술했듯이 도서관은 제31조 제1항 제1호에 따라 이용자가 요청하면 1인 1부 일부분의 복제물을 제공할 수 있다. 만일 교사나 교수가 수업에 사용하기 위해 특정 저작물의 일부분을 1부 복제하여 제공해달라고 요청한 것이라면 이 규정에 따라 1인 1부 일부분 복제물을 제공하면 된다. 그러나 수업에 해당하는 학생 수만큼의 복제물을 요청했거나 해당 복제물을 온라인 수업용 공간에 업로드할 것을 요청했을 경우에는 제31조 제1항 제1호에서 허용하는 범위를 넘어서게 된다. 그런데 교사가 수업을 위해 복제물을 제작하고 공중송신하는 것은 반드시 교사가 직접 행하는 것만은 아니다. 일반적으로는 교사가 직접 복제물을 작성하기보다 직원이나 학생, 사서의 보조를 받는 경우가 더 많을 것이다. 즉, 복제와 공중송신의 주체가 교원인 한 그 행위를 다른 사람에게 부탁하여 행하는 것도 무방하다고 본다면 도서관이 교사나 교수의 부탁으로 복제물을 여러 부 작성하는 것이나 이들을 대신하여 해당 복제물을 수업용 온라인 사이트에 업로드하는 것도 제25조 제3항에 따른 복제 및 공중송신에 해당하는 것으로 볼 수 있다. 따라서 교사나 교수가 수업을 목적으로 도서관에 특정 자료에 대한 복제물을 여러 부 요청할 경우 이에 따라 사서 또는 사서교사가 복제물을 제공해줄 수 있다.

또 한 가지의 경우는 학교나 대학도서관이 자체적으로 특정 수업에서 사용될 것을 예측하여 교사의 요청이 있기 전에 수업과 관련한 자료를 한 부 혹은 여러 부 복제하여 이를 도서관에 비치하거나 교육자에게 제공하는 것이다. 이러한 서비스는 대학도서관보다는 학교도서관에서 주로 이루어진다. 제31조 제1항 제1호는 이용자 요구에 따라 복제하는 경우에 대한 면책

　　문정이는 대학도서관 사서이다. 최근 경영학과의 '경영학 개론' 수업 담당 교수로부터 수업에 참여하는 학생들이 읽고 출력할 수 있도록 도서관에 소장된 마케팅 관련 원서의 한 챕터를 복제하여 학교 내 강의지원시스템에 업로드 해달라는 요청을 받았다. 문정이는 이 자료를 업로드해도 될까?

이지 이용자 요구를 예측해 복제하는 것까지 허용하는 것은 아니다. 그런데, 제25조 제3항은 복제 등의 주체를 교사에 한정하지 않고 '학교'라고 했다. 1절에서 언급했듯이 학교도서관은 「학교도서관진흥법」에 근거해 특별시·광역시·도·특별자치도의 교육감이 설립한 것으로 학교의 수업을 지원하는 핵심 기관으로 이를 '학교'와 구분하여 생각하기 어렵다. 다만 그 복제가 학교장의 관리감독하에 이루어지는 특정 수업을 지원하기 위한 경우로 한정되는 것이지 그 외에 도서관에서의 다양한 문화활동과 독서지도활동 등의 자체적인 활동에까지 적용되는 것은 아니다. 왜냐하면 제25조 제3항이 학교교육 목적 자체가 아니라 수업 목적에 대한 예외이기 때문이다. 이와 같은 해석이 제25조 제3항에 대한 지나친 확대 적용이라고 볼 수도 있겠다. 그런데 학교도서관의 사서나 사서교사의 임무는 학교의 교육을 지원하는 것이 주된 목적이고 특히 수업과 관련한 자료를 교사나 학생에게 제공함으로써 교육의 효과를 높이는 것이다. 이에 따라 학교도서관은 교사의 요청이 있기 전에 수업과 관련한 자료를 미리 파악해 도서관에 입수하거나 필요한 경우 교사에게 복제물을 제공하여 교사가 해당 수업을 위한 준비를 할 수 있도록 지원해야 한다. 만일 수업을 목적으로 한 복제가 반드시 교사의 요청에 의해서만 이루어져야 한다고 해석하면 이와 같은 도서관의 적극적인 수업지원 활동이 상당히 제한될 수밖에 없을 것이다. 그런데 실무에서는 도서관의 사서

(교사)가 특정 수업에 필요하다고 판단되는 중요한 자료를 발견했을 경우 이 자료가 수업에 필요한지를 해당 수업의 교사에게 문의하고, 필요하다고 하는 경우에 한해서 이를 제공하는 경우도 많을 것으로 보인다. 이러한 과정을 거친다면 도서관은 교사의 요청을 받은 것이 되므로 제31조 제1항 제1호나 제25조 제3항에 의거해 복제할 수 있다.

한편 미국 저작권법에는 교육 목적의 이용에 대한 예외 규정이 없고, 107조 공정이용 조항에 근거해 저작물을 활용하는데, 이를 위해 1976년에 저작권법개정특별위원회[11]와 저자 및 출판사그룹[12], 미국출판사협회[13] 등이 합의하여 '비영리 교육기관에서 도서와 정기간행물에 대한 수업용 복제를 위한 가이드라인 협정서'[14]를 체결한 바 있다. 이 협정서에서는 수업과 수업준비를 위한 1부 복제[15]와 수업 과정을 위한 여러 부의 복제[16]에 대해 그 분량과 복제의 주체를 정하고 있는데, 둘 중 어느 경우이든 교사가 직접 또는 교사의 요청에 의하여 이루어져야 한다고 한정하고 있다[가이드라인 1의 II, Definitions 중 Spontaneity (i)]. 즉, 수업지원이라고 하더라도 지원자의 자발적인 의지에 의해서가 아니라 교사의 요청에 따라서만 복제물을 작성하여 지원하도록 한정하고 있다.

---

11 Ad hoc Committee on Copyright Law Revision.
12 Author-Publisher Group and Authors League of America.
13 Association of American Publishers, Inc.
14 Agreement on Guidelines of Classroom Copying in Not-for-Profit Educational Institutions with Respect to Books and Periodicals.
15 위 협정서의 가이드라인 1.
16 위 협정서의 가이드라인 2 및 정의 부분 중 자발성(i).

제11장 도서관에서의 공연과 저작권

▌학습목표

1. 저작권자의 허락 없이 저작물을 공연 및 방송하기 위한 요건을 설명할 수 있다.
2. 저작권자의 허락 없이 음반 및 영상저작물을 공연하기 위한 요건을 설명할 수 있다.
3. 도서관에서 저작물을 활용하여 이루어지는 공연의 예를 제시할 수 있다.
4. 도서관에서 영상저작물 이용과 공연권 제한의 관련성을 설명할 수 있다.
5. 도서관에서 동화구연과 제29조 제1항의 연관성을 설명할 수 있다.

1. 공연 및 방송에 대한 권리 제한과 도서관

카페에서 커피를 마시는 손님을 위해 멋진 음악을 틀어주는 것, 공연장에서 어떤 작가의 작품을 연극으로 제작하여 상연하는 것, 음악홀에서 연주회를 개최하는 것, 도서관에서 많은 어린이를 대상으로 동화구연을 하는 것, 넓은 홀에서 지역주민들을 위해 DVD를 상영하는 것, 학교 교내방송에서 점심시간에 학생들에게 음악을 틀어주는 것 등은 모두 저작권법상 공연 또는 방송에 해당한다. 저작권법상 공연이란 저작물을 상연, 연주, 구연하거나 음반이나 방송 등의 저작인접물을 재생 등의 방식으로 공중에게 공개하는 것이며, 방송은 음이나 영상을 공중이 동시에 수신할 수 있도록 송신하는 것을 말한다. 일반적으로 저작물을 개인이 단독으로 감상하거나 이용하는 것과 달리 공연이나 방송은 공중이 함께 이를 이용한다는 특징이 있다. 저작권법은 공연 방식의 이용에 대해서는 제17조 공연권을 통해, 방송에 대해서는 제18조 공중송신권을 통해 저작권자의 권리를 보호하고 있다. 그런데 공표된 저작물을 비영리 목적으로, 어떠한 반대급부도 받지 않고, 실연자에게 통상의 보수도 지급하지 않고 공연하거나 방송하는 것에 대해서는 저작권자의 권리를 제한하고 있다(제29조 제1항). 이는 무형적이고 일과성에 그치는 이용으로서 이러한 이용의 공익적 측면을 고려한 것이다(장인숙, 1996: 99). 또한 상업용 음반이나 상업적 목적으로 공표된 영상저작물은 설령 영리를 목적으로 하더라도 해당 음반과 영상저작물의 공연에 대하여 반대급부만 받지 않는다면 권리자로부터 허락을 얻지 않고도 이를 이용할 수 있다(제29조 제2항). 다만, 이 경우 지나치게 광범위한 이용이 이루어져 저작권자의 경제적 이익에 부정적 영향을 미칠 수 있으므로 대형 마트나 백화점, 호텔 등의 업소에서 공연은 예외로 하고 있다. 또한 도서관등의 비영리 기관이라고 할지라

문정이는 스타벅스에서 시원한 냉커피를 마시고 멋진 음악을 들으면서 친구들과 수다도 떨고, 노트북으로 과제도 하고, 책 읽는 것을 좋아한다. 가끔 좋은 음악을 듣게 되면 또 듣고 싶어 인터넷 음원사이트에서 음원을 내려받거나, CD를 사기도 한다.

문정이는 저작권 수업을 듣고 나서 음악을 듣거나 인터넷으로 영화를 보면서 혹시 저작권 문제는 없는 것인가라는 생각을 자주한다. 오늘도 스타벅스에서 음악을 들으면서 이 음악을 틀어주기 위해 저작권자로부터 허락을 받아야 하는 것인가라는 의문이 슬쩍 들었다.

문정이는 최근 동네 길모퉁이에 생긴 조그마한 커피숍도 가보았는데, 그곳에서도 음악이 흐르고 있었다는 생각이 났다. 그럼, 그 커피숍 사장님도 저작권자로부터 허락을 받고 저작권료를 내고 틀어주는 것인가? 스타벅스 같은 대형 커피전문점과 달리 조그마한 동네 커피숍은 저작권료가 부담이 될 수도 있겠다는 걱정도 스쳤다. 프랜차이즈 커피숍과 동네의 작은 커피숍은 매장에서 음악을 틀어주는 것에 대해 모두 저작권료를 지불해야할까?

도 발행된 지 6개월이 지나지 않은 최신의 상업적 목적으로 공표된 영상저작물을 공연하는 것에 대해서는 저작권자로부터 허락을 얻고 사용하도록 하고 있다. 음반이나 영상저작물을 일정한 조건하에서 저작권자로부터 허락을 얻지 않고 이용할 수 있도록 한 것은 음반이나 영화 등 매우 대중적인 창작물을 공연이라는 무형적 이용을 통해 사회 구성원들이 보다 자유롭게 이를 향유하도록 한 것이다. 이는 국가적 차원에서 문화적 소산물을 전 국민에게 확산시킨다는 분배적 정의의 원리를 표현한 것이다(안경환, 1988: 19).

도서관에서도 다양한 공연이 이루어지고 있다. 공공도서관이나 학교도서관 혹은 대학도서관은 정기적으로 연주회나 영화상영회를 개최해 지역주민 혹은 학생에게 문화생활의 기회를 제공하고 있다. 또한 도서관에 따라서는 문학작품 낭독회나 어린이를 위한 동화구연 등을 통해 지역주민이 문학작

품을 함께 감상하고 그 감상을 서로 공유할 수 있는 프로그램을 운영하기도
한다. 공공도서관이나 학교도서관에서는 어린이나 청소년 이용자가 참여하
는 뮤지컬이나 연극프로그램을 운영하기도 한다. 이와 같은 도서관 프로그
램은 모두 저작권법상 공연에 해당한다.

이 장에서는 우선 비영리 목적의 공연·방송(제29조 제1항)과 상업용 음반과
상업적 목적으로 공표된 영상저작물의 공연(제29조 제2항)의 각 요건을 살펴
본 후 도서관에서 이루어지는 영상저작물의 재생, 동화구연, 연주회 등이 공
연권 제한 규정과 어떤 관련성이 있는지 살펴본다.

2. 비영리 목적의 공연과 방송

영리를 목적으로 하지 아니하고 청중이나 관중 또는 제3자로부터 어떤 명
목으로든지 반대급부를 받지 아니하는 경우에는 공표된 저작물을 공연(상업
용 음반 또는 상업적 목적으로 공표된 영상저작물을 재생하는 경우를 제외한다) 또는 방송
할 수 있다. 다만, 실연자에게 통상의 보수를 지급하는 경우에는 그러하지
아니하다(제29조 제1항). 상업용 음반이나 상업적 목적으로 공표된 영상저작
물의 공연에 대해서는 제29조 제2항에서 규정하고 있으므로, 제29조 제1항
은 주로 그 이외의 저작물을 비영리 목적으로 공연하거나 방송하는 경우에
적용된다. 미디어에 고정되지 않은 생실연 즉, 저작물을 연기·무용·연주·
가창·구연·낭독 그 밖의 예능적 방법으로 표현한 것이 공중에게 공개되는
경우에 주로 적용된다. 또한 공중이 동시에 수신하게 할 목적으로 음이나 영
상 또는 음과 영상을 송신하는 방송에도 적용된다. 제29조 제1항은 이러한
공연과 방송에 대한 권리제한을 명시하고 있는데, 이를 위해서는 공표된 저

> **제29조(영리를 목적으로 하지 아니하는 공연·방송)**
>
> ① 영리를 목적으로 하지 아니하고 청중이나 관중 또는 제3자로부터 어떤 명목으로든지 반대급부를 받지 아니하는 경우에는 공표된 저작물을 공연(상업용 음반 또는 상업적 목적으로 공표된 영상저작물을 재생하는 경우를 제외한다) 또는 방송할 수 있다. 다만, 실연자에게 통상의 보수를 지급하는 경우에는 그러하지 아니하다. 〈개정 2016.3.22.〉

작물이어야 하고, 비영리 목적으로 이용해야 하며, 청중이나 제3자로부터 반대급부를 받지 않아야 하며, 실연자에게 통상의 보수를 지급하지 않아야 한다는 조건을 충족해야 한다. 예컨대, 도서관에서 자원봉사자가 어린이를 대상으로 하는 동화구연이나, 학생이 동아리 활동으로 하는 연극, 동네 주민이 직접 연주하는 음악회, 군경음악대의 야외 연주, 학교 방송동아리에서 점심시간에 하는 방송 등이 이에 해당한다. 다음에서는 제29조 제1항을 충족시키기 위한 요건을 자세하게 살펴본다.

1) 공표된 저작물

공표된 저작물이어야 한다. 저작물이 공표되었다는 것은 해당 저작물이 공중에게 공개되었거나 발행되었다는 것이다. 어문저작물이라면 그것이 발행되어야 하고, 음악저작물이나 연극저작물인 경우 이미 그것이 공중에게 공개된 적이 있어야 한다. 따라서 예컨대, 어느 작가가 아직 발표하지 않은 소설, 아직 연극무대에 올리거나 영화로 제작하지 않아 공개되지 않은 대본, 음악가가 한 번도 공중을 대상으로 실연하지 않은 음악이라면 공표된 것이 아니므로 제29조 제1항에 따라 이용할 수 있는 저작물이 아니다. 다만, 미공표저작물이라고 하더라도 저작자가 저작권법 제31조의 적용 대상이 되는 도서관 혹은 기록관 등에 기증하면서 별도의 의사를 표시하지 않았다면 이는 공표에 동의한 것으로 추정하므로, 공표된 저작물과 마찬가지로 사용할 수 있다.

2) 비영리 목적과 반대급부

영리를 목적으로 하지 않아야 하고, 청중이나 관중 또는 제3자로부터 어떤 명목으로든지 반대급부를 받지 않아야 한다. 영리를 목적으로 하지 않는다는 것은 해당 공연이나 방송을 통해 직접적이든 간접적이든 어떤 수익을 얻는 것을 목적으로 하지 않아야 한다는 것이다. 직접적으로 영리를 취하는 방법은 공연 관람을 위해 입장료를 받거나 방송에 대해 시청료를 받는 것이다. 이는 청중, 관중, 제3자로부터 어떤 명목으로든 반대급부를 받지 않아야 한다는 조건과 중첩되므로 크게 따질 이유는 없다. 이외에 영리를 목적으로 하는 것인지를 따져봐야 하는 상황은 상업적인 회사가 광고 없이 방송하는 경우, 공영방송이 광고가 있는 방송을 하는 경우, 상업적인 회사가 상품이나 회사홍보를 위해 시사회나 연주회를 하는 경우 등이다. 이 경우는 모두 간접적인 수익을 얻는 경우로 영리 목적의 이용에 해당한다고 해석한다(오승종, 2020: 786).

공연이나 방송 시청에 대한 입장료나 시청료, 시청의 기회가 주어지는 회

> **▌토의문제 25**
>
> 문정이와 친구들은 유명 가수의 노래를 부르는 버스킹 공연을 매주 토요일마다 하고 있다. 버스킹을 본 사람들이 동전이나 지폐를 던질 수 있도록 기타 박스를 펼쳐놓는데 친구들과 저녁 식사를 할 정도의 돈이 모이는 것 같다. 문정이와 친구들은 저작권자로부터 허락을 받지 않고 이 공연을 해도 될까?

비 등도 반대급부에 포함된다. 그뿐만 아니라 어떤 명목으로든 반대급부를 받지 않아야 한다고 했으므로 이와 같은 직접적인 반대급부뿐만 아니라 해당 공연의 관람객에게 자선기금이나 기부금 명목으로 모금하거나 관람객이 아닌 제3자로부터 기부금을 받는 것도 반대급부에 포함된다.

3) 실연자에 대한 통상의 보수

실연자에게 통상의 보수를 지급하지 않아야 한다. 실연자가 해당 공연을 통해 보수를 얻는다면 그 보수는 특정 저작물로 말미암은 것이므로 그 보수의 일부가 저작재산권자에게 돌아가야 할 것이다. 따라서 이러한 경우에 대해서까지 저작재산권을 제한할 필요가 없을 것이다. 통상의 보수란 실연자가 공연 행위에 대해 받는 보수를 말하는 것이지 공연 장소까지 이동하는 데 드는 교통비나 식사비를 말하는 것은 아니다(박성호, 2017: 577). 그런데 교통비나 식사비로 지급된 비용이 실제 비용을 초과하여 공연 행위에 대한 사례가 되는 정도라면 이는 통상의 보수에 해당된다(오승종, 2020: 788)고 본다. 또한 해당 공연을 한 실연자가 급여를 받는 경우는 몇 가지로 구분된다. 군악대 연주를 행한 군악대원이 급여를 받는 경우 등은 해당 공연 행위에 대한 급여가 아니라 그 직무에 종사하는 것에 대한 급여를 받는 것이므로 통상의 보수에 해당하지 않는다(오승종, 2020: 788). 구연동화를 행한 도서관의 사서가 급여를 받는 경우도 마찬가지이다. 그러나 직업 연주악단이 행한 공연에서 실연자가 월급을 받을 경우 이는 악단의 연주에 대해 주어지는 보수이므로 통상의 보수에 해당한다(오승종, 2020: 788).

4) 비상업용 음반과 비상업적 목적의 영상저작물

제29조 제1항에는 비상업용 음반과 비상업적 목적으로 공표된 영상저작물도 적용 대상이다. 예컨대, 공공기관에서 홍보를 목적으로 제작하여 공표한 영상저작물 등은 제29조 제1항에 따라 비영리 목적으로 반대급부를 받지 않고, 실연자에게 보수가 지급되지 않는 한 공연이나 방송에 활용할 수 있다.

제29조(영리를 목적으로 하지 아니하는 공연·방송)
② 청중이나 관중으로부터 해당 공연에 대한 반대급부를 받지 아니하는 경우에는 상업용 음반 또는 상업적 목적으로 공표된 영상저작물을 재생하여 공중에게 공연할 수 있다. 다만, 대통령령으로 정하는 경우에는 그러하지 아니하다. 〈개정 2016.3.22., 2021.5.18.〉

---

3. 상업용 음반 및 상업용 영상저작물의 공연

청중이나 관중으로부터 해당 공연에 대한 반대급부를 받지 아니하는 경우에는 상업용 음반 또는 상업적 목적으로 공표된 영상저작물을 재생하여 공중에게 공연할 수 있다. 다만, 대통령령으로 정하는 경우에는 그러하지 아니하다(제29조 제2항). 이 규정은 제1항과 달리 공표 또는 미공표 상업용 음반과 공표된 상업용 영상저작물에만 적용되고, 방송이 아닌 공연에만 적용된다. 또한 그 이용의 목적이 영리를 위한 것인지 여부를 묻지 않고, 다만 해당 공연에 대한 반대급부만 받지 않아야 한다고 정하고 있다. 즉, 적용 대상 저작물의 범위는 제1항에 비해 매우 좁지만 그 이용 범위는 비록 대통령령으로 예외를 정하고 있기는 하지만, 더 넓다.

1) 상업용 음반과 상업적으로 공표된 영상저작물

2016년 3월 개정법 이전에는 판매용 음반 또는 판매용 영상저작물이라는 용어가 사용되었으나 개정 이후에 상업용 음반과 상업적 목적으로 공표된 영상저작물로 변경되었다. 판매용이라고 할 경우 판매를 목적으로 시중에 출시된 음반이나 영상저작물로 제한된다. 판매용이 아니면서 상업적으로 제작된 음반, 예컨대 스타벅스 회사로부터 주문을 받아 스타벅스에만 공급하기 위해 제작된 음반은 판매용 음반에 포함되지 않으므로 제29조 제2항의 적용 대상이 되지 못한다. 2016년 3월 개정 이후 '판매용'이라는 표현을 '상업용'으로 변경함으로써 기존의 판매를 목적으로 발행된 음반이나 영상저작물뿐만 아니라 그 외에 상업적인 목적으로 제작된 음반이나 영상저작물도 모두 제29조 제2항의 적용 대상에 포함되도록 했다.

2) 영리 또는 비영리 목적

제29조 제2항은 그 목적에 제한을 두지 않는다. 따라서 상업용 음반과 상업적으로 공표된 영상저작물을 영리 목적이나 비영리 목적으로 공연할 수 있다. 예컨대 도서관등의 비영리 기관에서 이용자들에게 음반이나 영상저작물을 공연해주거나 카페나 레스토랑 등의 가게에서 좋은 음악이나 영상저작물을 손님들에게 틀어주면서 궁극적으로 이익을 높이는 데 기여하는 방식으로 이용하는 것도 가능하다. 그러나 이에 대한 몇 가지 제한 조건이 시행령으로 정해져 있다. 이에 대해서는 아래의 '4) 예외'에서 살펴본다.

3) 반대급부

해당 공연에 대해 청중이나 관중으로부터 반대급부를 받지 않아야 한다. 이때의 반대급부란 제1항의 '어떤 명목으로든지' 받지 말아야 하는 반대급부와는 다르게, '당해 공연에 대한' 반대급부이다. 즉, 입장료 등 그 공연을 시청하거나 청취하는 것에 대한 직접적인 대가를 의미한다(최경수, 2010: 413).

4) 예외

제29조 제2항은 '대통령령이 정하는 경우에 해당하지 않아야 한다'는 단서규정을 두고 있다. 즉, 상업용 음반이나 상업적 목적으로 공표된 영상저작물이고, 해당 공연에 대한 반대급부를 받지 않았다는 요건을 충족했더라도, 단서에서 정하는 경우에 해당되면 권리자로부터 허락을 얻고 사용해야 한다. 저작권법 시행령 제11조는 이 단서규정에 해당하는 경우를 8개 항목으로 제시하고 있다. 시행령에 제시된 예외 규정은 영리성을 가진 업소에서의 공연(제11조 제1호~제7호)과 비영리 기관에서의 공연(제11조 8호)으로 구분할 수 있다. 비영리 기관이란 공연장, 미술관, 박물관, 도서관, 지방문화원, 청소년수련관, 구민회관 등 사회부조나 교육적 성격을 가진 공익을 위한 기관(김병일, 2012: 86)이다. 그러나 이러한 기관이라도 발행 후 6개월이 지나지 않은 상업적 목적으로 공표된 영상저작물을 재생하는 것은 공연권 제한의 범위에 포함되지 않는다. 6개월이라는 기준은 2005년 12월 저작권법[1] 개정 시 도입된 것이다. 개정 이전에는 6개월 제한규정이 없었으므로 위에서 열거한 공

---

1   2005년 12월 30일 제19240호.

저작권법 시행령 제11조(상업적 목적으로 공표된 음반 등에 의한 공연의 예외)

법 제29조 제2항 단서에서 "대통령령이 정하는 경우"란 다음 각 호의 어느 하나에 해당하는 공연을 말한다. 〈개정 2021.12.16.〉

1. 「식품위생법 시행령」 제21조 제8호에 따른 영업소에서 하는 다음 각 목의 공연
가. 「식품위생법 시행령」 제21조 제8호 가목에 따른 휴게음식점 중 「통계법」 제22조에 따라 통계청장이 고시하는 산업에 관한 표준분류(이하 "한국표준산업분류"라 한다)에 따른 커피 전문점 또는 기타 비알코올 음료점업을 영위하는 영업소에서 하는 공연
나. 「식품위생법 시행령」 제21조 제8호 나목에 따른 일반음식점 중 한국표준산업분류에 따른 생맥주 전문점 또는 기타 주점업을 영위하는 영업소에서 하는 공연
다. 「식품위생법 시행령」 제21조 제8호 다목에 따른 단란주점과 같은 호 라목에 따른 유흥주점에서 하는 공연
라. 가목부터 다목까지의 규정에 해당하지 아니하는 영업소에서 하는 공연으로서 음악 또는 영상저작물을 감상하는 설비를 갖추고 음악이나 영상저작물을 감상하게 하는 것을 영업의 주요 내용의 일부로 하는 공연
2. 「한국마사회법」에 따른 경마장, 「경륜·경정법」에 따른 경륜장 또는 경정장에서 하는 공연
3. 「체육시설의 설치·이용에 관한 법률」에 따른 다음 각 목의 시설에서 하는 공연
가. 「체육시설의 설치·이용에 관한 법률」 제5조에 따른 전문체육시설 중 문화체육관광부령으로 정하는 전문체육시설
나. 「체육시설의 설치·이용에 관한 법률 시행령」 별표 1의 골프장, 무도학원, 무도장, 스키장, 에어로빅장 또는 체력단련장
4. 「항공사업법」에 따른 항공운송사업용 여객용 항공기, 「해운법」에 따른 해상여객운송사업용 선박 또는 「철도사업법」에 따른 여객용 열차에서 하는 공연
5. 「관광진흥법」에 따른 호텔·휴양콘도미니엄·카지노 또는 유원시설에서 하는 공연
6. 「유통산업발전법」 별표에 따른 대규모점포(「전통시장 및 상점가 육성을 위한 특별법」 제2조 제1호에 따른 전통시장은 제외한다)에서 하는 공연
7. 「공중위생관리법」 제2조 제1항 제2호 숙박업 및 같은 항 제3호 나목의 목욕장에서 영상저작물을 감상하게 하기 위한 설비를 갖추고 하는 상업적 목적으로 공표된 영상저작물의 공연
8. 다음 각 목의 어느 하나에 해당하는 시설에서 영상저작물을 감상하게 하기 위한 설비를 갖추고 발행일부터 6개월이 지나지 아니한 상업적 목적으로 공표된

영상저작물을 재생하는 형태의 공연

가. 국가·지방자치단체(그 소속 기관을 포함한다)의 청사 및 그 부속시설

나. 「공연법」에 따른 공연장

다. 「박물관 및 미술관 진흥법」에 따른 박물관·미술관

라. 「도서관법」에 따른 도서관

마. 「지방문화원진흥법」에 따른 지방문화원

바. 「사회복지사업법」에 따른 사회복지관

사. 「양성평등기본법」 제47조 및 제50조에 따른 여성인력개발센터 및 여성사박
   물관

아. 「청소년활동진흥법」 제10조 제1호 가목에 따른 청소년수련관

자. 「지방자치법」 제161조에 따른 공공시설 중 시·군·구민회관

공시설에서는 발행 시점과 무관하게 영상저작물을 공연의 방식으로 이용할
수 있었다. 6개월 제한 규정이 도입된 이유는 비영리 기관이라도 발행 후 6
개월이 지나지 않은 상업적 목적으로 공표된 영상저작물을 무료로 상영하
는 것을 금지하여 영상제작자의 권익을 보호하기 위한 것(문화관광부, 2005b: 1)
이었다.

4. 도서관에서의 저작물 공연[2]

1) 영상저작물의 이용

도서관은 도서뿐만 아니라 비디오테이프나 DVD 등의 매체에 수록되어 있는 영상저작물을 소장하고 있다. 도서관은 영상저작물을 개별 이용자에게 관외 대출을 해주거나, 도서관에 설치된 개인용 혹은 소수의 몇 명을 위한 열람 좌석에서 이를 재생해 시청할 수 있도록 하거나, 시청각실 등 대규모 시설에서 여러 명이 동시에 관람할 수 있도록 서비스한다. 영상저작물을 관외로 대출하는 것은 공연과 무관하다. 그러나 개인용 열람석이나 소그룹을 위한 열람석에서 영상저작물을 열람하도록 하는 것과 시청각실에서 이를 재생하여 관람할 수 있도록 하는 것은 공연과 관련된 행위로 이것이 제29조의 적용 대상이 되는 것인지 검토할 필요가 있다.

한편 제29조 제2항은 상업용 음반과 상업적 목적으로 공표된 영상저작물에만 적용되므로, 도서관이 비상업적 목적으로 제작된 영상저작물을 공연의 방식으로 이용할 경우에는 제29조 제1항의 요건에 따라 비영리적 목적으로, 청중이나 관중 혹은 제3자로부터 어떠한 명목으로든 반대급부를 받지 않고, 공표된 영상저작물을 발행 시점과 무관하게 이용할 수 있다. 또한 제31조에서처럼 도서관에 보관된 자료를 이용해야 한다는 요건도 없으므로, 이용자들이 가지고 온 영상저작물이나 누군가로부터 빌린 영상저작물을 이

---

2 이 절은 이호신, 「도서관에서의 공연권 제한에 관한 연구」, ≪한국문헌정보학회지≫, 제47권 제1호(2013년 2월), 249~268쪽과 이호신, 「도서관에서의 저작물 이용과 공연권에 관한 연구」, ≪도서관≫, 제61권 제1호(2006), 45~62쪽에 수록된 내용을 일부 활용하여 작성했다.

용하여 공연해도 된다. 또한 도서관에 소장된 영상저작물 중 미공표된 자료라고 하더라도 저작자가 그 영상저작물을 기증할 때 별도의 의사 표시를 하지 않는 한 기증 시 공표에 동의한 것으로 추정하므로(제11조 제5항), 공표된 저작물과 동일하게 적용할 수 있다.

(1) 시청각실에서의 영상저작물 공연

지역주민에게 도서관에 대한 친근감을 높이고, 도서관 이용을 보다 활성화하기 위한 프로그램의 하나로 영화상영회를 개최하는 경우를 흔히 찾아볼 수 있다. 영화감상회는 불특정 다수의 사람들을 대상으로 영상저작물의 녹화물을 재생하여 영사막에 비추는 상영 행위의 하나로 저작권법이 정의하고 있는 공연의 범주에 포함이 된다. 우리 저작권법은 녹음물이나 녹화물의 재생 행위까지도 폭넓게 공연의 범주에 포함시키고 있기 때문에 도서관이 행하는 영화감상회도 공연권의 적용 대상이 된다. 따라서 도서관이 저작권자에게 별도의 허락을 받지 않은 채로 영화를 상영하기 위해서는 저작권법 제29조가 정하는 면책의 요건을 충족해야만 한다.

도서관의 영화감상회는 대개의 경우 상업적으로 판매되고 있는 비디오테

▌ 토의문제 26

문정이는 공공도서관 사서이다. 문정이네 도서관에서는 어린이날 기념으로 달빛 영화상영회를 도서관 옆 야외광장에서 개최하기로 했다. 상영작은 어린이들에게 꾸준히 인기를 얻고 있는 해리포터 시리즈 중 〈해리포터와 죽음의 성물 2부〉[2011년 개봉, 감독 데이비드 예이츠(David Yates), 주연 대니얼 래드클리프(Daniel Radcliffe)]이다. 야간에 상영하는 프로그램이고 어린이날 기념이므로 도서관에서 팝콘 같은 간식을 약간 준비해 판매할 예정이다. 영화상영회를 위해 문정이네 도서관은 저작권자로부터 허락을 얻어야 할까?

이프 또는 DVD, 블루레이 등을 재생하여 이루어질 것이기 때문에 저작권법 제29조 제2항의 요건에 적용을 받게 된다. 그 세부적인 요건을 살펴보면 다음과 같다. 첫째, 도서관 영화감상회에 입장한 관객들에게 영화감상에 대한 반대급부를 받지 않아야 한다. 이 경우의 '반대급부'라 함은 영화감상에 대한 직접적인 반대급부만을 의미하는 것으로 영화관람료, 입장료 등을 지칭하는 것이다. 따라서 영화 관람객에 직접적인 관람료를 받지 않는 경우라면 다른 기업이나 영리를 목적으로 하는 단체의 협찬이나 지원을 받아서 해당 프로그램을 진행해도 무방함을 의미한다. 또한 관람객으로부터 특정 목적을 가진 자선기금이나 모금을 해도 무방하며, 영화감상회의 목적 자체가 특정한 영리적인 활동을 위한 간접적인 광고 등의 의미를 가졌다고 하더라도 이러한 요건을 충족시키는 것과는 아무런 관련이 없다.

둘째, 영화 상영의 대상이 되는 저작물이 상업적 목적으로 공표된 영상저작물일 경우 그 발행일로부터 6개월이 경과되어야 한다. 따라서 발행된 지 6개월이 경과되지 않은 상업적 목적으로 공표된 영상저작물을 상영할 경우에는 저작권자로부터 별도의 허락을 받아야만 한다.

(2) 개인 및 소규모 그룹 열람석에서의 이용

음반이나 영상저작물 등의 시청각저작물을 수집하여 대출하거나 관내에서 이용할 수 있도록 하는 것은 도서관이 수행하는 기본적인 업무이다. 특히 오늘날의 정보 환경은 도서뿐만 아니라 다양한 멀티미디어 자료의 활용을 필수적으로 요구하고 있기 때문에 대부분의 도서관들은 각종 시청각 기자재를 갖추고 이러한 저작물을 이용할 수 있도록 서비스를 제공하고 있다. 저작물의 실연이나 대규모 영화 상영 프로그램과는 달리 음반이나 영상저작물을 열람할 수 있도록 하는 것을 책을 읽는 것과 같은 단순한 자료 열람으

문정이는 대학도서관 사서이다. 문정이네 도서관 6층에는 멀티미디어정보실이 있는데 이 곳에 여러 대의 DVD 개인열람석을 마련해두었다. 그런데, 최근 학생들로부터 여러 명이 DVD를 시청하고 토론하는 과제를 해야 한다며 그룹 열람석을 마련해달라는 요청을 받았고, 그 필요성이 인정되어 멀티미디어 정보실 한쪽에 최대 8명이 동시에 볼 수 있는 DVD 시청 공간을 하나 마련했다. 또한 DVD를 대출하여 도서관 내에 있는 그룹스터디실에서 노트북으로 이를 시청할 수 있도록 했다. 이와 같이 소규모 그룹이 영상저작물을 시청하는 것에 대하여 도서관은 저작권자로부터 허락을 얻어야 할까?

로 보아야 할 것인지에 관해서는 상당한 논란이 있다. 공연권을 상세히 다룬 법학 이론서들 대부분과 저작권자 단체들은 도서관의 시청각자료실에서 이루어지는 상업적 목적으로 공표된 음반이나 상업적 목적으로 공표된 영상저작물의 열람 행위는 공연에 해당이 된다(이호흥, 2003; 한국저작권위원회, 2012)는 입장을 취하고 있다. 문화체육관광부[3]도 "개인이 판매용 영상저작물을 도서관 내에서 열람하는 행위는 저작권법상 '공연'에 해당하는바, 상기 목적으로 6개월이 경과하지 않은 상업적 목적으로 공표된 영상저작물을 열람하게 하는 경우 사전에 권리자로부터 허락을 얻어야 합니다"라고 해석함으로써 이러한 주장을 지지하고 있다. 반면 도서관에서의 영상저작물 상영을 공연으로 볼 수 있는 가능성이 있지만, 저작권자의 경제적 이익에 크게 영향을 미치지 않으므로 공정이용의 범위 또는 저작권 제한의 범위에 포함될 수 있다는 주장도 있다(정경희, 2012).

---

3 문화체육관광부, "도서관의 시청각 저작물 관내 열람 관련 유권해석 요청에 대한 회신", 2012.8.26.

도서관에서의 시청각 저작물 열람 행위는 대개의 경우 시청각 부스에서 개개의 이용자에 의해서 개별적으로 이루어진다. 그렇지만 개개의 이용자들은 통상적인 가족이나 친지 등과 같이 개인적인 관계에 의해서 연결되는 범위를 넘어서는 불특정 다수의 사람이라고 볼 수 있다. 다만 그들이 모두 저작물을 동시에 이용하는 것이 아니라 서로 시간대를 달리해서 이용하게 된다는 점에 그 특징이 있다. 저작권법이 규정하는 공연은 다수인이 동시에 모여 있지 않더라도 불특정 또는 다수인에게 전자장치 등을 이용하여 저작물을 전파, 통신함으로써 공개하는 것을 의미한다. 따라서 이러한 해석에 따르면 도서관에서의 상업적 목적으로 공표된 영상저작물 재생과 열람은 공연권의 적용 대상이 되는 것으로 볼 수 있는 가능성이 매우 크다. 이러한 해석은 노래방 기기에 녹음 또는 녹화된 음악저작물을 이용하는 것이 저작물의 공연에 해당한다고 결론을 내린 판결[4]에 따라서 이루어진 것이다.

그렇지만 영리를 목적으로 하는 노래방에서의 저작물의 이용과 공익적인 취지에서 비영리적으로 운영이 되는 도서관에서의 영상저작물 이용을 그대로 동일시하기는 어렵다. 도서관의 상업적 목적으로 공표된 영상저작물의 열람은 조사와 연구, 학습을 지원하기 위한 경우를 포함하고 있으며, 단순한 오락과 여흥의 소비와는 구별되는 새로운 창조와 문화적인 삶을 위한 행위라고 볼 수 있기 때문이다.

최근 도서관에 입수되는 상업적 목적으로 공표된 영상저작물 가운데 상당수는 멀티미디어 도구를 활용한 시청각 교육용 프로그램들이다. 이러한 프로그램들을 활용해서 새로운 이론과 학습을 진행하는 경우도 실제로 매우 빈번하다. 또한 영화를 감상하는 목적도 단순한 오락과 여흥을 비롯해서

---

4 대법원 1996.3.22. 선고. 95도1288 판결.

영화에 대한 심층적인 조사와 연구, 배우의 연기와 표정에 대한 분석과 비평 등을 위한 경우가 두루 포함이 될 수 있다.

저작권법 제31조는 저작물 복제에 관하여 도서관이 조사·연구를 목적으로 하는 이용자의 요청에 따라 저작물의 일부분을 1인 1부에 한하여 복제하는 것에 대해서 면책을 인정하고 있다. 또한 도서관 관내에서의 또는 도서관 상호 간의 저작물 전송을 허용하고 있다. 도서관에서의 저작물 이용은 교육, 학술, 조사, 연구 활동의 일환으로 이루어지고, 국민의 문화적인 복지를 지향하는 것이라는 점을 고려해서 영리를 목적으로 하는 활동과는 구별해서 저작권에 대한 면책을 인정하고 있는 것이다. 이러한 활동을 비교적 자유롭게 이루어질 수 있는 환경을 조성하는 것이야말로 저작물의 원활한 이용을 촉진시키고 그로 말미암아 문화의 향상과 발전이 가능하리라는 인식에 바탕을 둔 것이다.

저작물 이용 행태라는 측면에서 공연은 복제와 전송과는 구별되는 것이지만 교육, 학술, 조사, 연구와 문화 활동을 지원하기 위한 것이라는 측면에서는 본질적으로 그 맥락을 함께 한다. 특히 도서관 관내에서 이루어지는 시청각 저작물의 관람 행위는 도서 열람 행위와 본질적인 측면에서 차별되는 특성을 발견하기는 어렵다. 정보기록매체가 다양해지면서 자료를 활용한 조사나 연구 행위는 전통적인 양태의 독서행위뿐만 아니라 멀티미디어 저작물을 시청하고 관람하는 행위까지를 포함하는 것으로 그 외연이 확장되고 있기 때문이다. 이러한 흐름에 발맞추어 도서관들은 전통적인 도서뿐만 아니라 다양한 형태의 음반과 영상물을 소장하여 제공하는 것으로 그 역할을 확장하고, 시청각실을 구비하여 도서관 이용자의 자료 활용을 지원하고 있을 뿐이다. 더 이상 사람들은 책을 통해서만 정보를 입수하고 학습하지 않는다. 음반을 통해서 비디오를 통해서 아주 다양한 방법으로 정보를 수집하고 학습해나

간다. 이제 음반이나 동영상도 도서관이 마땅히 수집하여 제공해야 하는 정보매체 가운데 하나가 되었음에 틀림이 없다. 그리고 이러한 매체의 이용을 위해서는 불가피하게 영상음향 기자재를 통한 재생이 필요한 것이다.

따라서 저작물 이용의 목적과 성격을 종합적으로 살피지 않고, 노래방과 비디오방의 사례를 도서관에 그대로 적용하는 것은 지나치게 형식적인 접근이다. 저작물 이용의 목적과 성격이 공익적인 취지에서 바람직하고, 그 순기능을 인정할 수 있는 경우라면 보다 전향적인 해석을 고려할 필요도 있을 것이다.

(3) 발행일부터 6개월 미만의 상업적 목적으로 공표된 영상저작물의 공연

앞서 언급한 대로 도서관이 제29조 제2항에 따라 자유롭게 이용할 수 있는 영상저작물은 발행일로부터 6개월이 경과한 상업적 목적으로 공표된 영상저작물이다. 따라서 만일 도서관이 6개월이 경과하지 않은 상업적 목적으로 공표된 영상저작물을 시청각실에서 공연하려면 권리자로부터 허락을 얻어야 한다.

▎토의문제 28

문정이는 공공도서관 사서이다. 문정이네 도서관은 평소에 접하기 힘든 다양한 독립영화를 지역주민에게 소개하고, 한국 독립영화의 저변도 확대하기 위해 서울시와 서울영상위원회가 주관하는 독립영화상영회를 5월부터 첫째, 셋째 주 금요일 오후 7시, 2층 소강당에서 개최하기로 했다. 이 영화상영회에는 누구나 선착순으로 무료 입장할 수 있고, 영화상영뿐 아니라 감독과의 대화 등 특별 프로그램도 마련할 예정이다. 상영작으로는 2014년 제19회 부산국제영화제 뉴 커런츠 공식 초청작 〈그들이 죽었다〉(감독 백제호, 주연 김상석)와 2015년 제58회 독일 국제다큐멘터리영화제 경쟁부문 진출작 〈춘희막이〉(감독 박혁지, 주연 김춘희/최막이)를 고려하고 있다. 문정이네 도서관은 이 영화를 저작권자로부터 허락을 얻지 않고 상영할 수 있을까?

2) 지역주민 대상 연주회

일반적으로 도서관에서 외부의 연주자나 배우를 초청해서 연주회나 연극과 같은 실연 행위를 하는 것은 제29조 제1항의 적용 대상이 될 수 있는 가능성이 높다. 그러나 도서관에서의 실연이라고 하더라도 제29조 제1항의 요건을 모두 충족시킬 필요가 있다. 예컨대, 어떤 명목으로든 반대급부를 받지 않아야 하므로, 관람객이나 제3자로부터 해당 실연을 통해 도서관 발전 기금을 모금하거나, 자선기금을 모금하는 등의 명목으로라도 반대급부를 받지 않아야 한다. 또한 실연의 대상이 되는 저작물이 공표된 것이어야 하며, 실연자들에게 통상의 임금과 같은 사례가 지불되지 않아야 저작권에 대한 면책을 인정받을 수 있음은 앞서 살펴본 바와 같다.

> **Ⅰ 토의문제 29**
>
> 문정이는 마을의 작은 도서관 사서이다. 문정이네 마을에는 비영리 마을협동조합이 있는데, 이 조합에는 강사를 초빙하여 마을 사람들이 풍물, 전통음악, 기타 등을 배우는 소규모 악기동아리가 있다. 이 마을협동조합에서 악기동아리의 연주 및 개별적인 몇 명의 독주가 마련된 마을 송년음악회를 개최하고 음악회 후에 참여자들이 각자 가지고 온 음식으로 다과회도 개최하고 싶다고 도서관의 소강당 이용 신청을 했다. 또한 송년음악회에 참여한 사람들에게 자발적인 후원금을 모금하여 일부는 마을협동조합 운영비로 활용하고 일부는 마을이 후원하는 단체에 기부금으로 보낼 예정이라고 한다. 문정이는 마을협동조합의 소강당 신청을 허락해야 할까? 마을협동조합에서 연주하는 사람들은 연주에 사용하는 저작물에 대하여 저작권자로부터 허락을 받아야 할까?

3) 어린이 대상 동화구연

동화구연은 어문저작물인 동화를 불특정 다수의 어린이들에게 구연자의 낭독을 통해서 실연하는 행위로 저작권법이 규정하는 공연에 해당이 된다. 대개의 동화구연 프로그램이 어린이의 독서 흥미 유발을 위한 공익적인 차원에서 무료로 이루어지고 있기 때문에 제29조 제1항에서 규정하는 영리를 목적으로 하지 않아야 한다는 조건과 참여자들로부터 아무런 반대급부도 제공받지 않아야 한다는 조건을 모두 충족할 수 있을 것이다.

이 경우 쟁점이 될 수 있는 것은 실연자에게 통상의 임금과 같은 사례를 지급하지 않아야 한다는 조건이다. 도서관 측으로부터 아무런 반대급부를 받지 않는 자원봉사자에 의한 것이라면 특별히 문제가 없겠지만 구연 행위에 대한 사례를 제공하는 경우라면 별도의 저작권 처리가 이루어져야만 한다. 동화구연가가 도서관에 소속되지 않은 외부 인사인 경우에는 구연 행위에 대한 사례비를 제공하는지의 여부만을 가리면 되기 때문에 비교적 수월하게 문제가 정리될 수 있다. 그렇지만 도서관 사서가 직접 구연 행위를 하는 경우에는 보다 면밀한 검토가 필요하다. 왜냐하면 도서관 사서는 도서관

▌토의문제 30

문정이는 공공도서관 어린이서비스 담당 사서이다. 문정이네 도서관에서는 문정이, 어린이도서연구회의 자원활동가, 전문 동화구연가가 번갈아 진행하는 4~7세 어린이를 대상으로 한 동화구연 프로그램을 매주 화요일 오전 11시~11시 30분까지 진행한다. 도서관에서는 동화구연에 사용할 그림책을 스캔한 후 빔프로젝터를 이용하여 상영한다. 이 프로그램은 마을 사람들 누구나 무료로 참여할 수 있다. 문정이네 도서관은 동화구연에 활용되는 그림책의 저작권자에게 허락을 받아야 할까?

에 채용된 직원으로 통상의 임금을 받으면서 도서관의 여러 가지 업무를 수행하기 때문이다. 일건 도서관 직원이 구연 행위를 하는 것이 통상의 임금을 받고 이루어지는 것으로 바라볼 수 있지만, 동화구연 자체에 대해서 별도의 수당이나 사례를 책정하여 지급한 것이 아니라면 면책의 요건에 해당되는 것으로 볼 수 있다. 동화구연은 도서관의 직무 활동의 일환으로 이루어진 것이고, 동화구연 행위를 직접 수행하지 않았더라도 도서관은 매월 해당 직원에게 통상적인 급여를 지급할 것이다. 사서에게 도서관이 지급하는 급여는 도서관의 제반 업무를 처리한 것에 대한 반대급부의 성격이지, 동화구연이라는 실연 행위 자체에 대한 반대급부라고 보기는 어렵다. 동화구연에 사서가 직접 참여하지 않더라도 프로그램의 기획자로서 사서는 해당 프로그램이 진행되는 동안에는 자신의 근무시간을 할애할 수밖에 없을 것이다. 이런 까닭에 도서관이 사서에게 지급하는 통상의 임금을 실연행위에 대한 반대급부로 보기는 어렵다.

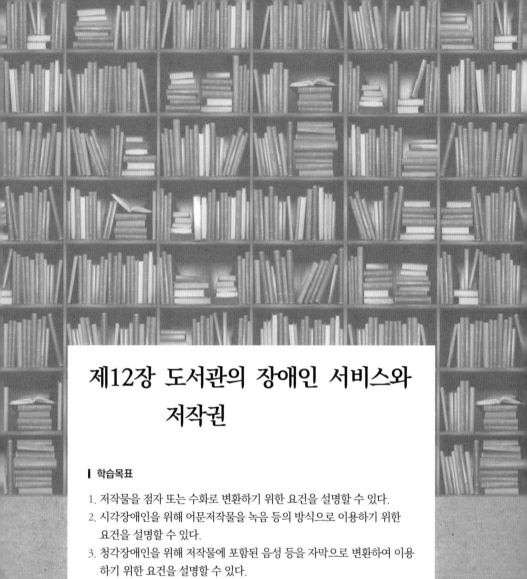

제12장 도서관의 장애인 서비스와 저작권

▎학습목표

1. 저작물을 점자 또는 수화로 변환하기 위한 요건을 설명할 수 있다.
2. 시각장애인을 위해 어문저작물을 녹음 등의 방식으로 이용하기 위한 요건을 설명할 수 있다.
3. 청각장애인을 위해 저작물에 포함된 음성 등을 자막으로 변환하여 이용하기 위한 요건을 설명할 수 있다.
4. 시각장애인과 청각장애인을 위한 복제 등을 할 수 있는 도서관의 요건에 대하여 설명할 수 있다.

1. 장애인을 위한 복제 등에 대한 저작재산권 제한의 의미와 도서관의 관계

일반적으로 비장애인들은 눈으로 보고 읽거나, 귀로 들으면서 저작물을 감상하거나 이해한다. 그러나 시각장애인의 경우 글이나 시각적으로 표현된 저작물은 촉각이나 소리를 통해서만 읽고 감상할 수 있고, 청각장애인은 음성이나 소리로 표현된 저작물이 시각적으로 다시 표현되지 않으면 이를 이해할 수 없다. 그러나 장애인을 위한 대체자료는 출판된 자료의 극히 일부에 불과하다. 장애인을 위한 대체자료 제작종수가 가장 많은 스웨덴은 전체 출판종수 대비 대체자료 종수의 비율이 20%이고 미국과 일본은 10%, 한국과 영국은 5% 이하이다(윤희윤, 2022: 76). 따라서 장애인 복지기관이나 도서관 등은 시각장애인을 위해서는 손으로 만지거나 들을 수 있는 방식으로, 청각장애인을 위해서는 눈으로 볼 수 있는 방식으로 기존의 저작물을 변환하는 작업을 진행한다. 이러한 작업은 지적 성과물에 자유롭게 접근하고 이를 활용하는 것은 장애 여부를 불문하고 사회 구성원이면 누구나 누려야 하는 기본적 권리라는 인식하에서 이루어진다. 그런데, 기존의 저작물을 점자도서 등으로 변환하거나 영상저작물 등에 포함된 음성을 자막으로 변환하여 추가하는 것은 모두 저작권법의 복제권과 관련이 된다. 또한 변환된 저작물을 여러 사람들이 볼 수 있도록 하는 행위도 저작권법의 배포권이나 공연권, 공중송신권과 관련된다.

이에 시각장애인의 정보접근권을 확대하기 위해 각국의 저작권법에서 저작재산권 제한 범위를 확대하여 전맹인(blindness), 인쇄 저작물을 읽을 수 없는 시각장애인, 인지장애인, 독서장애인, 난독증 등의 장애인이 접근할 수 있는 자료를 제작하고 국가 간에 공유할 수 있도록 국제조약인 마라케시 조약(Marrakesh Treaty to Facilitate Access to Published Works for Persons Who Are Blind, Visually Impaired or Otherwise Print Disabled)이 2013년에 채택된 후 2016년에 발표되기도 했다.

　　이러한 국제조약을 고려하면서 각국의 저작권법은 장애인의 정보접근권 실현의 차원에서 시각장애인과 청각장애인을 위해 대체 자료를 만드는 것에 대하여 일정한 조건하에서 저작재산권을 제한하고 있다. 예를 들면 시각장애인을 위해 어문저작물을 점자로 복제하거나 녹음하는 경우 또는 청각장애인을 위해 한국수어나 자막으로 변환하는 경우 저작재산권자로부터 허락을 얻지 않고 할 수 있도록 한 것 등이 이에 해당한다. 물론 이러한 복제 등이 가능하기 위해서는 복제대상이 되는 저작물이나 복제 가능한 시설 등에 대한 여러 가지 요건이 충족되어야 한다.

도서관은 신체나 지역, 경제, 사회적 여건에 무관하게 모든 시민에게 공평하게 서비스를 제공해야 할 의무가 있다. 이러한 의무를 수행하기 위해 물리적으로 쉽게 접근하여 다양한 도서관 시설을 편리하게 이용할 수 있도록 하는 것도 중요하지만, 그보다 더 근본적인 것은 장애인이 이용 가능한 방식으로 읽을 수 있는 대체 자료를 확충하고 이를 제공하는 것이다. 이를 위해 국립중앙도서관이 저작물을 발행하거나 제작한 자에게 디지털 파일 형태로 납본을 요청할 수 있도록 하고, 요청을 받은 자는 특별한 사유가 없는 한 이에 응하도록 했다(「도서관법」 제24조 제3항). 이는 인쇄된 도서를 활용하여 대체 자료를 제작하는 것보다 디지털 파일을 활용할 경우 전자점자도서나 소리도서를 매우 쉽게 제작할 수 있으므로 장애인들에게 훨씬 다양한 자료를 제공할 수 있기 때문이다.

시각장애인을 위한 자료로는 대활자본, 테이프/DAISY/CD/DVD, 점자도서, 웹사이트 등이 있으며, 청각장애인이 이용할 수 있는 자료로는 웹사이트, 자막/수화가 포함된 비디오 등이 있다(윤희윤, 2010a: 32). 국립장애인도서관은 전자점자악보, 점자도서, 전자점자파일, 데이지 자료 등을 제작하여 장애인 이용자들에게 서비스하고 있다. 또한 극히 일부이지만 공공도서관 중에도 점자도서제작실(10개 기관, 1.1%)이나 녹음실(12개 기관, 1.3%)을 갖추고 대체 자료를 제작하는 경우도 있다(국립중앙도서관, 2015: 17). 사립시각장애인도서관이나 청각장애인복지관에서는 이러한 대체 자료를 작성하는 시설을 갖추고 있는 비율이 훨씬 높다. 그런데, 도서관이라면 관종이나 설립 주체 등과 무관하게 시각장애인이나 청각장애인을 위한 대체 자료를 저작권자로부터 허락을 받지 않고 제작할 수 있을까? 또한 어떤 저작물이라도 대체 자료로 제작할 수 있는 것일까? 대체 자료로 작성한 후 이들 자료를 어떻게 서비스할 수 있을까?

2. 시각장애인 등을 위한 복제 등

저작권법 제33조 시각장애인 등을 위한 복제는 점자로의 복제 및 배포(제1항), 시각장애인 등을 위한 어문저작물의 녹음과 전용 기록방식으로의 복제, 배포, 전송(제2항)에 대하여 정하고 있다. 또한 이 규정에 따른 시각장애인의 범위는 저작권법 시행령 제15조를 통해 밝히고 있다.

제33조(시각장애인 등을 위한 복제 등)
① 공표된 저작물은 시각장애인 등을 위하여 점자로 복제·배포할 수 있다.
② 시각장애인 등의 복리증진을 목적으로 하는 시설 중 대통령령이 정하는 시설(해당 시설의 장을 포함한다)은 영리를 목적으로 하지 아니하고 시각장애인 등의 이용에 제공하기 위하여 공표된 어문저작물을 녹음하거나 대통령령으로 정하는 시각장애인 등을 위한 전용 기록방식으로 복제·배포 또는 전송할 수 있다. 〈개정 2009.3.25., 2021.5.18.〉
③ 제1항 및 제2항의 규정에 따른 시각장애인 등의 범위는 대통령령으로 정한다.

---

1) 점자로의 복제 및 배포

공표된 저작물은 시각장애인 등을 위하여 점자로 복제·배포할 수 있다(제33조 제1항). 점자란 손가락으로 더듬어 읽도록 만든 시각장애인용 문자로 두꺼운 종이 위에 도드라진 점들을 일정한 방식으로 짜 모아 만든 것이다. 이와 같은 점자 이외의 글자나 그림 등의 형태를 포함하여 복제하는 것까지 허용되지는 않는다. 또한 시력이 약한 사람을 위한 대활자본이나 확대사본 또는 촉각형 그림책 등으로 복제하는 것까지 허용되지는 않는다. 점자로 복제할 수 있는 저작물은 공표되어야 한다는 것 이외의 다른 요건은 없으므로 어문저작물 이외의 다른 유형의 저작물도 가능하다. 또 이 규정은 목적에 제한을 두지 않는다. 따라서 설령 영리를 목적으로 한 경우라도 저작권자로부터 허락 없이 점자로 복제하거나 배포할 수 있다.

2) 시각장애인 등을 위한 전용 기록 방식의 복제, 배포, 전송

시각장애인 등의 복리 증진을 목적으로 하는 시설 중 대통령령이 정하는 시설(해당 시설의 장을 포함한다)은 영리를 목적으로 하지 아니하고 시각장애인 등의 이용에 제공하기 위하여 공표된 어문저작물을 녹음하거나 대통령령으로 정하는 시각장애인 등을 위한 전용 기록 방식으로 복제·배포 또는 전송할 수 있다(제33조 제2항). 이 규정은 앞서 제1항과 달리 복제 등의 주체와 그 목적, 허용되는 저작물, 허용되는 복제의 방식 등 보다 까다로운 요건을 제시하고 있다.

첫째, 복제 등의 주체는 시각장애인 등의 복리 증진을 목적으로 하는 시설 중 대통령령이 정하는 시설로 한정된다. 대통령령이 정하는 시설이란 ①「장애인복지법」 제58조 제1항에 따른 장애인복지시설 중 시각장애인 등을 위한 장애인 거주시설, 장애인 지역사회재활시설 중 점자도서관, 장애인 지역사회재활시설 및 장애인 직업재활시설 중 시각장애인 등을 보호하고 있는 시설, ②「유아교육법」, 「초·중등교육법」 및 「장애인 등에 대한 특수교육법」에 따른 특수학교와 시각장애인 등을 위하여 특수학급을 둔 각급 학교 ③ 국가·지방자치단체, 영리를 목적으로 하지 아니하는 법인 또는 단체가 시각장애인 등의 교육·학술 또는 복리 증진을 목적으로 설치·운영하는 시설을 말한다(저작권법 시행령 제14조 제1항).

둘째, 영리를 목적으로 하지 않아야 한다. 따라서 설령 복제 등의 주체가 장애인 거주 시설이나 점자도서관, 시각장애인 보호시설 등 대통령령이 정하는 시설이라고 할지라도 이윤을 남기기 위해 복제 및 배포, 전송하는 것은 본 조의 적용 대상이 아니다. 또한 제1항과 달리 영리를 목적으로 하는 출판사가 시각장애인을 위해 어문저작물을 녹음하거나 전용 기록 방식으로 복제, 배포, 전송하는 것은 본 조에 따라 허용되는 것이 아니다.

셋째, 공표된 어문저작물이어야 한다. 제1항의 점자도서로의 복제 및 배포에서는 그 적용 대상 저작물의 유형에 제한이 없었으나 녹음 및 시각장애인 전용 기록 방식으로의 복제의 경우 그 대상 저작물은 공표된 어문저작물로 제한된다. 따라서 영상저작물이나 음악저작물 등 이미 시각장애인이 들을 수 있는 음이 부가되어 있는 저작물을 재녹음하거나 복제하는 것은 본 조의 적용 대상이 아니다.

넷째, 공표된 어문저작물을 녹음하거나 대통령령으로 정하는 시각장애인 등을 위한 전용 기록 방식으로 복제, 배포, 전송할 수 있다. 대통령령이 정하는 시각장애인 전용 기록 방식이란 ① 점자로 나타나게 하는 것을 목적으로 하는 전자적 형태의 정보기록방식, ② 인쇄물을 음성으로 변환하는 것을 목적으로 하는 정보기록방식, ③ 시각장애인을 위해 표준화된 디지털음성정보기록방식, ④ 시각장애인 외에는 이용할 수 없도록 하는 기술적 보호조치가 적용된 정보기록방식을 말한다(저작권법 시행령 제14조 제2항). 첫 번째 유형은 전자점자 자료라고 불리는 것으로, 점자로 출력하거나 점자정보단말기의 점자 디스플레이를 통해 손끝으로 읽을 수 있도록 디지털 파일을 작성하는 것을 말한다. 파일의 확장자가 bbf, brf, brl 등으로 작성되며, 시각장애인 등이 이 파일을 점자정보단말기를 통해 이용할 수 있으며, 점자용지에 출력할 수도 있다. 두 번째 유형은 일반 글자가 인쇄된 텍스트를 시각장애인이 음성으로 들을 수 있도록 제작하는 것을 말한다. 세 번째 유형은 DAISY(Digital Accessible Information SYstem)라는 기술표준을 사용하여 기록하는 것이다. DAISY 포맷은 이용자가 검색하거나 읽는 속도를 조절하거나, 북마크를 해 두는 등 전통적인 오디오북보다 발전된 특징을 가지고 있다. 네 번째 유형은 일반인도 이용할 수 있는 파일 포맷을 사용하더라도 시각장애인 외의 다른 사람이 이용할 수 없게 기술적 보호조치를 적용하여 기록하는 것을 말한다.

3) 시각장애인의 범위

제1항 및 제2항의 규정에 따른 시각장애인 등의 범위는 대통령령으로 정하도록 하고 있다(제33조 제3항). 저작권법 시행령 제15조에 따르면 시각장애인 등이란 우선, 「장애인복지법 시행령」 별표 1 제3호에 따른 시각장애인(제15조 제1항)으로, 나쁜 눈의 시력(만국식시력표로 측정된 교정시력)이 0.02이하이거나, 좋은 눈의 시력이 0.2이하이거나, 두 눈의 시야가 각각 주시점에서 10도 이하로 남았거나, 두 눈의 시야 2분의 1 이상을 잃은 사람을 말한다. 또한 신체적 또는 정신적 장애로 인해 도서를 다루지 못하거나 독서 능력이 뚜렷하게 손상되어 정상적인 독서를 할 수 없는 사람(제15조 제2항)도 이 규정에 따른 시각장애인의 범위에 속한다. 즉, 시력 문제로 독서를 못하는 경우뿐만 아니라 그 외 다양한 이유로 인한 독서장애를 가진 경우도 시각장애인의 범위에 포함된다.

3. 청각장애인 등을 위한 복제 등

제33조의2 청각장애인 등을 위한 복제 규정은 2013년 저작권법 개정 시 신설되었다. 그동안 저작권법에는 시각장애인을 위한 복제 및 전송권 제한 규정만 있고 청각장애인에 대해서는 아무런 규정이 없어, 청각장애인들도 공표된 저작물에 접근할 수 있도록 수화나 자막으로 변환하여 이를 배포, 공연, 공중송신할 수 있는 규정을 마련한 것이다. 청각장애인 등을 위한 복제 등의 규정은 한국수어로의 변환(제1항), 자막 등으로의 변환(제2항), 청각장애인의 범위(제3항)에 대하여 정하고 있다.

> **제33조의2(청각장애인 등을 위한 복제 등)**
> ① 누구든지 청각장애인 등을 위하여 공표된 저작물을 한국수어로 변환할 수 있고, 이러한 한국수어를 복제·배포·공연 또는 공중송신할 수 있다. 〈개정 2016.2.3.〉
> ② 청각장애인 등의 복리증진을 목적으로 하는 시설 중 대통령령으로 정하는 시설(해당 시설의 장을 포함한다)은 영리를 목적으로 하지 아니하고 청각장애인 등의 이용에 제공하기 위하여 필요한 범위에서 공표된 저작물등에 포함된 음성 및 음향 등을 자막 등 청각장애인이 인지할 수 있는 방식으로 변환할 수 있고, 이러한 자막 등을 청각장애인 등이 이용할 수 있도록 복제·배포·공연 또는 공중송신할 수 있다.
> ③ 제1항 및 제2항에 따른 청각장애인 등의 범위는 대통령령으로 정한다.
> [본조신설 2013.7.16.]

1) 한국수어로의 변환과 복제 등

누구든지 청각장애인 등을 위해 공표된 저작물을 한국수어로 변환할 수 있고, 이러한 한국수어를 복제·배포·공연 또는 공중송신할 수 있다(제33조의

2 제1항). 「한국수화언어법」에 따르면 한국수어란 "대한민국 농문화 속에서 시각·동작 체계를 바탕으로 생겨난 고유한 형식의 언어를 말한다"(제3조의1). 저작권법 제33조의2 제1항에 따라 한국수어로 변환하기 위해 지켜야 할 요건은 시각장애인을 위한 점자도서로의 복제 등에서처럼 공표된 저작물이어야 한다는 것 이외에 별다른 것이 없다. 설령, 미공표저작물이더라도 그 저작물의 저작자가 도서관등에 이를 기증하면서 특별한 의사 표시를 하지 않은 경우라면 공표된 것으로 추정한다는 규정(제11조 제5항)에 따라 한국수어로 변환할 수 있는 저작물이 된다. 공표의 여부만이 요건이므로 어문저작물, 영상저작물, 음악저작물 등 어떤 저작물이든 수어로 변환가능한 대상 저작물이 될 수 있다. 또한 누구든지 수어로 변환할 수 있다고 했으므로 그 목적이 상업적 이익을 위한 것이든 사회복지 차원의 비영리적인 것이든 무관하고, 장애인복지 기관 등의 특정 기관으로 제한된 것도 아니다.

시각장애인을 위해 저작물을 점자로 복제하여 배포할 수 있도록 한 것과 달리 청각장애인을 위한 수어로의 변환은 복제, 배포뿐만 아니라 공연과 공중송신할 수 있다. 점자도서는 일반적인 도서와 마찬가지로 1인용 독서 자료라면 수화는 영상으로 복제되어 이를 여러 사람이 사용하게 될 가능성이 있고 인터넷을 통해 시청할 수 있으므로 공연과 공중송신할 수 있도록 한 것이다.

2) 청각장애인 등이 인지 가능한 방식으로 변환

청각장애인 등의 복리증진을 목적으로 하는 시설 중 대통령령으로 정하는 시설(해당 시설의 장을 포함한다)은 영리를 목적으로 하지 아니하고 청각장애인 등의 이용에 제공하기 위해 필요한 범위에서 공표된 저작물 등에 포함된 음성 및 음향 등을 자막 등 청각장애인이 인지할 수 있는 방식으로 변환할 수 있고, 이러한 자막 등을 청각장애인 등이 이용할 수 있도록 복제·배포·공연 또는 공중송신할 수 있다(제33조의2 제2항).

한국수어로의 변환과 달리 자막 등으로의 변환에 대해서는 몇 가지 요건을 충족해야 한다. 첫째, 청각장애인 등의 복리 증진을 위한 시설 중 대통령령으로 정하는 시설이어야 한다. 저작권법 시행령 제15조의2는 이 시설을 세 가지 유형으로 구분하고 있다. 우선은 「장애인복지법」 제58조 제1항에 따른 장애인복지시설 중 '장애인 지역사회재활시설 중 수화통역센터', '장애인 지역사회재활시설 및 장애인 직업재활시설 중 청각장애인 등을 보호하고 있는 시설'이 그것이다(제15조의2 제1항). 그다음은 「유아교육법」, 「초·중등교육법」 및 「장애인 등에 대한 특수교육법」에 따른 특수학교와 청각장애인 등을 위하여 특수학급을 둔 각급 학교이다(제15조의2 제2항). 마지막으로 국가·지방자치단체, 영리를 목적으로 하지 아니하는 법인 또는 단체가 청각장애인 등의 교육·학술 또는 복리 증진을 목적으로 설치·운영하는 시설이다(제15조의2 제3항).

둘째, 영리를 목적으로 하지 않아야 한다. 앞서 언급한 시행령 제15조의2에 따라 자막 등으로 변환할 수 있는 시설이라고 하더라도 그 변환이 영리를 목적으로 하는 경우는 해당되지 않는다. 예컨대 영상저작물에 자막을 추가하여 이를 판매하고 그로부터 수익이 발생하는 것 등이 이에 해당된다.

셋째, 청각장애인 등의 이용에 제공하기 위한 것이어야 한다. 따라서 일반 이용자를 위해 외국 영상저작물에 한국어 자막을 추가하거나 영어 자막을 추가하는 것 등은 포함되지 않는다.

넷째, 한국수어로의 변환에서와 마찬가지로 공표된 저작물이어야 한다. 그것이 영상저작물이거나 음악저작물 또는 음성으로 녹음된 어문저작물이든 그 안에 포함된 음성이나 음향을 자막 등으로 변환할 수 있고, 이를 복제 및 배포, 공연, 공중송신할 수 있다.

3) 청각장애인의 범위

저작권법 제33조의2에 따른 청각장애인 등의 범위는 「장애인복지법 시행령」 별표 1 제4호에 따른다(저작권법 시행령 제15조의3). 이에 따르면 청각장애인이란 첫째, 두 귀의 청력 손실이 각각 60데시벨(dB) 이상인 사람, 둘째, 한 귀의 청력 손실이 80데시벨 이상, 다른 귀의 청력 손실이 40데시벨 이상인 사람, 셋째, 두 귀에 들리는 보통 말소리의 명료도가 50퍼센트 이하인 사람, 넷째, 평형 기능에 상당한 장애가 있는 사람을 말한다.

4. 시각 및 청각장애인을 위한 대체 자료 제작이 가능한 도서관

시각장애인을 위해 점자도서로 복제, 배포하는 것과 청각장애인을 위해 한국수어로 변환하여 이를 복제, 배포, 공연, 공중송신하는 것은 그 대상 저작물이 공표된 저작물인 경우에 누구든지 할 수 있으므로, 어떤 유형의 도서관도 이에 포함된다. 관종이나 설립 주체와 무관하고, 저작권법 제31조에 따른 도서관처럼 공중에게 공개되어야 한다는 요건도 적용되지 않는다. 공표된 저작물이어야 한다는 요건도 앞서 언급했듯이 그 저작물의 저작자가 도서관에 기증한 저작물로서 기증 시 특별한 의사 표시가 없었다면 공표된 저작물과 동일하게 사용할 수 있다.

그러나 시각장애인을 위해 어문저작물을 녹음하거나 시각장애인 전용 기록 방식으로 복제, 배포, 전송하는 것과 청각장애인을 위해 저작물에 포함된 음성이나 음향 등을 자막 등으로 변환하고 이를 복제, 배포, 공연, 공중송신하는 것은 누구든지 할 수 있는 것은 아니고, 이를 할 수 있는 시설의 요건이 충족되어야 한다.

　시각장애인을 위한 녹음 등이 가능한 시설과 청각장애인을 위한 자막 등으로의 변환이 가능한 시설에는 각각 국가·지방자치단체, 영리를 목적으로 하지 아니하는 법인 또는 단체가 시각장애인 또는 청각장애인 등의 교육·학술 또는 복리 증진을 목적으로 설치·운영하는 시설이 포함된다(저작권법 시행령 제14조 제1항 제3호 및 제15조의2 제3호). 대다수의 도서관 특히 공공도서관은 비장애인뿐만 아니라 장애인을 위해 설치·운영하는 것이므로 그것이 비영리 목적의 법인이나 단체, 국가나 지방자치단체가 설립했다면 시각장애인 혹은 청각장애인을 위한 대체 자료를 작성할 수 있는 시설의 요건을 충족한다고 볼 수 있다. 이는 저작권법 제31조 도서관등에서의 복제 규정이 적용되는 도서관이 설립 주체가 아니라 그것이 공중에게 공개되었는가를 요건으로 하는 것과 다르다. 즉, 설립 주체가 영리법인인 도서관인 경우 그 도서관이 공중에게 공개되었는가를 불문하고 시각장애인이나 청각장애인을 위한 녹음 또는 자막 변환 등을 할 수 있는 요건을 충족하지 못한다. 전자점자 자료 및 전자점자악보, 데이지 자료를 제작하여 서비스하고 있는 국립장애인도서관이나 보이스브레일 자료, 전자점자 자료, 녹음도서 등을 제작하여 서비스하고 있는 부천해밀도서관 등은 그 설립 주체가 각각 국가, 비영리재단법인으로서 시각장애인이나 청각장애인을 위한 대체 자료를 제작할 수 있는 시설의 요건을 충족하는 경우이다.

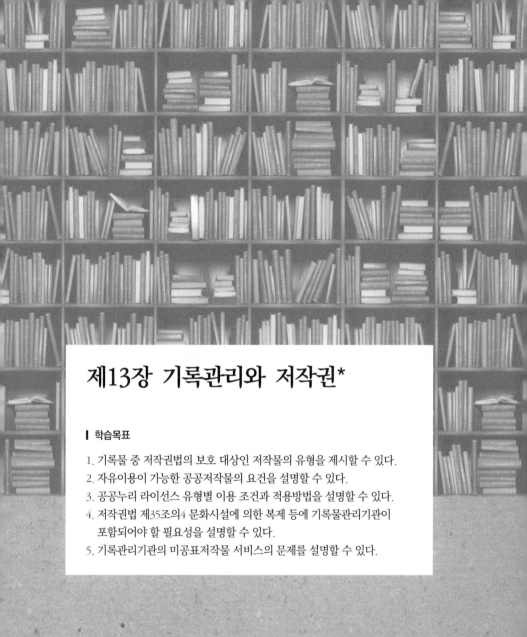

제13장 기록관리와 저작권*

┃ 학습목표

1. 기록물 중 저작권법의 보호 대상인 저작물의 유형을 제시할 수 있다.
2. 자유이용이 가능한 공공저작물의 요건을 설명할 수 있다.
3. 공공누리 라이선스 유형별 이용 조건과 적용방법을 설명할 수 있다.
4. 저작권법 제35조의4 문화시설에 의한 복제 등에 기록물관리기관이
   포함되어야 할 필요성을 설명할 수 있다.
5. 기록관리기관의 미공표저작물 서비스의 문제를 설명할 수 있다.

1. 기록관리와 저작권의 관계

기록을 보존의 대상으로 바라보고 관리하던 체제에서 이용과 서비스를 중심으로 전환한 지는 상당히 오래되었다. 기록정보서비스도 이용자가 기록관에 직접 방문하여 기록을 열람하고 복사할 수 있도록 지원하는 방식에서 인터넷에서 검색하고 원문을 보거나 다운로드할 수 있도록 지원하는 방식으로 전환되고 있다. 도서관이 소장 자료를 디지털화하거나 전자책을 인터넷으로 서비스하면서 부딪히는 저작권 문제는 기록관리기관에서도 유사하게 발생한다. 기록관리기관은 공문서 등 저작권이 없는 기록물만 소장하고 있고 설령 저작권이 있는 기록물이라도 공공에서 생산한 것이므로 디지털화하여 인터넷에 공개하고 누구라도 자유롭게 이용하도록 서비스할 수 있을 것이라고 자칫 오해할 수도 있다. 그러나 민간기록을 수집하여 관리하는 기록관뿐만 아니라 공공기록물관리기관에도 저작권법의 보호 대상인 기록물은 상당수 존재한다.

한국 저작권법은 "인간의 사상 또는 감정을 표현한 창작물"을 저작물이라고 정의하고(제2조 제1호) 있는데 이때 창작물이란 다른 사람의 저작물을 베끼지 않았거나 저작물의 작성이 개인적인 정신 활동의 결과라는 것을 의미한다(오승종, 2020: 47). 또한 '사상 또는 감정'이란 상당한 지적인 노력을 요하는 학문이나 철학으로부터 비롯된 것이라기보다 인간의 생각이나 기분 정도까지 넓은 의미로 해석한다(오승종, 2020: 71). 보존 기록(archives)은 "개인이나 집

---

* 이 장은 정경희, 「기록정보서비스 관점에서 공공저작물 자유이용 법제화의 의미와 한계에 대한 고찰」, ≪한국기록관리학회지≫, 제14권 제4호(2014.11), 177~198쪽과 이호신·정경희, 「기록관리기관은 문화유산기관인가? 저작권법의 고아저작물 예외 규정에서 기록관리기관 배제 문제 고찰」, ≪한국기록관리학회지≫, 제20권 제4호(2020.11), 169~184쪽의 일부를 수정·보완한 것이다.

단이 자신의 존재 또는 행위와 관련하여 공적 또는 사적으로 생산·입수한 것으로서, 생산·입수된 직접적인 목적 이상으로 지속적 가치가 있거나 생산자의 기능이나 책임을 입증해주는 데 있어 의미를 지닌 자료"(기록학용어사전, 2008)이다. 즉, 기록물은 저작물에서 요구하는 최소한의 창작성이나 사상 또는 감정의 표현을 표면적으로 요구하고 있지 않다. 따라서 기록관리기관에는 저작권법에서 요구하는 최소한의 창작성을 갖추지 않아 저작권법의 보호 대상이 아닌 기록물이 상당수 존재할 수 있다. 그럼에도 불구하고 기록물이 인간 혹은 그 집단이 의지를 가지고 수행한 활동의 결과물이고 이러한 활동의 대부분은 인간의 지적 사고의 과정을 통해 이루어진다는 점에서 기록관의 상당수의 기록물이 최소한의 창작성을 갖춘 저작물일 가능성 또한 매우 높다.

한국 저작권법은 공공기록물의 상당수를 자유롭게 이용할 수 있도록 하는 몇 가지 규정을 두고 있다. 첫째는 보호받지 못하는 저작물에 대한 규정(제7조)이다. 이 규정은 저작물로서의 요건은 충분하나 특성상 많은 사람이 자유롭게 이용하는 것이 해당 저작물의 창작자를 보호하는 것보다 중요하며, 오히려 저작권을 보호하는 것이 저작물 생산 취지에 반한다는 점을 고려한 것이다. 보호받지 못하는 저작물은 첫째, 헌법, 법률, 조약, 명령, 조례, 규칙, 둘째, 국가 또는 지방자치단체의 고시, 공고, 훈령 그 밖에 이와 유사한 것, 셋째, 법원의 판결, 결정, 명령 및 심판이나 행정심판절차 그 밖에 이와 유사한 절차에 의한 의견, 결정 등, 넷째, 국가 또는 지방자치단체가 작성한 것으로서 위의 첫째~셋째의 편집물 또는 번역물, 다섯째, 사실의 전달에 불과한 시사보도이다(제7조 1~5호). 이 중에서 고시, 공고, 훈령은 하나의 예시로서 국가나 지방자치단체가 국민에게 널리 알리기 위해 생산한 공문서도 이에 포함하는 것으로 본다. 공공기록물을 관리하는 기관이 소장한 대다수의 기록물은 두 번째 유형에 해당하는 공문서류이다. 예를 들면 국가기록원 홈페이지에 소개된 이 기관의 기록물 보유 현황을 살펴보면 소장 기록의 약 72%는 일반 문서류이다. 이러한 일반 문서류는 보호받지 못하는 저작물에 해당하므로 저작권과 무관하게 자유롭게 이용할 수 있다. 그러나 국가나 지방자치단체가 생산한 것이라도 학술적 가치가 있는 연감, 백서, 문화예술적 가치가 있는 그림 등은 보호받는 저작물에 해당한다(오승종, 2020: 328). 이는 정부의 관리가 공무상 작성한 것은 저작권을 인정하지 않는다는 미국의 저작권법 규정에 비하면 공공저작물 이용 범위가 더 제한적이다(최영열, 2012: 105). 이러한 문제를 해소하기 위해 2013년에 신설된 규정이 공공저작물의 자유이용 규정이다.

또한 공공기록물관리기관이더라도 소장하고 있는 기록물이 반드시 공공기록물로 한정되는 것은 아니다. 「공공기록관리에 관한 법률」(「공공기록물법」)은 "개인이나 단체가 생산·취득한 기록정보 자료 등"을 '민간기록물'로 칭하고(「공공기록물법」 제43조 제1항) 중앙기록물관리기관과 헌법기관기록물관리기관, 지방기록물관리기관이 이러한 기록도 수집하여 관리하도록 하고 있다(「공공기록물법」 제46조, 제46조의2). 민간기록물은 수집 당시 기증자로부터 저작권을 양도받거나 디지털화하여 인터넷으로 서비스하는 것에 대한 이용허락을 받으면 기록관리기관이 자유롭게 서비스에 활용할 수 있다. 그러나 문제는 기증자가 저작권자가 아닐 경우이다. 민간기록물 기증자 중에는 자신이 창작한 저작물보다 그동안 수집했던 다양한 기록물을 기증하는 경우가 많다. 이 경우는 수집한 기록물에 대한 물적 소유권은 기증자가 소유하고 있을 수 있으나 저작권은 그 저작물의 저작자 또는 그로부터 저작재산권을 양도받은 누군가가 소유하게 된다. 따라서 자신이 저작권을 소유하지 않은 기록물을 기증하려는 자는 기록관리기관에 저작권을 양도하거나 이용허락을 하고 싶어도 그에 대한 법적 권한이 없다. 또한 이러한 기록물은 대체로 매우 오래 되어 저작권자를 확인하기 어려운 경우가 많고 기록의 특성상 발행되지 않 은 자료가 많기 때문에 저작자가 누구인지 확인하기 어려운 경우도 많다. 특 히 사진은 그 매체에 작가를 기록하는 경우가 극히 드물어서 저작자를 확인 하기 가장 어려운 유형의 기록 중 하나이다.

이러한 문제는 기록관리기관을 포함한 지식문화유산기관이 모두 겪고 있 다. 따라서 이러한 기관이 법정허락제도를 적용하여 권리자를 찾을 수 없는 기록을 좀 더 자유롭게 이용할 수 있도록 법정허락절차를 완화하거나(허선, 2008) 저작권자가 누구인지 확인할 수 없는 저작물을 비영리 목적으로 서비 스를 할 수 있도록 유럽의 고아저작물 지침에 준하여 개정이 필요하다(이철남, 2017: 121~122)는 제안이 이루어졌다. 이를 반영하여 제9장에서 상세히 다룬 것처럼 2019년에 저작권법 제35조의4로 문화시설에 의한 복제 등이 신설되 었으나 기록물관리기관은 이 규정의 적용 대상에서 제외되었다.

민간기록물관리기관은 공공기록물관리기관보다 저작권법의 보호 대상 이 되는 저작물을 더 많이 소장하고 있다. 개인의 서신이나 문서, 도서, 각종 사진이나 영상 등은 저작권 보호기간이 만료되지 않았다면 모두 저작권 보 호 대상이 된다.

〈그림 13-1〉은 기록관리기관이 소장한 기록물을 저작물의 관점에서 구분 한 것이다. 보관된 기록물 중에서 저작물이 아닌 기록물은 당연히 저작권법 과 무관하게 자유로이 이용할 수 있다. 저작물인 기록물 중에서 앞서 언급한 보호받지 못하는 저작물에 해당하거나 저작권이 만료된 저작물은 자유롭게 이용할 수 있다. 또한 보호받는 저작물 중에서도 저작권법 제24조의2에서 언급하는 공공저작물이라면 자유로운 이용이 가능하다. 반면 국가나 지방 자치단체가 외부에 의뢰하여 작성한 저작물 등은 저작권을 양도받지 않은

그림 13-1 ı 공공기록물관리기관의 저작물

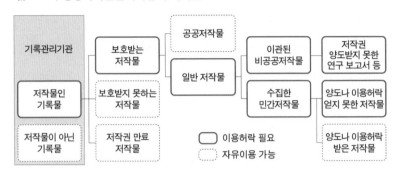

경우 공공저작물이 아니므로 자유롭게 이용할 수 없다. 기증받은 민간기록
물도 저작권자로부터 저작재산권을 양도받거나 이용허락을 얻지 못하면 저
작권법 제31조에 따라 제한된 범위 내에서만 이용할 수 있다.

다음에서는 공공저작물 자유이용 규정의 내용을 상세히 설명하고 이후
문화시설에 의한 복제 등에 기록관리기관이 제외된 문제를 다룬다.

2. 공공저작물의 자유이용

제24조의2 '공공저작물의 자유이용' 조항이 도입된 것은 2013년 12월 30
일이고(법률 제12137호) 이것이 시행된 것은 2014년 7월 1일부터이다. 저작권
법 개정이유서는 국가나 지방자치단체가 업무를 목적으로 생산한 저작물은
세금을 사용하여 공익 목적으로 생산되므로 저작재산권 보호를 제한하여
납세자인 국민이 자유롭게 이용할 수 있도록 이 규정을 도입했다고 설명하
고 있다. 아울러 이 조항의 도입에 따라 법률에서 위임된 세부적인 사항을
정하기 위해 2014년 저작권법 시행령 제1조의3 '공공저작물 이용 활성화 시

책 등' 조항도 신설되었다.

1) 대상 저작물

(1) 자유이용 대상 저작물 유형

기본적으로 자유이용 대상이 되는 저작물은 국가, 지방자치단체, 공공기관이 업무상 작성하여 공표했거나 이들 기관이 계약에 따라 저작재산권 전부를 보유한 저작물이다. 그런데 생산 주체와 계약에 따른 저작재산권 보유 주체에 따라 실제로 자유이용이 되는 방법은 크게 두 가지로 구분된다. 첫째는 어떤 특별한 표시 없이도 자유롭게 이용할 수 있는 공공저작물(제24조의2 제1항)이다. 둘째는 특정한 표시가 있어야 이용할 수 있는 공공저작물(제24조의2 제2항)이다.

첫 번째 유형, 즉 어떠한 표시 없이도 자유롭게 이용할 수 있는 공공저작물은 다시 두 가지로 구분할 수 있다. 첫째는 국가나 지방자치단체가 업무상 작성한 저작물이고, 둘째는 직접 작성한 저작물은 아니지만 계약에 의거하여 저작재산권 전부를 국가나 지방자치단체가 소유한 저작물이다.

두 번째 유형, 즉 어떤 특별한 표시에 의거하여 자유롭게 이용할 수 있는 저작물 역시 두 가지로 구분할 수 있다. 첫째는 공공기관이 업무상 작성한 저작물이거나 계약에 의거하여 저작재산권 전부를 보유한 저작물이다. 둘째는 한국저작권위원회에 등록된 저작물 중에서 「국유재산법」에 따른 국유재산 저작물이거나 「공유재산 및 물품관리법」에 따른 공유재산으로 관리되는 저작물이다.

정리하자면, 공공저작물 자유이용 규정은 국가나 지방자치단체, 공공기관이 생산한 저작물과 계약에 따라 외부의 저작자가 생산한 저작물에 두루 적용되는 규정인데 그 적용 방법은 서로 구별이 되어 있다.

제24조의2(공공저작물의 자유이용)

① 국가 또는 지방자치단체가 업무상 작성하여 공표한 저작물이나 계약에 따라 저작재산권의 전부를 보유한 저작물은 허락 없이 이용할 수 있다. 다만, 저작물이 다음 각 호의 어느 하나에 해당하는 경우에는 그러하지 아니하다. 〈개정 2020.2.4.〉

1. 국가안전보장에 관련되는 정보를 포함하는 경우
2. 개인의 사생활 또는 사업상 비밀에 해당하는 경우
3. 다른 법률에 따라 공개가 제한되는 정보를 포함하는 경우
4. 제112조에 따른 한국저작권위원회(이하 제111조까지 "위원회"라 한다)에 등록된 저작물로서 「국유재산법」에 따른 국유재산 또는 「공유재산 및 물품관리법」에 따른 공유재산으로 관리되는 경우

② 국가는 「공공기관의 운영에 관한 법률」 제4조에 따른 공공기관이 업무상 작성하여 공표한 저작물이나 계약에 따라 저작재산권의 전부를 보유한 저작물의 이용을 활성화하기 위하여 대통령령으로 정하는 바에 따라 공공저작물 이용 활성화 시책을 수립·시행할 수 있다.

③ 국가 또는 지방자치단체는 제1항 제4호의 공공저작물 중 자유로운 이용을 위하여 필요하다고 인정하는 경우 「국유재산법」 또는 「공유재산 및 물품관리법」에도 불구하고 대통령령으로 정하는 바에 따라 사용하게 할 수 있다.

[본조신설 2013.12.30.]

┃ 토의문제 33

문정이는 국회도서관 역사를 조사하는 학기 말 과제를 수행하기 위해 국가기록원 웹사이트에서 국회도서관과 관련된 자료를 검색하다가 '2021 국회도서관 연간보고서'를 찾았다. 국가기록원 정부간행물 검색 사이트에서 검색한 결과에는 이 보고서의 발행기관이 국회도서관, 발행연도는 2022년이며 공개 자료라고 되어 있으나 원문 파일은 공개되지 않았다. 이 자료는 공공저작물일까?

---

(2) 자유이용 제외 대상 저작물

국가나 지방자치단체의 업무상저작물이나 계약에 의거하여 저작재산권

전부를 소유한 저작물이라고 할지라도 해당 저작물 내에 국가안전이나 사생활, 사업상 비밀, 다른 법률에 따라 공개가 제한되는 정보가 포함된 경우는 자유이용 대상에서 제외된다. 또한 한국저작권위원회에 등록된 저작물 중에서 「국유재산법」에 따른 국유재산 저작물이거나 「공유재산 및 물품관리법」에 따른 공유재산으로 관리되는 저작물도 자유이용 대상에서 제외시키고 있다. 그 이유는 「국유재산법」 제7조에서 이 법과 다른 법률에서 정하는 절차에 따라 국유재산을 사용해야 한다고 정하고 있기 때문이다. 그러나 앞서 언급했듯이 국유재산이 된 저작물의 경우 국가나 지방자치단체가 자유이용이 필요하다고 판단할 경우 이용허락 표시를 통해 자유이용이 가능하다.

2) 자유이용을 위한 요건

자유이용 저작물이 되기 위해 갖추어야 할 요건은 국가나 지방자치단체, 공공기관이 생산한 저작물 모두에 적용되는 것과 공공기관이 생산한 저작물에만 적용되는 것으로 구분된다. 정리하면 〈표 13-1〉과 같다.

표 13-1 | 자유이용 대상 저작물의 요건

생산 주체 / 기관 \ 요건	기관 내에서 생산한 저작물			기관 외에서 생산한 저작물		
	업무상 작성	공표	이용허락 표시	재산권 전부 보유	공표	이용허락 표시
국가	○	○	×	○	×	×
지방자치단체	○	○	×	○	×	×
공공기관	○	○	○	○	×	○

(1) 업무상 작성해야 할 것

제2조 제31호에 따르면 업무상저작물이란 "법인·단체 그 밖의 사용자의 기획하에 법인 등의 업무에 종사하는 자가 업무상 작성하는 저작물"을 말한다. 또한 제9조에 따라 법인 등의 명의로 공표되는 업무상저작물의 저작자는 계약 또는 근무 규칙 등에 다른 정함이 없는 때는 그 법인 등이 된다. 즉, 업무상저작물이 되기 위해서는 다음과 같은 몇 가지 요건을 갖추어야 한다. 첫째, 법인 등이 저작물 작성을 기획해야 하고, 둘째, 법인 등의 업무에 종사하는 자가 작성해야 하며, 셋째, 업무상 작성해야 하며, 넷째, 법인 등의 명의로 공표되어야 하고, 다섯째, 계약 또는 근무 규칙 등에 별도로 정한 사항이 없어야 한다. 법인 등의 단체에서 저작물이 창작될 경우 여러 사람의 협업에 의해 이루어지는 경우가 많고 이들 중 누군가를 창작자로 하는 것이 어려우므로 법인이나 단체에게 저작자의 권리를 부여한다(오승종, 2020: 378). 국가나 지방자치단체 또한 제9조의 법인 등에 포함되므로 업무상저작물을 생산한 각 국가기관이나 지방자치단체가 업무상저작물의 저작권자로서 권리 행사를 할 수 있다.

(2) 공표한 저작물

제2조 정의 25호에 의하면 '공표'란 "저작물을 공연, 공중송신 또는 전시 그 밖의 방법으로 공중에게 공개하는 경우와 저작물을 발행하는 경우"를 말한다. '공연'이란 저작물 또는 실연, 음반, 방송을 상연, 연주, 가창, 구연, 낭독, 상영, 재생, 그 밖의 방법으로 공중에게 공개하는 것을 말하며, 동일인의 점유에 속하는 연결된 장소 안에서 이루어지는 송신(전송을 제외)을 포함한다(제2조 정의 3호). '공중송신'이란 저작물, 실연, 음반, 방송 또는 데이터베이스를 공중이 수신하거나 접근하게 할 목적으로 무선 또는 유선 통신의 방법에

의해 송신하거나 이용에 제공하는 것을 말한다. 공중송신의 대표적인 예는 웹사이트에 해당 저작물을 업로드하여 인터넷 이용자 모두 혹은 로그인 절차 등을 통해 특정 다수인이 이용할 수 있도록 한 것이다. 제2조에 '전시'에 대한 정의는 없으나 일반적으로 다수를 대상으로 미술저작물의 원본이나 복제물을 보여주는 것을 말한다.

위에서 언급한 공연, 공중송신, 전시의 공통적 성질은 모두 공중에게 공개한다는 점이다. 저작권법에서 '공중'이란 특정 다수인을 포함하여 불특정 다수인을 말한다(제2조 정의 32). 앞의 〈표 13-1〉의 구분에서 볼 수 있듯이 국가나 지방자치단체, 공공기관이 생산한 저작물이 자유이용 저작물이 되기 위해서는 위의 공연, 공중송신, 전시 등의 방식으로 특정 다수인을 포함한 불특정 다수인에게 공개되어야 한다.

국가나 지방자치단체, 공공기관이 외부에 의뢰하여 생산한 연구보고서 등의 저작물은 저작자가 출판 등의 방식으로 공표하지 않은 상태로 기관에 제출한다. 공표권은 일신전속권으로 양도의 대상이 될 수 없다. 따라서 기관이 이를 공표하지 못해 공공저작물로 활용할 수 없다고 생각할 수도 있다. 그러나 제11조 제2항 공표권의 예외에 따라 저작자가 미공표저작물의 저작재산권을 양도했을 경우 저작물을 공표하는 것에도 동의한 것으로 추정한다. 따라서 국가나 지방자치단체 등이 기관 외부에 의뢰하여 생산한 저작물의 저작재산권을 양도받았다면 공공저작물로 자유롭게 이용할 수 있다.

(3) 계약에 따라 저작재산권 전부를 보유할 것

국가나 지방자치단체가 그들의 업무상저작물이 아닌 저작물의 저작재산권을 보유하려면 권리를 양도받는 계약을 체결해야 한다. 저작재산권은 일반적인 저작권 양도 계약에 따라 창작자가 제3자에게 그 권리 전부 또는 일부를 양도할 수 있다(제45조 제1항). 2차적저작물작성권의 경우 특약을 통하여 양도받아야 한다. 왜냐하면 저작재산권 전부를 양도하는 경우에 특약이 없을 경우 2차적저작물작성권은 포함되지 않는 것으로 추정(제45조 제2항)하기 때문이다.

권리를 양도받지 않고 저작물 창작자와 기관이 저작재산권을 공동으로 소유할 수 있다. 「국유재산법」 제65조의12 저작권의 귀속 등에 의하면 중앙관서의 장(헌법과 정부조직법, 그 밖의 법률에 따라 설치된 중앙행정기관(「국가재정법」 제6조)의 장) 등이 국가 외의 자와 공동으로 창작하기 위한 계약을 체결할 경우 그 결과물에 대한 저작권은 양측이 공동으로 소유하고 특약이 없을 경우 그 지분도 균등한 것으로 정하고 있다. 이 경우 중앙행정기관과 창작자가 각자 저작재산권자로서 별도로 그 권리를 행사할 수 있다. 그러나 이처럼 정부가 민간인과 공동으로 창작을 하는 경우는 극히 드물 것이며 일반적으로는 민간에 전적으로 위탁하여 창작하는 저작물이 많으므로 대체로는 계약에 따라 저작재산권을 양도받아야 자유이용 대상 저작물이 될 수 있을 것이다.

(4) 공공저작물임을 나타내는 표시를 할 것

공공기관이 업무상 작성하여 공표한 저작물과 계약에 의거하여 저작재산권을 전부 보유한 저작물의 자유 이용 활성화에 대한 규정은 저작권법 시행령에 위임되어 있다(제24조의2 제2항). 시행령 제1조의3은 제24조의2 제2항에 따른 공공저작물 이용 활성화 시책을 정하고 있다. 그 시책의 하나로 제시된 것이 문화체육관광부장관이 정한 표시 기준을 적용하는 것이다. 이에 대해서는 다음 장에서 상세히 다룬다.

3. 공공저작물 자유이용 허락표시, 공공누리

1) 개발 배경

영국은 2010년부터 OGL(Open Government License)을 개발하여 공공저작물에 적용하고 있고 호주는 2009년부터 연방정부와 주정부의 공공저작물에 CCL(Creative Commons License)을 적용하고 있다. 문화체육관광부는 공공저작물 자유이용 규정이 도입되기 직전인 2012년 2월에 정부, 지방자치단체, 공공기관이 보유한 저작물을 자유롭게 이용할 수 있도록 '공공저작물 자유이용 허락표시 기준'을 제정하여 공고했다.[1] 이 기준은 공공저작물을 자유이용할 수 있도록 허락하는 라이선스의 명칭을 '공공누리'로 하고 영어로는 KOGL(Korea Open Government License)이라고 명명했으며 이를 상징하는 기본 표시도 다음과 같이 제정했다.

한글	영문	영한
OPEN 공공누리 공공저작물 자유이용허락	OPEN KOGL Korea Open Government License	OPEN KOGL 공공저작물 자유이용허락

'공공저작물 자유이용 허락표시 기준'은 공공저작물 자유이용 규정이 저작권법에 도입된 이후인 2016년에 제24조의2 조문 내용을 반영하여 적용대상 기관을 명확히 하고 변경 이용에 따른 저작인격권 침해 가능성을 낮출 수 있도록 이용 조건을 수정하고 출처표시 방법을 개정했다.[2] 이 기준의 적용

---

1   문화체육관광부 공고 제2012-29호.

대상 기관은 국가기관, 지방자치단체, 「공공기관의 운영에 관한 법률」 제4조에 따른 공공기관이다. 사실 자유이용 허락표시를 적용하는 것은 제24조의2 제2항이 위임한 시행령 제1조의3에 따른 것으로 이는 국가나 지방자치단체가 아니라 공공기관의 저작물에 대한 규정이다. 그럼에도 불구하고 '공공저작물 자유이용 허락표시 기준'은 공공기관뿐만 아니라 국가나 지방자치단체의 저작물에도 자유이용 허락표시 기준을 적용하도록 하고 있다. 이는 국가나 지방자치단체가 생산하는 모든 저작물이 공공저작물이 아니므로 공공누리를 표시하여 자유이용 대상 저작물인지 여부를 명확히 구분하기 위한 것으로 볼 수 있다.

2) 공공누리 유형

개정된 '공공저작물 자유이용 허락표시 기준'에 따르면 공공누리는 변경 가능 여부와 상업적 이용가능 여부를 조합한 4가지 유형이 있다. 4개 유형 모두가 요건으로 삼는 것은 출처를 표시하는 것이다. 공공누리 이용약관은 다음과 같은 방법으로 출처를 표시하도록 하고 있다. 첫째, 이용자는 공공저작물을 이용하는 경우 이를 제공한 기관명과 작성자(해당 저작물에 표기된 바에 따름), 공표된 연도(발행일 기준) 등을 표시하고, 둘째, 온라인에서 출처 웹사이트에 대한 하이퍼링크를 제공하는 것이 가능한 경우에는 링크를 제공해야 하며, 셋째, 자료를 제공한 공공기관이 이용자를 후원한다거나 공공기관과 이용자가 특수한 관계에 있는 것처럼 제3자가 오인할 수 있는 표시를 해서는 안 되며, 넷째, 자료를 제공한 공공기관의 홈페이지에서 무료로 다운로드

---

2 문화체육관광부 공고 제2016-23호.

표 13-2 | 공공누리의 유형 및 이용허락 범위

유형	심벌 마크	이용허락 범위
제1유형	출처표시	• 출처 표시
제2유형	출처표시 상업용금지	• 출처 표시 • 상업적 이용금지
제3유형	출처표시 변경금지	• 출처 표시 • 변형 등 2차적저작물 작성 금지
제4유형	출처표시 상업용금지 변경금지	• 출처 표시 • 상업적 이용금지 • 변형 등 2차적저작물 작성 금지

가 가능한 자료인 경우에는 다른 사람이 쉽게 알 수 있도록 표시해야 한다.

제1유형은 출처를 표시할 경우 비영리 목적과 영리 목적으로 사용할 수 있고 2차적저작물도 작성할 수 있다. 공공누리 제1유형이 적용된 저작물은 곧 제24조의2 제1항에 따른 자유이용이 가능한 공공저작물과 그 이용 범위가 동일하다. 다시 말하면 제24조의2 제1항에 따른 자유이용이 가능한 공공저작물에는 반드시 공공누리 제1유형이 적용되어야 한다.

제2유형~제4유형을 저작물에 적용하는 경우 일정한 정도의 이용 제한이 가해진다. 제2유형은 상업적 목적으로 이용하는 것을 제한한다. 그 외에는 공공저작물을 무료로 자유롭게 이용하고 2차적저작물 작성 등으로 변형하여 이용할 수 있는 라이선스이다. 제3유형은 2차적저작물 작성 등 변형이나 변경하지 않는 한 상업적 활용 여부에 관계없이 무료로 자유롭게 이용할 수 있는 라이선스이다. 가장 제약이 많은 제4유형은 상업적 이용과 2차적저작물 작성 등 변형 이용이 제한된다.

3) 공공누리 적용

'공공저작물 저작권 관리 및 이용 지침'(문화체육관광부, 2019a) 제11조는 공공누리의 적용에 대해 다음과 같이 정하고 있다. 첫째, 국가, 지방자치단체, 공공기관은 공표한 공공저작물이 자유이용 대상인지 알 수 있도록 공공누리를 적용해야 한다. 둘째, 국가 및 지방자치단체는 공공저작물이 법 제24조의2 제1항 각 호의 어느 하나에 해당하거나 저작재산권의 일부를 가지고 있는 제3자가 동의하지 않는 경우에는 공공누리를 적용할 수 없다. 셋째, 공공기관은 본래의 업무 수행에 상당한 지장을 초래할 우려가 있거나 이용료 징수가 불가피한 경우 공공누리를 적용하지 않을 수 있다. 단, 이 경우 한국저작권위원회에 저작권 등록을 해야 한다.

이 규정은 공공누리를 적용할 수 없는 상황에 대해서 언급하고 있으나 공공누리 제1유형이 아닌 제2유형~제4유형을 적용할 수 있는 상황에 대해서는 언급하지 않는다. 이에 대해서는 『공공저작물 저작권 관리 및 이용지침 해설서』(문화체육관광부, 2019b)에서 다루고 있다. 해설서에 따르면 국가 및 지방자치단체는 제3자로부터 이용허락을 받았을 뿐 저작재산권 양도를 받지 않은 경우 저작권자가 동의한 공공누리 유형을 적용할 수 있다. 또한 기획재정부 계약예규 용역계약 일반조건에 따라 계약 목적물을 공동으로 소유한 경우에는 계약 상대자의 동의에 의한 공공누리 유형을 적용할 수 있다.

이 해설서는 자유이용 대상에 해당하지만 공공누리 제1유형은 적용하기 곤란한 경우 한국저작권위원회에 등록한 후 제2유형~제4유형을 적용하도록 권하고 있다. 제1유형이 곤란한 경우란 첫째, 변경 이용에 민감한 공익적 이해관계가 있는 경우, 둘째, 상업적 이용에 민감한 공익적 이해관계가 있는 경우, 셋째, 기관의 유지, 존속에 중대한 영향을 미치는 경우이다. 그러나 이러한 사유는 매우 모호하여 어떤 저작물이 이에 해당하는지 정확하게 판단하기 어렵고, 제1유형을 적용하기에 충분한 저작물임에도 향후의 논란 등을 고려하여 이러한 세 가지 이유에 포함된다고 보수적으로 판단하여 제2유형~제4유형을 과도하게 적용할 수 있다는 문제가 있다.

4) 공공저작물과 공공누리 유형에 대한 기록관리 메타데이터 관리의 필요성

앞서 살펴본 바와 같이 국가나 지방자치단체가 업무상 작성하여 공표했더라도 모두 자유롭게 이용할 수 있는 공공저작물은 아니다. 국가나 지방자치단체가 3자에게 의뢰하여 생산한 저작물도 저작재산권 전부를 양도받지 못했거나 전부 양도받았더라도 국가안보나 개인정보 등이 포함된 경우 자유이용 대상이 아니다. 또한 『공공저작물 저작권 관리 및 이용지침 해설서』는 공공저작물에도 공공누리 제1유형 적용이 곤란하면 제2유형~제4유형을 적용하도록 안내하고 있다.

국가나 지방자치단체가 생산한 저작물을 영구기록물관리기관으로 이관했을 경우 이 저작물이 공공저작물인지 여부와 어떤 유형의 공공누리가 적용되었는지를 정확히 파악할 수 없으면 공공저작물임에도 불구하고 기록관리기관이 이를 인터넷에 공개하여 누구나 자유롭게 이용할 수 있도록 서비스하기 어려워진다. 이러한 점을 고려하여 국가기록원의 '기록관리 메타데이터 표준(NAK8:2021(v2.2))'은 공공저작물 여부와 공공누리 유형을 필수 요소로 관리하도록 정하고 있다.

4. 기록관리기관의 권리자불명 저작물의 대량 디지털화 문제

1) 기록관리기관의 권리자불명 저작물

기록관은 도서관, 박물관과 더불어 문화유산기관(cultural heritage institutions), 기록유산기관(documentary heritage institution) 또는 기억기관(memory institutions)이라 불린다. 특히 도서관과 기록관은 "인간의 지식 또는 활동에 대한 문헌을 수집, 정리하여 활용시키고 후세를 위해 보존하는 사회적 역할"을 자임한다는 점에서 근본적으로 동질하다(서혜란, 2005: 26). 아울러 이들이 '기억기관'이라는 하나의 용어하에 묶이게 된 것은 도서관, 기록관, 박물관의 사회적 역할을 위한 강력한 메타포를 형성하여 정책 입안자들에게 어떤 상상력을 제공하기 위한 것이기도 했으며(Trant, 2009: 369), 인터넷의 출현으로 이들 기관이 소장하고 있는 자원을 공개하고 서로 연결할 수 있는 가능성을 탐색하는 과정에서 사용되기도 했다(Robinson, 2012: 415). 특히 기록관과 도서관의 자료는 인터넷의 어떠한 정보보다 권위와 품질, 교육과 연구 측면에서 유용성, 안정성, 중립성, 대중성을 두루 갖추고 있으므로 많은 국가에서 기억기관의 디지털화 사업에 투자했다(Gill and Miller, 2002). 이러한 투자는 기술과 비용뿐만이 아니라 저작권법의 차원에서도 이루어졌는데 이들 기관이 소장한 자료의 상당수는 저작권법의 보호 대상인 저작물이기 때문이다. 특히, 기록관과 도서관이 소장 자료를 대량으로 디지털화하여 이를 인터넷에 공개하는 사업을 진행하면서 저작재산권자가 누구인지 모르거나 또는 그가 어디에 소재하는지 파악하지 못해 이용허락을 얻지 못하는 소위 고아저작물의 문제가 발생하면서 저작권법은 기억기관과 더 밀접한 관계를 갖게 되었다.

기록관리기관의 기록은 그 권리자가 누구인지 모르는 것이 많으므로 그 어려움은 더할 수 있다. 딕슨(Dickson)은 노스캐롤라이나 대학의 남부역사컬렉션(Southern Historical Collection)을 디지털화하기 위해 소장 기록의 저작권 상태를 조사하면서 편지 기록의 경우 기증자로부터 허락받은 것과 저작권이 소멸된 것은 전체의 35%에 불과하고 그 외의 것은 허락을 얻어야 하는 것이나 그 권리자를 찾기란 매우 어려운 일이었다고 보고하고 있다(Dickson, 2010: 631). 이러한 이유로 미국아키비스트협회(Society of American Archivists: SAA)는 기록관리기관이 저작권자를 파악하고 찾기 위해 기울여야 할 최선의 방법을 설명하는 문서(Orphan Works: Statement of Best Practices)를 발표하고(SAA, 2009), 미국 저작권청의 고아저작물 예외규정 도입에 대한 의견 조회에서 매번 그 필요성을 강조하기도 했다(SAA, 2005; SAA, 2013).

그럼에도 불구하고 2019년 국내 저작권법에 신설된 제35조의4 문화시설에 의한 복제 등은 권리자불명 저작물을 디지털화하여 인터넷에 공개할 수 있는 기관에서 기록관리기관을 완전히 배제하고 있다.

2) 제35조의4 적용대상 기관에서 기록관리기관 배제의 문제

저작권법 제35조의4는 문화시설의 저작물 복제 등에 관한 사항을 규율하고 있다. 법률은 문화시설의 범위를 구체적으로 명시하지 않고 '국가나 지방자치단체가 운영하는 문화시설'이라고만 하고 그 구체적인 범위는 시행령에 위임하고 있다. 이 조항의 적용 범위를 분명하게 파악하려면 '국가나 지방자치단체가 운영하는 문화시설'의 구체적인 의미를 이해할 필요가 있다. 국가나 지방자치단체는 그 외연이 분명하기 때문에 별다른 이견이 존재할 수 없다. 그렇지만 운영한다는 것의 구체적인 의미가 무엇을 뜻하는지, 문화시설이 포괄하는 범위가 어디까지인지에 대해서는 조금씩 다른 해석과 적용이 가능할 수 있다. 저작권법 시행령 제16조의2는 문화시설의 범위를 국회법 제22조에 따른 국회도서관, 도서관법 제18조와 제22조에 따른 국립중앙도서관과 지역대표도서관, 박물관 및 미술관 진흥법 제10조에 따른 국립중앙박물관, 국립현대미술관, 국립민속박물관으로 제한하고 있다.

권리자불명 저작물의 활용 범위를 매우 제한적으로 인정하는 것은 입법 취지를 무색하게 한다는 문제가 있다. 법률개정 취지에 따르면 공공문화시설이 권리자불명 저작물을 이용할 수 있는 근거를 마련하여 이를 통해 문화 향상 발전에 도움을 주려는 것이다. 법률은 그 시행의 범위를 시행령으로 위임하고 있지만, 그 적용 범위를 엄격하게 제한하고 있지는 않다. 일본의 경우 국립국회도서관 한곳만 고아저작물 처리에 관한 법정허락에서 예외를 인정하여 한국보다 훨씬 보수적으로 접근하고 있지만, 한국의 경우와는 달리 이것은 입법 과정에서 결정된 사항이다. 반면에 한국은 법률에서 허용하는 것을 시행령을 통해 그 범위를 대폭 축소하면서 입법 취지 자체가 무색해지는 결과를 만들고 말았다.

특히 기록물관리기관의 입장에서 살펴보면 문제는 더욱 심각하다. 도서관의 저작물 복제와 전송에 관한 면책을 규정하는 저작권법 제31조의 적용 범위는 도서관뿐만 아니라 기록물관리기관을 모두 포함하고 있다. 반면에 저작권법 시행령 제16조의2는 박물관과 미술관을 범위에 새롭게 포함시킨 것과는 달리 기록관은 철저히 배제하고 있다. 유럽연합을 비롯한 호주, 스위스 등이 모두 도서관뿐만 아니라 박물관, 기록관, 교육기관의 고아저작물 이용에 대해서 특례를 마련하고 있는 것과는 달리 제35조의4는 시행령의 제정 과정에서 기록관을 마치 존재하지 않는 것처럼 취급하고 있다. 국가기록원,

대법원, 헌법재판소, 서울기록원을 비롯한 지방기록물관리기관 등 기록물 관리기관 가운데 이 조항의 적용을 받을 수 있는 곳은 국회도서관의 직제에 포함되어 있는 국회기록보존소가 유일하다. 시행령이 이렇게 문화기관을 제한적으로 규정하면서, 기록관을 염두에 두고 있지 않은 것은 문화체육관광부가 문화시설의 범위를 너무 협소하게 해석하고 있는 까닭인 것으로 보인다.

이렇게 문화시설의 범위를 협소하게 해석하는 것은 「문화기본법」의 '문화'에 대한 정의와는 배치되는 것이어서 시급히 시정될 필요가 있다. 「문화기본법」 제3조는 문화를 "문화예술, 생활양식, 공동체적 삶의 방식, 가치체계, 전통 및 신념 등을 포함하는 사회나 사회 구성원의 고유한 정신적·물질적·지적·감성적 특성의 총체를 말한다"고 정의하고 있다. 「문화기본법」에서 정의하고 있는 문화는 단순히 문화예술의 영역뿐만 아니라 사회 구성원의 정신적·물질적·지적·감성적 특성을 포괄하는 매우 폭넓은 것이다. 이런 정의에 입각한다면 정부기관의 업무와 활동 맥락을 담고 있는 공공기록물도 당연히 문화의 범주에 포함이 되어야 하며 지역주민의 삶의 흔적을 담고 있는 공동체의 기록물도 마땅히 수용할 수 있어야 할 것이다.

제31조가 도서관과 기록관이 문화유산 중에서 특히 기록된 어문저작물을 보존하고 당대와 후대에 서비스하는 것을 지원하기 위한 규정이라면 신설된 제35조의4 역시 이 양대 기관의 사회적 기능을 고려하여 형평성 있게 적용되어야 할 것이다.

3) 미공표저작물과 기록관

한편 저작권법 제35조의4가 적용되는 저작물은 문화시설에 보관된 공표저작물로 한정된다. 다시 말해서 문화시설에 보관된 자료가 모두 제35조의4의 적용 대상이 되는 것은 아니고, 문화시설에 보관된 자료 가운데 공표저작물만이 적용 대상이 된다. 실제로 도서관이나 기록관에 수집되는 저작물이 모두 공표저작물에 해당하는 것은 아니다. 이런 사정을 감안해서 저작권법은 도서관이나 기록관에 저작자가 별도의 의사 표시 없이 저작물을 기증한 경우에는 기증과 동시에 저작물의 공표에 동의한 것으로 추정하는 규정을 마련해두고 있다(제11조 제5항). 저작물을 공표하는 행위는 세상 사람이 자신의 저작물에 접근할 수 있도록 저작물을 공개하는 것이다. 도서관이나 기록관에 저작물을 제공하는 것은 다른 사람이 저작물을 검색하고 이용할 수 있도록 공개하는 행위라고 볼 수 있기 때문에, 저작자 자신이 별도의 의사 표시 없이 도서관이나 기록관에 저작물을 기증했을 경우에는 기증과 동시에 저작물의 공표에 동의한 것으로 추정하여 기증한 저작물이 이용될 수 있도록 법적 장치를 마련해두고 있는 것이다. 따라서 이런 경우에 해당되는 저작물이라면, 제35조의4의 적용을 받을 여지가 있다. 물론 이 경우에는 도서관이나 기록관이 저작자와 직접 연락을 주고받을 수 있어서 저작자에게 저작물 이용에 대한 허락을 받을 수 있는 경우가 더 많으리라 추정된다.

그런데 기증하는 저작물이 반드시 저작자 자신의 저작물에만 국한되는 것은 아니다. 도서관에 기증되는 저작물은 출판 과정을 거친 공표저작물이 대부분이어서 이 문제에 주목할 필요가 그리 크지 않을 수 있다. 반면에 기록관이 수집하는 기록물은 오히려 미공표저작물이 훨씬 더 많은 비중을 차지할 개연성이 높다. 기록관의 경우에는 미공표저작물에 대한 보다 세심한 고려가 필요한 것이다. 실제로 기록관이 수집하는 민간 영역의 기록물 중에서 대부분을 차지하는 사진기록물의 상당수는 언제 누구에 의해 작성된 것인지조차 파악할 수 없고, 단지 피사체로 등장하는 사물이나 인물에 의해서만 그 내용을 식별할 수 있는 경우가 허다하다. 당시의 사진 제작과 관련되는 상황을 미루어 짐작할 수는 있지만 사진의 저작자가 누구라는 것을 파악하기란 불가능하다. 적어도 1980년대 이전에 제작된 사진의 경우에는 사진의 소장자가 촬영자가 아닌 경우가 대부분이다. 사진을 찍고 인화해서 제공하는 상업적인 사진사에 의해서 작성된 경우가 대부분이고, 사진사가 그것을 자신의 작품으로 인식해서 별도로 관리했을 가능성은 거의 없다. 아주 유명한 사진작가의 경우를 제외하고, 위탁으로 작성된 사진의 저작자를 파악하는 것은 불가능하다. 이런 사진은 보통 사람의 일상(설령 당사자에게는 아주 특별한 시간이라고 해도)을 담고 있는 것이어서 대부분이 아무런 상업적 가치를 지니고 있지 않다. 그렇지만 상업적 가치가 없다는 것이 역사적·문화적 가치가 없음을 의미하는 것은 아니다. 기록관이 주목하는 것은 이 사진이 간직하고 있는 기록물로서의 역사적·문화적 가치이다.

2019년에 개최된 WIPO(World Intellectual Property Organization)의 저작권 및 저작인접권 관련 회의에서 서턴(Sutton)은 도서관에 비해 기록관에 소장된 저작물이 권리자를 파악하기가 훨씬 어렵다는 점을 지적한 바 있다(Sutton 2019). 기록관에 수집되는 대부분의 저작물이 미공표저작물에 해당하고, 지나치게 긴 저작권 보호기간(오래 사는 저작자의 경우에는 저작권 보호기간이 140년에서 150년에 이르기도 함)과 저작권 보호를 위해서 등록과 같은 별도의 요식 행위가 필요하지 않다는 점이 복합적으로 작용해서 고아저작물의 문제가 발생하게 된다는 것이다. 기록관에 맡겨지는 대부분의 기록물은 미공표저작물에 해당하고, 비영리 목적으로 제작되어서 그 자체에 상업적 가치가 내재되지 않은 경우가 대부분을 차지한다. 이렇게 상업적 가치가 낮은 저작물일수록 오히려 저작자와 그의 거소를 파악하기가 어려운 고아저작물의 역설(orphan works paradox)이 발생해서 기록관에 커다란 부담으로 작용하고 있다는 점을 지적

했다. 서턴이 지적하는 것처럼, 기록관에 수집되는 대부분의 미공표저작물은 상업적 가치를 지니지 않은 것이다. 그 대부분은 저작자가 누구인지를 파악하는 것이 불가능하기 때문에 저작재산권자에게 저작물 이용허락을 받기가 실질적으로 불가능한 고아저작물에 해당한다. 특히 최근 들어서는 기록관리의 영역이 다양한 민간기록물의 수집으로 확장되고, 기록물의 온라인 서비스와 전시 등 다양한 방법으로의 활용을 모색하고 있다는 점을 감안할 때 고아저작물의 문제는 기록관이 서둘러 해결해야 할 당면 과제이다. 따라서 문화유산으로서 이런 기록물이 활용될 수 있도록 그 길을 열어주는 것이 저작권법 제35조의4를 제정한 취지에 부합할 것이다. 유럽연합이나 스위스의 경우도 고아저작물의 범위를 공표저작물로만 한정하지 많고 미발행저작물까지 포함하는 것은 바로 이런 까닭이다.

4) 문화유산기관 자원의 가치 상승

고아저작물이 저작권법에서 해결해야 할 과제가 된 계기는 유로피아나 (Europeana) 프로젝트이다. 유로피아나 홈페이지 첫 화면에는 "유럽의 박물관, 미술관, 도서관, 기록관으로부터 영감을 불러일으키는 문화유산의 발견 (Discover inspiring cultural heritage from European museums, galleries, libraries and archives)"이라는 문구가 새겨져 있다. 잘 알려진 것처럼 유로피아나는 유럽지역의 박물관, 미술관, 도서관, 기록관에 소장된 문화유산을 디지털로 전환하여 인터넷에 공개하는 서비스이다. 사람의 눈길이 닿기 어려운 미술관 수장고 깊은 곳에 보관된 그림, 기록관의 어두운 서고에 여러 문서와 함께 묶여 있을 어느 작가의 손편지, 이제는 잊혀져 찾는 사람이 없는 절판된 도서 등은 누군가에게는 영감을 불러일으키는 소중한 정보가 될 수 있다. 유럽의 문정이는 국가기록원 아키비스트이다. 문정이는 1970년대 건강과 의료를 테마로 디지털 컬렉션을 구축하여 인터넷에 공개하려고 한다. 이 주제와 관련하여 국가기록원이 소장하고 있는 당시에 생산된 공공기록과 민간기록을 선별했는데 작가를 알 수 없는 사진기록이 상당히 많았다. 특히 각 중앙부처에서 이관된 자료 중에는 외부의 필자가 작성한 간행물에 디지털화하고 싶은 사진이 많았다. 당시에는 국가기관이 외부에 의뢰하여 저작물을 작성하고 저작자로부터 저작재산권을 양도받지 않았다. 너무 오래된 자료여서 저자가 표시되어 있는 저작물이어도 저자와 연락이 닿지 않을 것 같다. 문정이는 이러한 자료를 저작권법 제35조의4 문화시설에 의한 복제 등에 따라 디지털화하고 인터넷에 공개할 수 있을까?

도서관, 기록관, 박물관, 미술관은 이러한 자료를 디지털로 전환하면서, 저작권은 소멸되지 않았으나 그 권리자를 찾을 수 없는 무수한 자료의 저작권 처리 문제에 봉착했다. 이 문제를 함께 해결하려고 노력한 결과로 마련된 것이 바로 유럽의 고아저작물 지침이다. 저작권법의 보호를 받는 저작물을 얼마나 많이 소장하고 있는지는 각 문화유산기관마다 조금씩 다를 수 있으나 이들 기관 중에서 고아저작물 문제를 비껴갈 수 있는 기관은 없다.

한국의 문화유산기관도 각 기관별로 소장 자료를 디지털화하는 프로젝트를 다양하게 진행하고 있다. 저작권법 제35조의4가 제정되면서 도서관, 박물관, 미술관은 그동안 인터넷에 공개하지 못했던 디지털화한 권리자불명 저작물을 적극 공개할 수 있게 되었다. 이에 비하면 기록관은 기록물 수집 당시부터 저작권이 모호한 기록의 수집 여부를 고민하거나 이미 수집한 기록물의 디지털화 작업 또한 시도하지 못하는 상황에 처하게 되었다. 기록관에 있는 기록물은 다른 문화유산기관에서 발견하기 어려운 유일한 것이 대다수이므로 박물관, 미술관, 도서관이 디지털화한 자료의 부족한 부분을 채

위줄 수 있을 것이다. 기관 간의 자원을 서로 연결하여 사용할 수 있는 다양한 기술적 시도가 이루어지고 있는 현재 상황은 이들 각 문화유산기관의 고유한 자원이 인터넷에 공개되는 것을 전제한다. 이러한 점을 고려하여 기록물관리기관이 권리자불명 저작물을 이용할 수 있는 문화시설에 시급히 포함되어야 할 것이다.

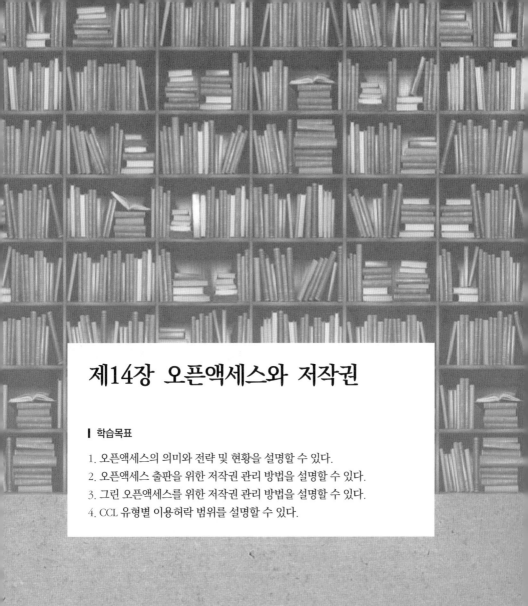

제14장 오픈액세스와 저작권

▌학습목표

1. 오픈액세스의 의미와 전략 및 현황을 설명할 수 있다.
2. 오픈액세스 출판을 위한 저작권 관리 방법을 설명할 수 있다.
3. 그린 오픈액세스를 위한 저작권 관리 방법을 설명할 수 있다.
4. CCL 유형별 이용허락 범위를 설명할 수 있다.

1. 학술지 위기와 오픈액세스

최초의 학술지인 ≪주르날 드 사바(Journal des Sçavans)≫는 1665년 1월 파리에서, 최초의 과학 전문지인 ≪필로소피컬 트랜잭션스(Philosophical Transactions)≫는 같은 해 3월 런던 왕립학회에서 출판되었다. 이후 18세기 후반까지는 25종의 학술지가 출판되었으며, 점차 증가하여 20세기 초에는 상당히 많은 학술지가 등장했다. 이 당시 학술지는 주로 학회에서 출판되었는데, 1878년 미국의 존스홉킨스 대학(Johns Hopkins University)에서 대학출판사를 설립한 이후로는 대학도 학술지 출판에 참여하기 시작했다. 이후 제2차세계대전을 치르는 기간에 미국은 과학연구기금을 대폭 증가시켰고 그 결과 학술연구 성과도 급증하게 되었다. 이때까지 학술지 출판을 담당했던 학회와 대학이 이렇게 급증한 연구 성과를 출판하기에는 역부족이었다. 이에 학회와 대학출판사는 상업적인 출판사와 파트너십을 구축했고, 1960~1970년대부터 학술지 출판이 하나의 산업으로 번창하게 되었다(Regazzi, 2015: 22~28).

상업적인 출판사는 수익을 올리는 것이 출판의 주목적이었으므로 1960~1970년대 학술지 가격은 극적으로 상승하기 시작했다(Regazzi, 2015: 28). 출판사가 학술지 가격을 인상할 수 있는 이유는 학술논문의 기본적 특성에 기인한다. 즉, 학술논문은 그 연구 결과가 유일한 것일 때 학술논문으로서 인정받아 학술지에 게재된다. 따라서 학술논문은 모두 대체제가 없는 유일한 상품이고 학술지 역시 동시에 여러 출판사에서 출판되지 않으므로, 학술지 출판사는 모두 독점 공급자가 된다는 점이 학술지 가격 상승의 주된 요인이었다.

이후 웹기반의 인터넷이 확산되었던 1990년대에는 출판사 간 인수합병이 이루어지면서 몇몇 상업적인 거대 출판사가 학술지 출판 시장을 주도하게 되었다.[1] 이들은 도서관이 필요한 학술지를 선택하여 구매할 수 있었던 그

동안의 관행을 중단하고 묶음으로 학술지를 판매하기 시작했고 학술지 가격도 인상했다. 결과적으로 도서관의 학술지 구독비용은 지속적으로 증가했다. 그러나 지나친 학술지 가격의 상승으로 인해 도서관의 학술지 예산이 증가했음에도 불구하고 실제로 구독할 수 있는 학술지의 수는 감소하는 사태가 발생했다. 도서관이 구독하는 학술지가 줄어든다는 것은 연구자에게는 학술논문에 대한 접근 기회가 줄어들고, 저자에게는 논문 인용 기회가 감소됨으로써 궁극적으로는 학술커뮤니케이션과 학문의 발전에 부정적 영향

---

1 2013년 기준 2000여 개 이상의 출판사가 있지만, 다섯 개의 영리 회사(Reed Elsevier, Springer Science+Business Media, Wiley-Blackwell, Taylor & Francis, Sage)가 출판하는 논문이 이 중 50%에 이른다(Larivière, Haustein and Mongeon, 2015).

을 가져오는 것이었다. 이러한 문제를 해결하기 위해 등장한 것이 **오픈액세스**(open access)이다.

2001년 12월 열린사회연구소(Open Society Institute)는 오픈액세스 확산을 위한 회의를 부다페스트에서 개최했으며, 그 결과로 2002년 2월 '부다페스트 오픈액세스 이니셔티브(The Budapest Open Access Initiative, BOAI)'라는 오픈액세스 공식 선언문이 발표되었다. 이 선언문에 따르면 오픈액세스란 주로 논문으로 발표된 학문적 성과를 모든 사람이 인터넷을 통해 기술적 제한이나 저작권 등의 법적 제한 없이 자유롭게 무료로 읽고 재사용할 수 있는 것이며, 셀프아카이빙과 오픈액세스 출판이라는 두 가지 방법으로 이를 실현할 수 있다.

셀프아카이빙(self-archiving)은 저자가 자신의 논문을 오픈액세스로 제공하기 위해 대학이나 연구소 등에서 운영하는 **기관 리포지토리** 또는 퍼브메드센트럴(PubMed Central)처럼 특정 주제 분야 리포지토리에 논문을 제출하는 것이다. 일반적으로 출판사는 자신의 수익을 보전하기 위해 **엠바고**(embargo)라는 일정 기간이 지난 후에 프리프린트 등 특정한 버전을 셀프아카이빙할 수 있도록 허용한다. 그런데 논문 저자가 학술지 출판사의 셀프아카이빙 허용 여부를 확인하고 이를 적절한 오픈액세스 리포지토리에 기탁하는 일은 번거롭고 시간이 소요되는 일이므로 자발적으로 이루어지기 쉽지 않다. 따라서 셀프아카이빙에 의한 오픈액세스는 연구자 소속 기관 혹은 연구 기금을 지원하는 기관의 의무 규정이 없을 경우 성공하기 쉽지 않다. 출판사의 제한 조건과 저자의 비자발성 등으로 인해 셀프아카이빙은 오픈액세스를 위한 최선의 방법은 아니라는 점에서 이를 **그린 오픈액세스**(green OA)라고 한다.

또 하나의 방법은 게재된 논문을 자유롭게 이용할 수 있도록 오픈액세스 학술지를 출판하는 것이다. 저자는 모든 논문을 오픈액세스로 출판하는 학술지(full open access journal) 혹은 논문 투고자의 요구에 따라 일부 논문만을 오픈액세스로 출판하는 학술지(hybrid journal) 중 하나를 선택할 수 있다. 이러한 방식은 앞서 그린 오픈액세스의 제한 요소들이 제거된 것으로서 보다 안정적으로 오픈액세스가 가능하다는 점에서 이를 **골드 오픈액세스**(gold OA)라고 한다.

2. 오픈액세스 출판과 저작권[2]

1) 오픈액세스 출판에서 저작권의 의미

학술논문은 저작권의 보호 대상인 저작물이며 저자가 원저작권자이다. 학술지 출판은 저작물의 복제와 배포, 온라인 출판에서는 공중송신까지 수반하는 행위이며 복제, 배포, 공중송신 등은 저작권자의 고유한 권리이다. 따라서 학술지 출판기관은 학술지를 출판하고 유통하기 위해서 복제, 배포, 공중송신할 수 있는 권한이 필요하다. 이 권한은 원저작권자로부터 권리를 양도받거나 이에 대한 배타적 혹은 비배타적 이용허락을 얻음으로써 확보할 수 있다. 만일 학술지 출판을 상업적으로 한다면 저작권자로부터 저작재산권 양도나 배타적 이용허락을 얻은 후 원하는 만큼의 이익을 얻을 수 있는 방식으로 출판과 유통을 제어할 수 있다. 학술지를 영리 목적으로 출판하는 경우가 아니라면 유통과 배포를 제어하기 위한 독점적 권한이 필요하지 않

---

2 이 절은 정경희, 「KCI 등재지의 CCL 적용 현황 연구」(≪한국비블리아학회지≫, 제34권 제2호(2023.6), 233~249쪽) 중에서 '2. 이론적 배경'의 일부를 반영하여 작성했다.

기 때문에 권리자로부터 비배타적 이용허락을 얻는 것으로 충분할 수 있다. 학술지 접근 비용이 발생하는 구독학술지에서는 전자의 방식이 일반적이었다. 학술지 출판을 위해 논문 저자가 출판사에 양도한 저작재산권은 영미권 학술지에서 가격 상승을 초래한 법적 근거를 제공하면서 학술지식 독점 문제를 초래했다. 연구자들은 이러한 독점을 가능하게 한 저작권에 주목하면서 더 이상 원저작권자인 논문의 저자가 지식 독점을 초래하는 출판사에 저작권을 양도하지 않아야 한다고 주장했다(Rosenzweig, n.d.). 이런 인식이 오픈액세스 운동으로 확대되면서 부다페스트 오픈액세스 선언(Budapest Open Access Initiative: BOAI)은 저작권이 더 이상 학술논문의 복제와 배포를 제한하는 수단이 아니라 저작자의 인격적 권리, 즉 저작물의 무결성 및 적절한 인용과 인정을 받을 권리를 통제하는 방향으로 사용되어야 한다고 제안했다.

무방식주의를 취하는 현대의 저작권법 체제에서 설령 저자가 자신의 논문을 누구나 자유롭게 이용하도록 인터넷에 공개했더라도 이용허락에 대한 특별한 의사 표시를 하지 않는 한 저작재산권의 제한이나 공정한 이용의 범위를 넘어서는 이용을 할 경우 저작권 침해가 발행한다. 인터넷에 단순히 논문을 공개하는 것만으로도 사람들은 이를 읽을 수 있고 출력할 수 있다. 그러나 이러한 방식은 그 이상의 이용, 즉 논문을 재배포하거나 정보서비스기관에서 수집하여 아카이빙을 하거나 데이터 분석을 위해 수집하는 등의 방식으로 사용할 수 없다는 한계가 있다. 또한 언제든지 저작재산권을 소유한 출판사가 공개를 중단하고 비용을 부가하여 다시 접근 장벽을 만들 수 있으므로 지속 가능한 오픈액세스 방식은 아니다(Costello, 2019). 따라서 저작재산권자는 어떤 조건하에서 학술논문을 이용할 수 있다고 명확하게 밝히고 이에 근거하여 지속적인 이용이 이루어지도록 할 필요가 있다. 즉, 오픈액세스를 위한 법적 제한을 제거하는 이용허락 방법이 필요하다.

개인 혹은 단체 저작물의 저작권자가 이를 모든 사람 혹은 특정 집단에게 재사용할 수 있는 권한을 부여하기 위해 자체적인 이용약관을 작성하여 적용할 수 있다. 이러한 방법이 간단하고 안전해 보일 수도 있으나 재사용자 측에서는 저작권자가 허락한 범위에 자신이 포함되는지 혹은 다른 나라의 저작물일 경우 그 라이선스가 자국에서도 적용 가능한 것인지를 스스로 판단하거나 법률 자문을 받아야 할 수 있다. 그렇지 않으면 무심코 저작권을 침해할 가능성도 있다. 이러한 문제를 해결하기 위해 표준화된 이용약관인 CCL이 개발되었다(Hagedorn et al., 2011). 2002년 12월에 처음 공개된 CCL은 학술논문의 오픈액세스를 위해 개발된 것은 아니었으나 곧바로 오픈액세스 학술지에 적용되면서 오픈액세스 논문이나 학술지에 적용하는 사실상 표준에 가까운 라이선스가 되었다.

2) CCL 조건의 의미와 유형

CCL의 최근 판은 2013년 11월에 발표된 4.0이다. CCL은 영리적 이용 허락, 변경허락, 동일조건변경허락 등의 조건을 조합한 여섯 가지 유형이 있으며 저작자 표시 조건은 모든 유형에 적용된다. Creative Commons 웹사이트의 한국어 번역본은 이러한 조건에 대해 다음과 같이 설명하고 있다(https://creativecommons.org/licenses/by/4.0/). 저작자 표시(Attribution, BY) 조건은 저작자의 이름, 저작권 공지 등 저작물 창작자에 대한 적절한 귀속을 밝히고 저작물에 대한 링크정보 등을 표시해야 한다는 것이다. 이는 학술적인 글쓰기에서 인용한 글에 대해 적절한 출처를 밝혀야 한다는 학술공동체의 규범과 유사한 것이다(Hagedorn et al., 2011). 동일조건변경허락(Share Alike, SA)은 저작물을 리믹스, 변형, 2차적저작물 작성의 방식으로 사용할 경우 원저작물

표 14-1 | CCL의 이용허락 조건

기호	권리	의미
ⓘ	저작자 표시 (Attribution)	저작자의 이름, 출처 등 저작자를 반드시 표시해야 한다는 의미
🛇$	비영리 (Noncommercial)	저작물을 영리 목적으로 이용할 수 없다. 영리 목적의 이용을 위해서는 별도의 계약이 필요하다는 의미
⊜	변경금지 (No Derivative Works)	저작물을 변경하거나 저작물을 이용한 2차적저작물 제작을 금지한다는 의미
⟳	동일조건변경허락 (Share Alike)	2차적저작물 제작을 허용하되, 2차적저작물에 원저작물과 동일한 라이선스를 적용해야 한다는 의미

과 동일한 조건의 CCL을 적용해야 한다는 조건이다. 비영리(Noncommercial, NC) 조건은 영리적 이익이나 금전적 보상을 얻기 위해 해당 저작물을 이용할 수 없다는 것이다. 변경금지(No Derivatives, ND)는 해당 저작물을 리믹스, 변형, 2차적저작물로 작성했을 경우 그 결과물을 공유할 수 없다는 조건이다. 이러한 조건을 준수할 경우 이용자는 저작물을 복제, 배포, 전시, 공연, 공중송신(포맷변경 포함)의 방식으로 공유할 수 있다.

CC BY와 CC BY-SA는 변경과 영리목적 이용이 가능하지만 CC BY-SA는 변경된 저작물에 원저작물과 동일한 CCL을 적용해야 하는 라이선스이다. CC BY-NC는 영리목적 이용은 제한되지만 변경을 허용하는 라이선스이며, CC BY-NC-SA는 영리목적 이용은 제한되지만 변경은 허용된다. 그러나 변경된 저작물에 원저작물에 적용된 CCL을 적용해야 하는 라이선스이다. CC BY-ND는 영리목적 이용은 가능하지만 변경은 허용되지 않으며 CC BY-NC-ND는 영리 목적과 변경 이용 모두 허용되지 않는 라이선스이다.

또한 CC0(저작권 없음)은 저작인접권을 포함하여 저작권법이 부여한 일체

표 14-2 | CCL 유형과 이용허락 범위

라이선스 기호	명칭 및 약자	저작자 표시	변경 허용	영리목적 이용	동일조건 변경
(cc) (i) BY	저작자 표시 CC BY	○	○	○	×
(cc) (i) (o) BY SA	저작자 표시- 동일조건변경허락 CC BY-SA	○	○	○	○
(cc) (i) (s) BY NC	저작자 표시-비영리 CC BY-NC	○	○	×	×
(cc) (i) (s) (o) BY NC SA	저작자 표시-비영리- 동일조건변경허락 CC BY-NC-SA	○	○	×	○
(cc) (i) (=) BY ND	저작자 표시-변경금지 CC BY-ND	○	×	○	×
(cc) (i) (s) (=) BY NC ND	저작자 표시-비영리- 변경금지 CC BY-NC-ND	○	×	×	×

의 권리를 포기하여 저작물을 퍼블릭 도메인으로 양도하는 라이선스이다.
따라서 누구라도 상업적 목적을 포함하여 어떤 목적으로도 저작물을 복제,
배포, 변경할 수 있는 라이선스이다.

3. 셀프아카이빙과 저작권

셀프아카이빙은 오픈액세스를 실현하기 위한 또 하나의 방법이다. 이는
구독 학술지에 논문을 출판한 후 오픈액세스 리포지토리에 저자가 직접 해

당 논문을 기탁하여 누구나 자유롭게 이용할 수 있도록 하는 방식이다. 구독 학술지에 논문을 게재하기 위해서 저자는 출판사에 저작재산권을 양도한다. 논문의 저작권을 양도한 후에는 논문의 저자라도 더 이상 자신의 논문에 대한 재산적 권리를 행사할 수 없다. 즉, 새로운 저작권자인 출판사로부터 허락을 받지 않고서는 저자가 논문을 자신의 홈페이지에 업로드하거나, 소속 기관의 오픈액세스 리포지토리에 기탁하는 것, 혹은 모든 사람이 볼 수 있는 오픈액세스 리포지토리에 기탁하는 것이 불가능하다.

대학이나 연구소는 오픈액세스 운동에 참여하면서 그 기관에 소속된 연구자들에게 출판된 논문을 기관의 오픈액세스 리포지토리에 기탁하는 것을 의무화했다. 또한 연구기금 지원 기관도 연구비를 받은 연구자에게 그 연구비로 수행한 연구 결과를 논문으로 출판할 경우 일정 기간 내에 퍼브메드센트럴(PubMed Central) 등의 오픈액세스 리포지토리에 기탁하는 것을 의무화하는 오픈액세스 정책을 도입했다. 이에 따라 구독 학술지 출판사도 연구자가 이런 의무 규정을 지킬 수 있도록 셀프아카이빙을 허용하기 시작했다. 그러나 출판사 입장에서 중요한 점은 셀프아카이빙으로 인해 출판사가 원래 예상했던 학술지 구독률이나 논문 판매량이 감소하지 않아야 한다는 점이다.

따라서 학술지 출판사는 셀프아카이빙이 이루어질 수 있는 시점, 아카이빙을 할 수 있는 리포지토리 유형, 아카이빙이 이루어질 수 있는 논문의 버전을 상세히 정해놓는다. 만일 논문이 출판되자마자 오픈액세스 리포지토리에 공개된다면 이용자나 도서관은 이를 구매 또는 구독하지 않고 공개된 논문을 이용할 것이고 이는 출판사의 재정적 손실로 이어질 것이다. 따라서 출판사는 더 이상 구매가 이루어지지 않거나 경제적 손실을 최소화할 수 있는 시점을 정하여 그 후에 저자가 자신의 논문을 셀프아카이빙하는 것을 허용한다. 이렇게 공식적인 출판 이전 혹은 이후 일정 기간에 해당 논문이 공개되지 않도록 하는 것을 **엠바고**(embargo)라고 한다. 또한 셀프아카이빙이 가능한 논문의 버전도 다양할 수 있다. 논문의 버전은 저자가 출판을 위해 작성한 원고인 프리프린트(preprint), 동료심사 후 게재가 결정된 원고(accepted manuscript), 출판사 편집이 완료된 후 최종 게재된 논문(published journal article)으로 구분할 수 있는데 출판사에 따라 셀프아카이빙을 허용하는 버전이 서로 다르다. 편집 과정을 거쳐 출판한 최종본을 아카이빙할 수 있도록 허락할 경우 이 또한 출판사의 이익에 영향을 미칠 수 있으므로 출판사는 주로 프리프린트나 게재가 결정된 원고에 대해서만 셀프아카이빙을 허용하는 경향이 있다. 출판사가 아카이빙을 할 수 있는 리포지토리를 제한하는 경우도 있다. 여러 개의 리포지토리나 규모가 큰 곳에 아카이빙을 허락하는 것은 출판사의 구독버전 논문이 판매될 기회가 그만큼 감소할 수 있기 때문이다. 이와 같은 셀프아카이빙 관련 정책은 출판사마다 혹은 학술지마다 다양하다.

엘스비어(Elsevier), 스프링거(Springer), 와일리블랙웰(Wiley-Blackwell) 등 대규모 출판사의 웹사이트에 공개된 셀프아카이빙 정책을 살펴보면, 엘스비어는 저자가 **프리프린트**를 언제 어느 곳에서라도 기탁할 수 있도록 하고 있다. 다만, 출판이 허락되었을 경우 저자가 DOI를 사용하여 프리프린트와 공식적으로 출판된 최종 출판본을 연결할 것을 권고하고 있다. 게재가 결정된 원고에 대해서는 즉시 허용하는 것과 엠바고 기간 후에 허락하는 것이 서로 다르다. 비영리 목적의 저자 홈페이지나 블로그, arXiv나 RePEc, 내부적으로만 이용되는 연구자의 소속 기관 리포지토리에 기탁하는 것은 게재 결정 이후 즉시 가능하다. 그러나 저자의 소속 기관 리포지토리 등의 비영리적 호스팅 플랫폼이나 엘스비어가 협약을 맺은 상업적인 사이트에 아카이빙하는 것은 엠바고 기간이 지난 후에 가능하다. 이 경우에도 CC BY-NC-ND 라이선스를 추가하여 DOI를 통해 공식출판물과 연결해야 한다. 엠바고 기간은 각 학술지마다 12~36개월까지 다양하다. 한편 엘스비어는 최종 출판본에 대한 셀프아카이빙은 허용하지 않는다.

스프링거 출판사는 게재가 결정된 원고에 대해서 6~12개월 정도의 엠바고 기간이 지난 후에 저자의 홈페이지나 기금 기관 혹은 소속 기관 리포지토리에 기탁하도록 허용하고 있다. 또한 엘시비어 출판사와 마찬가지로 CC BY-NC-ND 조건하에서 셀프아카이빙을 허용하고 있으며 최종 출판본에 대한 셀프아카이빙은 허용하지 않는다.

와일리 출판사 홈페이지에 게시된 셀프아카이빙 정책에 따르면 프리프린트는 언제라도 저자의 웹사이트, 소속 기관의 리포지토리나 아카이브, 비영리 목적의 주제 기반 리포지토리에 기탁할 수 있다. 다만, 셀프아카이빙 시 동료심사가 이루어지지 않았다는 사실을 논문 첫 페이지에 표시하고 출판사의 DOI를 사용하여 최종 논문에 링크할 것을 권고하고 있다. 그러나 게재가 결정된 원고는 출판 후 12~24개월의 엠바고 기간이 적용된다. 즉, 셀프아카이빙은 출판사의 허락과 동시에 가능하지만 논문이 일반에 공개되는 것은 출판으로부터 12~24개월이 경과한 후라는 것이다. 과학기술 및 의학 분야는 12개월, 사회과학과 인문학 분야는 24개월의 엠바고 기간을 두고 있다. 또한 저자는 이 버전을 저자의 웹사이트나 소속 기관의 리포지토리, 비영리 주제 기반 리포지토리에 아카이빙할 수 있다. 앞의 두 출판사와 달리 와일리는 셀프아카이빙한 버전에 CC BY-NC를 적용하도록 하고 있다.

한편 논문을 투고하는 저자가 출판 후에 셀프아카이빙을 의무적으로 해야 하거나 자발적으로 하고 싶을 경우 이에 부합하는 아카이빙 정책을 제공하는 출판사와 학술지를 찾는 것은 매우 중요하다. 그러나 앞서 살펴보았듯이 출판사와 학술지마다 셀프아카이빙의 조건이 다양하므로 그 정책을 일일이 파악하는 것은 쉽지 않다. 이를 위해 학술지의 아카이빙 정책을 일괄적으로 검색할 수 있는 SHERPA/RoMEO(Rights MEtadata for Open archiving)[3] [4] 서비스가 등장했다. 2023년을 기준으로 이 사이트에는 약 3,000종 이상의 학술지에 대한 셀프아카이빙 정책 및 해당 학술지가 오픈액세스 학술지인지 여부, 그리고 적용하고 있는 CCL 유형에 대한 정보가 제공되고 있다.

국내 학술지에 대한 저작권 정보 및 CCL 유형, 셀프아카이빙 정보를 제공하는 서비스로는 학술지 저작권 안내 시스템(Korea Journal Copyright System: KJCI)[5]이 있다.

---

3 http://www.sherpa.ac.uk/
4 https://v2.sherpa.ac.uk/romeo/
5 https://copyright.oak.go.kr/main.do

참고문헌

곽동철. 2013. 「저작권법의 적용과 대학도서관의 대응 전략에 관한 고찰」. ≪한국문헌정보학회지≫, 47(4), 235~254쪽.

권재열. 2013. 「이른바 '공공대출권'의 도입에 관한 법경제학적 논고」. ≪법학논총≫, Vol. 20. no. 1, 95~122쪽.

골드스타인, 폴(Paul Goldstein). 2009. 『보이지 않는 힘, 지식 재산』. 오연희 옮김. 비즈니스맵.

국립중앙도서관. 2015. 『2015년 도서관 장애인서비스 현황조사』. 국립중앙도서관.

김병일. 2012. 「공연권 제한규정의 정비에 관한 연구」. 저작권정책 릴레이 토론회, 2012년 5월 10일. 국립중앙도서관 국제회의실.

김윤명. 2006. 「앤(Anne) 여왕법에 관한 저작권법제사적 의의」. ≪산업재산권≫, 제20호.

김은기·임수경. 2004. 「인터넷 이용과 도서관에서의 저작권」. ≪계간 저작권≫, 66, 2~18쪽.

김종철. 2008. 「도서관 서비스에 영향을 미치는 저작권 제한 규정 개선에 관한 연구 : 저작권법 제31조를 중심으로」. 명지대학교 대학원 박사학위논문.

김종철·김영석. 2012. 「우리나라 저작권법의 도서관 관련 권리제한 규정에 관한 연구」. ≪한국도서관정보학회지≫, 43(1), 349~369쪽.

김태훈. 2000. 「개정 저작권법 해설」. ≪계간 저작권≫, 49, 2~11쪽.

김현철. 2007. 「도서관보상금제도 안내」. 저작권아카데미 제6차 사서과정.

남형두. 2008. 「저작권의 역사와 철학」. ≪산업재산권≫, 제26권.

노현숙. 2011. 「디지털도서관 구현을 위한 저작권문제 해결방안 연구」. 고려대학교 대학원 석사학위논문.

레식, 로렌스(Lawrence Lessig). 2005. 『자유문화 : 인터넷 시대의 창작과 저작권 문제』. 이주명 옮김. 필맥.

_____. 2012. 『아이디어의 미래』. 이원기 옮김. 민음사.

문화관광부. 2005a. 『저작권법 제28조의 개정에 관한 연구』.

_____. 2005b. 『개정저작권법 설명자료』.

_____. 2019a. 『공공저작물 저작권 관리 및 이용 지침』.

_____. 2019b. 『공공저작물 저작권 관리 및 이용 지침 해설서』.

문화관광부·저작권심의조정위원회. 2007. 『개정 저작권법 해설』.

문화체육관광부·한국저작권위원회. 2011. 『한미 FTA 이행을 위한 개정 저작권법 설명자료』.

_____. 2012. 저작권정책릴레이 토론회.

민경재. 2012. 「韓·中·日에서 근대 저작권법 이전의 저작권법 및 저작권문화의 존재 여부에 관한 연구」. ≪계간 저작권≫, 제99호.

박성호. 2006. 『저작권법의 이론과 현실 : 정보공유와 인권을 위한 모색』. 현암사.

_____. 2011. 「음악저작권의 생성과 발전에 관한 역사적 고찰」. ≪법학논총≫, 제28권 3호, 한양대

학교 법학연구소.

_____. 2017. 『저작권법』. 박영사.

배대헌. 1998. 「지적재산권 개념의 형성·발전」. ≪지적소유권 연구≫, 제2집.

분, 마커스(Marcus Boon). 2013. 『복제 예찬』. 노승영 옮김. 홍시.

서혜란. 2005. 「기록유산의 보존과 활용을 위한 도서관과 기록관의 협력」. ≪한국비블리아학회지≫, 제16권 제2호, 25~41쪽.

송재학. 2007. 「도서관에서 저작물 이용과 저작권에 관한 연구」. 경희대학교 국제법무대학원 석사학위논문.

송준용. 2008. 「저작권법상 도서관보상금제도 개선방안 연구」. ≪국립대학도서관보≫, 26, 5~22쪽.

안경환. 1988. 「공연·전시에 있어서의 신·구법 차이점」. ≪계간 저작권≫, 1988 봄호.

안효질. 2007. 「전자도서관 활성화를 위한 저작권법의 개정방안」. 국회도서관 연구보고서.

오승종. 2020. 『저작권법(제5판)』. 박영사.

오일석. 2013. 「저작권법상 도서관 면책규정의 개선방안에 관한 고찰」. ≪홍익법학≫, 14(3), 579~618쪽.

유대종. 2006. 「저작권 남용의 법리에 관한 연구」. 경희대학교 대학원 박사학위논문.

유희경. 2012. 「디지털도서관의 저작권 문제와 해결 방안에 관한 연구」. 연세대학교 대학원 석사학위논문.

윤희윤. 2010a. 「주요 국가의 장애인용 대체 자료 개발정책 분석」. ≪한국도서관·정보학회지≫, 41(1), 29~49쪽.

_____. 2010b. 「주요 국가의 저작권법상 도서관 관련 권리제한 비교분석」. ≪한국문헌정보학회지≫, 44(4), 277~301쪽.

이영아. 2003. 『개정 저작권법상 도서관보상금제도』. 도서관보상금제도 설명회 자료집.

이해완. 2007. 『저작권법』. 박영사.

_____. 2012. 『저작권법(제2판)』. 박영사.

이호신. 2002. 「인터넷 시대의 도서관에서의 저작권 문제에 관한 연구」. 연세대학교 법무대학원 석사학위 논문.

_____. 2006. 「도서관에서의 저작물 이용과 공연권에 관한 연구」. ≪도서관≫, 61(1), 45~62쪽.

_____. 2013. 「도서관에서의 공연권 제한에 관한 연구」. ≪한국문헌정보학회지≫, 47(1), 249~268쪽.

_____. 2014. 「도서관서비스의 저작권 면책과 공정이용에 관한 고찰」. ≪한국문헌정보학회지≫, 48(1), 387~413쪽.

이호신·정경희. 2020. 「도서관의 울타리를 넘어서는 저작물 디지털 서비스의 가능성: 저작권법 제35조의4의 주요 내용과 한계에 대한 검토」. ≪정보관리학회지≫, 37(3), 107~131쪽.

이호흥. 2003. 「저작권신탁제도를 통한 소장자료의 디지털화 및 서비스 방안」. ≪디지털도서관≫, 30, 42~55쪽.

이홍용·김영석. 2015. 「공공대출보상권 제도의 운영에 관한 연구」. ≪한국도서관정보학회지≫,

46(4). 355~377쪽.

임경훈. 2004. 「디지털 복제·전송의 도서관 면책과 도서관보상금제도에 관한 연구」. 성균관대학교 대학원 석사학위논문.

임원선. 2022. 『실무자를 위한 저작권법(제7판)』. 한국저작권위원회.

장인숙. 1996. 『저작권법원론(개정판)』. 보진재.

장혜정. 2013. 「圖書館에서 著作物의 公正利用에 관한 法的 硏究」. 중앙대학교 대학원 박사학위 논문.

저작권상생협의체. 2011. 「저작물의 공정이용에 관한 가이드라인」. 저작권상생협의체.

정경희. 2001. 「디지털 복제권 및 전송권 제한에 관한 연구」. 중앙대학교 대학원 박사학위 논문.

_____. 2007. 「비영리 학술저작물의 저작권 정책과 오픈액세스에 관한 연구」. ≪정보관리학회지≫, 24(4), 97~117쪽.

_____. 2010a. 「공공기금으로 작성된 논문의 오픈액세스 정책에 관한 연구」. ≪정보관리학회지≫, 27(1), 207~227쪽.

_____. 2010b. 「오픈액세스 수입원 분석을 통한 국내 학술지의 성향 연구」. ≪한국문헌정보학회지≫, 44(3), 137~154쪽.

_____. 2011a. 「국내 오픈액세스 학술지 특성에 관한 연구」. ≪한국비블리아학회지≫, 22(3), 373~391쪽.

_____. 2011b. 「오픈액세스출판에 대한 학술지 편집인의 인식 연구」. ≪정보관리학회지≫, 28(4), 183~200쪽.

_____. 2012. 「공공도서관 영상저작물 관내열람의 공연권 제한에 관한 연구」. ≪한국문헌정보학회지≫, 46(3), 133~155쪽.

_____. 2013. 「공공도서관의 영상저작물 공연에 대한 저작권료 징수 규정의 타당성 고찰」. ≪한국도서관·정보학회지≫, 44(4), 343~365쪽.

_____. 2014a. 「기록정보서비스 관점에서 공공저작물 자유이용 법제화의 의미와 한계에 대한 고찰」. ≪한국기록관리학회지≫, 14(4), 177~198쪽.

_____. 2014b. 「도서관보상금체제에서 고아저작물 체제로의 전환 모색」. ≪한국문헌정보학회지≫, 48(4), 193~214쪽.

_____. 2015. 「도서관보상금제도 운영성과에 대한 분석」. ≪한국문헌정보학회지≫, 49(4), 265~288쪽.

_____. 2016. 「고아저작물 활용을 위한 '상당한 노력' 규정의 문제점 및 개선에 관한 연구」. ≪한국문헌정보학회지≫, 50(4), 333~350쪽.

_____. 2017. 「주요국 저작권법의 도서관 예외 규정 비교분석」. ≪정보관리학회지≫, 34(1).

정경희 외. 2014. 「대학도서관 원문복사서비스 활성화를 위한 저작권 관리 방안 연구」. 한국교육학술정보원 연구보고서.

정경희·김규환. 2015. 「국내 정보서비스 협력체를 통한 원문복사서비스 현황과 개선 방안 연구: 저작권 문제를 중심으로」. ≪정보관리학회지≫, 32(3), 413~432쪽.

_____. 2016. 「국내 학술지의 저작권 관리 특성 분석」. ≪정보관리학회지≫, 33(3), 269~291쪽.

정경희·안효질·이호신·김규환. 2015. 「도서관에서의 고아저작물 활용 및 서비스 방안 연구」. 국립
　　중앙도서관 연구보고서.

정경희·이호신·최상희. 2014. 「영상저작물 활용에 관한 도서관의 저작권 쟁점 분석」. ≪정보관리
　　학회지≫, 31(4), 179~200쪽.

정상조 편. 2007. 『저작권법 주해』. 박영사.

정현태. 2002. 「공공대출권 보상제도의 운영 현황과 대응 방안 연구」. ≪한국도서관정보학회지≫,
　　33(4). 19~36쪽.

＿＿＿. 2009. 「주요국 공대권(PLR) 보상제도 추진 동향」. 한국정보관리학회 학술대회논문집. 137.

최나빈. 2016. 「고아저작물의 디지털화에 관한 법적 문제 연구: 도서관 내 대량 디지털화를 중심으
　　로」. 고려대학교 대학원 석사학위논문.

최영열. 2012. 「공공기록물의 저작권관리제도 개선방안 연구」. 중앙대학교 대학원 석사학위논문.

최경수. 2010. 『저작권법 개론』. 한울아카데미.

최상희·정경희·이호신. 2013. 「도서관 영상자료 서비스 및 저작권에 관한 사서 인식조사」. ≪정보
　　관리학회지≫, 30 (3), 317~335쪽.

최진원. 2011. 「권리자불명 저작물 활용 방안에 대한 비교법적 연구: 법정허락제도를 중심으로」.
　　≪정보법학≫, 15(2), 218~254쪽.

패트리, 윌리엄(William Patry). 2013. 『저작권, 무엇이 문제인가?』. 임원선 옮김. 한울아카데미.

학위논문원문공동이용협의회 2008. 「학공협 총회 회의자료」.

한국저작권위원회. 2010. 『미국 저작권법』. 한국저작권위원회.

＿＿＿. 2012. 『저작권정책 릴레이 토론회』. 한국저작권위원회.

홍재현. 2002. 「디지털 복제 및 전송에 관한 도서관 면책 연구」. ≪한국도서관·정보학회지≫, 33 (3).

＿＿＿. 2004. 「도서관간 복제. 전송에 의한 디지털 정보의 공동이용을 위한 도서관 면책 연구」.
　　≪한국문헌정보학회지≫, 38 (1), 93~119쪽.

＿＿＿. 2005. 「상호대차에 의한 원문복사서비스의 도서관 면책에 관한 연구」. ≪정보관리학회지≫,
　　22(1), 21~45쪽.

＿＿＿. 2006. 「도서관에서의 디지털콘텐츠 법적 보호에 관한 연구」. ≪한국비블리아학회지≫, 17
　　(2), 83~114쪽.

＿＿＿. 2007. 「학교도서관 사서교사의 저작권 인식에 관한 연구」. ≪한국도서관·정보학회지≫,
　　38 (1), 397~421쪽.

＿＿＿. 2011a. 『도서관과 저작권법(제2판)』. 조은글터.

＿＿＿. 2011b. 「도서관의 저작물 복제·전송 보상금제도 효용성 평가」. ≪한국도서관·정보학회지≫
　　42(3), 351~379쪽.

황혜선. 1993. 「지적재산권의 역사적 연원」. ≪도서관논집≫, 제20권.

Australian Law Reform Commission. 2013. *Copyright and the digital economy: summary
　　report.* https://www.alrc.gov.au/sites/default/files/pdfs/publications/summary_ report_

alrc_122.pdf

Brown, A. M. 2013. "Copyright exceptions for libraries in the digital age: U.S. Copyright office considers reform of section 108, highlights of the symposium." *College & Research Libraries News*, Vol. 74, No.4, pp. 199~214.

CILIP. 2014. Changes to UK copyright law. http://www.cilip.org.uk/cilip/advocacy-campaigns -awards/advocacy-campaigns/copyright/changes-uk-copyright-law-update?gclid= CPOGoNbZmNACFdglvQodrJIPZQ

Cornish, G. P. 2015. "Reform of UK copyright law and its benefits for libraries." *Interlending & Document Supply*, Vol. 43, No. 1, pp. 14~17.

Costello, E. 2019. "Bronze, free, or fourrée: An open access commentary." *Science Editing*, Vol. 6, No. 1, pp. 69~72. https://doi.org/10.6087/kcse.157

Crews, K. D. 2012. *Copyright law for librarians and educators: Creative strategies & practical solutions*, 3rd ed. Chicago: ALA.

_____. 2015. "Study on copyright limitations and exceptions for libraries and archives: updated and revised." SCCR/30/3. http://www.wipo.int/edocs/mdocs/copyright/en/sccr_30/sccr_30_3.pdf.

Dickson, M. 2010. "Due diligence, futile effort: copyright and the digitization of the Thomas E. Watson Papers." *American Archivist,* Vol. 73, pp. 626~636.

Gasaway, L. N. 2013. *Copyright questions and answers for information professionals: from the columns of against the grain.* Indiana: Purdue University Press.

Gill, T. and Miller, P. 2002. "Reinventing the wheel? Standards, interoperability and digital cultural content." *D-Lib Magazine*, Vol. 8, No. 1. http://www.dlib.org/dlib/january02/gill/01gill.html

Hagedorn, G., Mietchen, D., Morris, R. A., Agosti, D., Penev, L., Berendsohn, W. G., and Hobern, D. 2011. "Creative Commons licenses and the non-commercial condition: Implications for the re-use of biodiversity information." *ZooKeys*, No. 150, pp. 127~149. https://doi.org/10. 3897%2Fzookeys.150.2189

Hirtle, P. B., Hudson, Emily and Kenyon, Andrew T. 2009. *Copyright & cultural institutions: guidelines for digitization for U.S. libraries, archives & museum.* New York: Cornell University Library.

IPO. 2014. "Exceptions to copyright: libraries, archives and museums." https://www.gov.uk/ government/uploads/system/uploads/attachment_data/file/375956/Libraries_Archives_and_M useums.pdf

Larivière, V., Haustein, S. and Mongeon, P. 2015. "The oligopoly of academic publishers in the digital era. *PLOS ONE* 10 (6). doi:10.1371/journal.pone.0127502.

Pedley, P. 2015. Practical copyright for library and information professionals. London: Facet Publishing.

Pinfield, S., Salter, J. and Bath, P. 2015. "The 'total cost of publication' in a hybrid open-access environment: Institutional approaches to funding journal article-processing charges in combination with subscriptions." *JASIST,* Vol. 67, No. 7, pp. 1751~1766.

Regazzi, J. 2015. *Scholarly Communications: A History From Content as King to Content as Kingmaker.* Lanham, MD: Rowman & Littlefield.

Robinson, H. 2012. "Remembering things differently: museums, libraries and archives as memory institutions and the implications for convergence," *Museum Management and Curatorship*, Vol. 27, No. 4, pp. 413~429. https://doi.org/10.1080/09647775.2012.720188

Rosenzweig, M. L. [n. d.]. Protecting access to scholarship: We are the solution. Available http://www.evolutionary-ecology.com/citizen/spring00speech.pdf

SAA. 2005. Re: Response by the Society of American Archivists to the Notice of Inquiry Concerning Orphan Works, 70 FR 3739 January 26, 2005. https://www.copyright.gov/orphan/comments/reply/OWR0088-SAA.pdf

SAA. 2009. Orphan works: statement of best practices. https://www2.archivists.org/sites/all/files/OrphanWorks-June2009.pdf

SAA. 2013. Re: Notice of Inquiry on "Orphan Works and Mass Digitization". https://www.copyright.gov/orphan/comments/noi_10222012/Society-American-Archivists.pdf

Sato, Y. and Kosaka, M. 2015. "Digitized contents transmission service for libraries on japan." Paper presented at: IFLA WLIC 2015 - Cape Town, South Africa in Session 102 - Information Technology Library and Research Services for Parliaments Public Libraries and Asia and Oceania. http://library.ifla.org/1244/1/102-sato-en.pdf

Simes, L. 2008. A user's guide to the flexible dealing provision for libraries, educational institutions and cultural institutions. ALCC & ADA. http://digital.org.au/sites/digital.org.au/files/documents/Flexible%20Dealing%20Handbook%20final.pdf

Sutton, D. 2019. Background paper on archives and copyright. https://www.wipo.int/edocs/mdocs/copyright/en/sccr_38/sccr_38_7.pdf

Trant, J. 2009. "Emerging convergence? Thoughts on museums, archives, libraries, and professional training." *Museum Management and Curatorship*, Vol. 24, No. 4, pp. 369~387.

The Section 108 Study Group. 2008. *The Section 108 Study Group Report.* http://www.section108.gov/docs/Sec108StudyGroupReport.pdf

찾아보기

지은이

정경희 한성대학교 크리에이티브인문학부 디지털인문정보학트랙 교수이다. 2001년 박사학위논문을 쓴 이후로 줄곧 도서관의 저작권 문제를 연구해왔다. 저작권법이 지식정보의 공유에 그다지 호의적이지 않음을 깨닫고 다른 대안을 찾던 중 오픈액세스 운동을 발견했고 그 이후로 학술논문의 오픈액세스를 확대하는 것과 관련한 다양한 연구와 활동을 진행해오고 있다.

이호신 한성대학교 크리에이티브인문학부 디지털인문정보학트랙 부교수이다. 연세대학교 중앙 도서관에서 잠시 사서로 일했고, 한국문화예술위원회에서 예술 기록과 정보의 보존과 사회적 공유를 위한 일을 오랫동안 수행했다. 예술정보의 디지털화를 진행하면서 저작권 문제의 중요성을 깨닫고 공부하기 시작했다. 이후 도서관과 기록관의 업무 수행을 위해서 필요한 저작권 문제, 프라이버시의 보호의 문제로 관심을 확장해왔다. 예술정보와 기록을 체계적으로 수집하고, 조직하고, 서비스할 수 있는 방안을 마련하는 연구와 활동도 함께하고 있다.

한울아카데미 2468

| 전면 개정판 | **도서관 사서를 위한 저작권법**

ⓒ 정경희·이호신, 2023

지은이 │ 정경희·이호신
펴낸이 │ 김종수
펴낸곳 │ 한울엠플러스(주)
편집 │ 배소영

초판 1쇄 발행 │ 2017년 4월 19일
전면 개정판 1쇄 인쇄 │ 2023년 9월 7일
전면 개정판 1쇄 발행 │ 2023년 9월 14일

주소 │ 10881 경기도 파주시 광인사길 153 한울시소빌딩 3층
전화 │ 031-955-0655
팩스 │ 031-955-0656
홈페이지 │ www.hanulmplus.kr
등록번호 │ 제406-2015-000143호

Printed in Korea.
ISBN 978-89-460-7469-9 93360(양장) 978-89-460-8267-0 93360(무선)

※ 책값은 겉표지에 표시되어 있습니다.
※ 무선제본 책을 교재로 사용하시려면 본사로 연락해주시기 바랍니다.